중세국어와 근대국어 문장종결형식의 연구

중세국어와 근대국어 문장종결형식의 연구

중세국어와 근대국어

문장종결형식의 연구

李 有 基

도서출판 **역락**

이 책에는 두 편의 글이 실려 있다. 제1편은 17세기 국어의 문장 종결 형식에 대한 연구로서, 필자의 박사학위 논문을 옮겨 온 것이고(東國大學校 大學院, 1998), 제2편은 15세기 '-이쏜'계 구문의 문체법적 성격을 논의한 글이다(國語國文學 126, 國語國文學會, 1999).

제1편은 17세기 국어 문장 종결 형식에 대한 공시적 연구라고 할 수 있지만, 15세기로부터 17세기에 이르기까지의 통시적 변천 양상에 대한 고찰도 포함하고 있다. 필자의 목표 중의 하나는 현대 국어 문장 종결 형식의 형태적 구조와 문법적, 화용적 기능을 밝히는 것이다. 이 논문은 그러한 필자의 관심을 반영한 것인데, 18세기 이후 개화기에 이르기까지의 문장 종결 형식에 대한 연구가 이루어진다면, 이러한 목표에 가까이 다가갈 수 있을 것으로 기대한다. 국어의 문장 종결 형식 중에는 융합을 통하여 형성된 것이 많아서 하나의 형태소가 하나의 음소로만 나타나는 경우가 있고, 기능은 존재하는데 형태소가 겉으로 보이지 않는 경우도 있다. 그러므로 공시태에만 집착하여 적당한 선에서 형태 분석을 포기하는 태도로는 문장 종결 형식의 구조와 기능에 대한 정확한 이해에 도달할 수 없다. 통시태를 적극적으로 끌어들임으로써 문장 종결 형식의 구성 요소들을 끝까지 분석하여, 그 요소들이 갖는 기본적인 기능을 포착하여야 할 것이다. 아울러 다양한 방언에도 관심을 가져야 하며, 표기법에 말미암는 幻影으로부터도 벗어나야 할 것이다.

그러나 제1편에는 불만족스러운 부분이 많다. 특히 1940년대 이래 의혹이 풀리지 않았던 '-이쏜'계 구문의 문체법적 성격을 다루면서 필자 나름

대로 새로운 해석을 시도하였으나, 얼마 지나지 않아 이 부분에 대한 필자의 인식이 바뀌었다. 그래서 '-이쁜'계 구문에 대한 두 편의 논문을 쓰게 되었는데, 그 중 한 편만을 여기에 수록한다. 여기에 실리지 않은 것은 16세기 이후의 '-이쁜'계 구문을 논의한 글이다(東國語文論集 8, 謙全 徐暎錫 博士 華甲紀念特輯號, 東國大學校 人文科學大學 國語國文學科, 1999). 애초에 그릇되게 쓴 것이 부끄럽기도 하지만, 헤매었던 과정을 드러내 보이기로 하였다. 15세기 '-이쁜'계 구문의 대부분이 난해하기 짝이 없는 佛經諺解에 수록되어 있어서, 예문의 의미 논리를 포착하기가 어렵다. 예문의 현대역에 많은 지면을 할애한 것은 이런 사정을 고려한 것이다.

　제1편에는 그 밖에도 고치고 싶은 부분이 많아 몇 번이고 마음을 내어 보았으나, 강의를 위해 동분서주하다 보니 그것이 쉽지 않았다. 그래서 이미 쓴 글이니 그대로 옮겨 놓자는 쪽으로 마음을 굳혀, 誤字를 몇 개 고치는 정도에 그쳤다.

　필자는 학부 시절부터 분에 넘치는 여러 선생님들로부터 국어학을 배웠다. 他界하신 李東林 선생님께서는 學問에 있어서나 삶에 있어서나 '깨달음'의 여유가 비치시는 분이셨다. 崔世和 선생님께서는 학부 과정부터 박사 과정에 이르기까지 줄곧 논문 지도를 맡아 주셨다. 박사 학위를 받게 되었을 때 '學如穿井'이란 휘호를 써 주셨는데, 언제나 필자의 마음을 다잡는 말씀이 되었다. 말씀이 적으시지만, 돌아서면 몇 마디 말씀이 가슴 속에서 울리게 되는, 그런 분이시다. 金英培 선생님께서는 지금도 끊임없이 공부하시면서 제자로 하여금 늘 긴장하게 하신다. 부처님께서는 "게으른 뜯 먹디 마아라 내 게으르디 아니호모로 正覺올 일우오라"라는 마지막 말씀을 남기셨다는데(釋譜詳節 23:13), 선생님이야말로 이 말씀을 實踐躬行하시는 분이시다. 항상 바르게 걸으시는 선생님의 모습만 뵈어도 선생님의 인품과 삶을 어렴풋이나마 짐작할 수 있다. 필자의 공부는 徐泰龍 선생님의 영향을 많이 받았다. 논문을 쓸 때마다 精緻하기 이를 데 없는 선생님의 글들을 의지처로 삼는다. 학위논문 심사에서는 서울대학교의 任洪彬 선생님과 서강대학교의 徐禎穆 선생님으로부터 가르침을 받았다. 필자를 새로운 開眼으로 이끌어 주신 말씀들을 話頭처럼 마음 속에 새기고 있다. 항상 厚德한 미소를 띠시며 여러 가지 일에 자상하게 마음을 써 주시는 徐暎錫 선생님의 보살핌을 잊을 수 없다. 최근에는 한국학술진흥재단에서 주관하는 박사 후 연수를 계기로 상명대학교 申鉉淑 선생님의 지도를 받게 되었다. 자애로운 말씀으로 용기를 북돋아 주시고 공부하도록 끊임없이 독려해 주신다. 국어학을 가르쳐 주신 선생님 외에도 필자의 학문과 삶을 지도해 주신 분들이 계시다. 우러러 볼수록 아득하니, 분에 넘치는 인연이다.

여러 선배님들과 동기, 후배들에 대한 고마움도 늘 마음에 새기고 있다. 가파른 고개를 넘지 못해 피를 말리곤 하던 필자의 지루한 하소연을 들어 주기도 하고, 여러 가지 곤란한 일들을 흔쾌히 해결하여 준 은혜들을 가슴 속에 소중히 간직하고 있다.

이 책의 출판 제의를 흔쾌히 수락해 주신 亦樂의 이대현 사장님, 그리고 까다로운 편집과 교정을 맡아주신 이은희씨에게 감사의 말씀을 드린다.

필자가 국어학을 공부하게 된 데에는 조부님과 선친의 영향이 크다. 선친께서는 산골 중학교를 졸업한 이후 줄곧 객지를 떠돈 자식에게 마음 약한 말씀 한 번 안 하시다가, 천신만고 끝에 대학을 졸업하였을 때에 비로소 "고생했다."라고, 그것도 딱 한마디로 말씀하셔서 자식을 울리신, 그런 분이셨다. 어머님을 모시고 있으나, 자식 노릇을 제대로 하지 못하여 늘 마음이 아프다. 작은아버님들, 고모님들께서는 長孫 노릇을 못하는 필자를 너그러이 감싸주신다. 두 동생에게도 고마운 마음을 전한다. 책상물림의 사위를 끝까지 신뢰해 주시는 빙부모님께는 늘 무거운 빚을 진 듯하다. 아내(崔英姬)는 끝이 보이지 않는 苦行길을 헤쳐 가면서도 오히려 필자를 위로해 주며 용케 참고 있다. 잘 돌보아 주지 못하는데도 바르게 자라고 있는 아들 仁湜이와 딸 瑞賢이가 대견스럽다.

이 책을 삼가 아버님 靈前에 바칩니다.

2001년 가을
일산 후곡 마을에서

차 례

중세국어와 근대국어 문장종결형식의 연구

차 례

중세국어와 근대국어 문장종결형식의 연구

차 례

중세국어와 근대국어 문장종결형식의 연구

차 례

중세국어와 근대국어 문장종결형식의 연구

제1편

17세기 국어
문장 종결 형식의 연구
— 청자 대우법과 문체법을 중심으로 —

1. 머리말

1.1. 연구의 목적과 범위

이 연구에서는 17세기 국어의 청자 대우법과 문체법을 중심으로 한 화용적 의미 및 17세기 문장 종결 형식의 형태적 변천 양상과 공시태를 기술하고자 한다.[1] 국어 문장 종결 형식의 핵심적인 기능은 화용적 기

---

[1] 이 연구에서는 문장의 마지막 서술어에 나타나는 일련의 어미 구조체 중 종결 어미를 포함한 어미 구조체를 '문장 종결 형식'이라 부르기로 한다. 단일 종결 어미도 '문장 종결 형식'이 될 수 있고, 선어말 형태소와 종결 어미가 통합한 것, 동명사 어미와 종결 어미가 통합한 것도 '문장 종결 형식'이 될 수 있다. 예를 든다면, 'ᄒᆞᆸᄂᆞ이다'에서 {-다}, '-이다', '-ᄂᆞ이다', '-ᄋᆞᆸᄂᆞ이다' 모두 '문장 종결 형식'이 된다. 종결 어미를 포함하지 않거나, 일련의 구조체를 이루지 않은 것은 제외된다. 이 연구에서는 '문장 종결 형식'을 '종결 형식'으로 줄여 부르기도 할 것이다. '문장 종결 형식'이란 용어는 任洪

능이다. 그리고 화용적 범주 중에서도 핵심적인 것은 문체법과 청자 대우법이라 할 수 있다.

문장 종결 형식의 구성 요소를 최소 단위까지 분석하면, 17세기 국어의 청자 대우법을 결정하는 절차는 세 가지이다. 첫째는 특정 등급을 나타내는 종결 어미 {-아/어}, {-이}, {-(으)이}, {-소/오}, {-(으)쇼셔}이고, 둘째는 선어말 형태소2) {-습-}, {-(으)시-}, {-(으)이/(으)잇/(으)ᅌ-}이며, 셋째는 청자 대우 형태소의 결여이다. 특히 중세 국어에서 표면적으로 [객체 존대]를 나타내던 {-습-}이3) 17세기에는 청자 대우 등급의 분화에 관여한다는 점에서 17세기의 청자 대우법은 이전 시기와는 크게 다른 양상을 보인다.4) 이 시기의 {-습-}은 [화자 겸양]이라는 기본 의미를 지니면서 누구에 대해서 화자 자신을 [겸양]하는가에 따라서 표면적으로는 주체나 객체뿐 아니라 청자를 [존대]하기도 하였는데, 청자에 대하여 화자를 [겸양]하는 경우의 {-습-}은 청자 대우 등급을 분화시킬 수 있었다. {-습-}뿐 아니라 {-(으)시-}도 주체와 청자

彬·張素媛(1995:353)에서도 이미 사용되었다. '문장'이란 용어가 적절하다고 할 수는 없지만, 그대로 사용하기로 한다. 高永根(1967:52)은 연결 위치와 종결 위치에 나타나는 것을 구별하지 않고, 어간 구조체를 제외한 나머지 부분을 '어미 구조체'라 하였다.

2) 任洪彬(1997:115~117)은 어말 어미를 '문미 교착소'로, 선어말 어미를 '선문미 교착소'로 부를 것을 제안하였다. 어미라는 용어를 버리기로 한 가장 중요한 근거는 이들이 단어의 구성 요소가 아니라 통사적인 요소라는 사실이다. 그러나 새로운 용어가 아직 보편화하지 않았으므로, 이 연구에서는 잠정적으로 '선어말 형태소'라는 용어를 사용한다.

3) 이 연구에서는 단일 어미의 기본형과 변이형을 모두 { }로, 복합 어미와 그 밖의 형태는 ' '로 표시한다.

4) 任洪彬(1986:402~405,406~410)과 任洪彬·張素媛(1995:371~373, 386~387)은 '상대'보다는 '청자'가, '높임법, 존비법, 존대법, 경어법' 등의 용어보다는 '대우법'이란 용어가 결함이 적다고 하고, 청자 대우의 등급을 명령법 어미로써 명명하는 방식이 적절하지 않음을 지적하였다. 명령법 어미로써 청자 대우의 등급을 명명하는 방식에 결함이 있다는 것은 徐禎穆(1983:213)에서도 이미 지적되었다. 그러나 이 연구에서는 '청자 대우법'이란 용어는 수용하기로 하되, 청자 대우 등급의 명명은 종래의 관습대로 명령법 종결 형식에 따르기로 한다. 평서법에서는 해라체와 하라체가 모두 '한다'로 나타나서 구별되지 않기 때문이다.

가 동일한 경우에는 청자 대우 등급을 분화시킬 수 있었다. 그러므로 {-숩-}과 {-(으)시-}에 의한 청자 대우 등급의 분화 양상을 검토하는 것은 17세기 청자 대우법을 이해하는 데에 있어서 반드시 필요한 절차이다. 한편 17세기 청자 대우법에서 나타나는 이러한 현상은 현대 국어 청자 대우법의 형태적 절차와 부합하는 현상이라고 할 수 있으므로, 17세기 국어의 청자 대우법을 기술하는 것은 국어사적으로 중요한 의미를 지닌다.

문체법을 분류하고 기술하기 위해서는 먼저 문체법의 개념을 정립하고, 문체법 분류의 객관적인 기준을 설정해야 한다. 고유의 종결 어미를 가지고 있는 문체법에서도 등급에 따라서는 종결 어미 외의 다른 요소가 문체법을 결정하는 경우가 있다. 여기서 우리는 문체법 분류의 기준이 무엇인가 하는 문제에 직면하게 되는데, 이에 대한 검토도 우리의 과제에 포함된다.

종래의 논의에서는 특정 종결 형식의 청자 대우 등급과 문체법적 기능이 잘못 기술되기도 하였다. 명령법의 '-고려'나 '-고라'와, 의문법의 '-(으)ㄴ가, -(으)ㄴ고, -(으)ㄹ가, -(으)ㄹ고', '-ᄯᆞ녀'가 ᄒᆞ라체보다 높은 등급을 나타낸다고 기술하거나, '-지라'가 청유법을 나타낸다고 기술한 것이 그 대표적인 예라 할 수 있을 것이다. 일반적으로 의문법 종결 어미로 기술되어 온 '-ᄯᆞ녀'의 문체법적 기능도 새롭게 조명되어야 할 문제이다. 특정 종결 형식의 대우법적, 문체법적 기능을 정확하게 기술하기 위해서는 그 문장 종결 형식을 구성하는 각 요소의 고유 기능에 대한 정확한 이해와 그 문장 종결 형식이 쓰인 화용적 상황에 대한 면밀한 검토가 필요하다. 문장 종결 형식을 구성하는 각 요소의 고유 기능에 대한 이해는 정밀한 형태 분석 위에서 가능하다. 그런데 역사적 사실을 외면하고서는 국어 문장 종결 형식의 형태적 구조를 정확하게 기술할 수 없다. 특정 시기의 국어 문장 종결 형식에 대한 공시적 기술에서도 광범위한 시기의 국어 문장 종결 형식에 대한 검토가 필요한 것이다.

17세기 문장 종결 형식의 통시적 형성 과정과 공시태에 대한 논의도 중요한 과제이다. 17세기 국어의 문장 종결 형식에서는 축약과 탈락 현

상이 비교적 광범위하게 일어난 것으로 보이는데,5) 이 현상은 문장 종
결 형식을 구성하는 요소간의 통합 관계에 대한 기술에 어려운 과제를
안겨 준다. 통시적 형성 과정을 기술하기 위해서는 각 요소의 서열이나
통합 관계 및 음운 현상에 대한 이해가 필요하고, 탈락을 통해 형성된
문장 종결 형식의 공시태를 기술하기 위해서는 탈락의 요인을 의미면에
서 설명할 필요가 있다.

1.2. 선행 연구 개관

17세기 문장 종결 형식에 대한 관심은 1960년대 초반에 싹트기 시
작하였다. 그러나 17세기 문장 종결 형식을 문법 체계와 관련지어 연구
하게 된 것은 1970년대 중반 이후부터이다. 그러므로 종래의 연구사를
주로 시대적 순서에 따라 정리하되, 연구의 대체적인 경향에 따라
1970년대 전반기는 1960년대와 묶어서 한 시기로 기술하기로 한다.
　1960년대부터 1970년대 중반까지는 문장 종결 형식의 형태 변화가
논의의 초점이 되었다. 李基文(1961:173)은 근대국어 시기에 {-ᄂᆞ-}가
{-ㄴ-}으로 변화한 사실을 지적하였고, 安秉禧(1965:76,79~80, 1967
:221)은 의문법 종결 형식 '-(으)녀, -(으)려'와 청유법 종결 형식 '-져'가
16세기 이후에 각각 '-(으)냐, -(으)랴'와 '-쟈'로 변화한 사실을 통해 종
결 어미의 모음이 /ㅓ/에서 /ㅏ/로 변화한 일반적 경향을 확인하였다.
李崇寧(1970:3)에서는 '-옵소, -(으)시소, -옵새, -옵닝' 등의 문장 종
결 형식을 소개하였고, 李崇寧(1972:30~32)에서는 '-(으)이다'가 17
세기에 '-(으)ㅇ이다'로 변화한 사실과 {-(으)ㅇ이-} 앞의 선어말 형태소
가 umlaut화한 현상을 지적하였다. 金完鎭(1975a:18~22)는 〈飜譯朴
通事〉와 〈朴通事諺解〉의 비교를 통해 화석화된 보수형 '-오디, -노라, -옴'

---

5) 이것은 자료의 특징이라고 할 수도 있다. 15세기에도 구어체에서는 축약이나 탈락이
　광범위하게 일어났을 가능성을 배제할 수 없다.

외의 구성에서는 소위 의도법의 {-오-}가 소멸하였다는 사실과, '-ᄂ다'가 '-ㄴ다'로 축약되는 변화가 17세기에는 피포유문의 문말에서 절대 문말에까지 미치게 되었음을 밝혔다. 그 후 金完鎭(1976)은 〈飜譯老乞大〉와 〈老乞大諺解〉의 비교를 통해 위의 사실을 재확인하고, 종결 어미의 모음이 양성 모음으로 변화한 예를 풍부하게 제시하였다. 특히 金完鎭(1976:2~4)는 〈老乞大諺解〉는 〈飜譯老乞大〉를 바탕으로 이루어진 책이지만, 〈朴通事諺解〉는 편자가 〈飜譯朴通事〉를 구해 보지 못한 상태에서 〈老朴集覽〉을 바탕으로 편찬한 책이라는 사실을 지적하고, 이 두 책의 언어 사실을 다루는 태도에 주의를 환기시켰다.

  17세기 문장 종결 형식이 문법 체계와의 관련 위에서 논의되기 시작한 것은 1970년대 후반기였다. 이 시기에 비교적 중요하게 다루어진 것은 {-습-}의 기능 변화와 청자 대우법 체계였다. 崔明玉(1976)은 현대 西南部 慶南 방언의 의문법을 기술하는 가운데, 17~19세기 자료를 통해 평서법 및 의문법에 쓰이는 {-소}와 명령법에 쓰이는 {-소}의 기원을 모색하였다. 張京姬(1977)은 청자 대우법과 문체법을 기준으로 17세기의 문장 종결 형식을 기술하였는데, {-습-}이 ᄒᆞ오체 종결 어미에 통합한 경우에 청자 대우 등급이 분화되는 것으로 파악하여, 청자 대우법을 「ᄒᆞ라체-ᄒᆞ오체-ᄒᆞᆸ소체-ᄒᆞ쇼셔체」의 4등급으로 구분하고, ᄒᆞ쇼셔체에 나타나는 종결 어미를 기준으로 문체법을 「평서법, 의문법, 명령법」으로 분류하였다. 이기갑(1978)은 15세기로부터 20세기에 이르기까지 국어의 청자 대우법이 변천해 온 과정을 기술하였는데, 張京姬(1977)와 달리 17세기의 청자 대우법에서 ᄒᆞᆸ소체를 설정하지 않았다. 최기호(1978)는 각 문체법에 나타나는 문장 종결 형식을 기술하였고, 최기호(1979)에서는 선어말 형태소를 기준으로 상대 존대법과 주체 존대법의 형태를 기술하였다. 이현규(1978)는 의문법의 변천을 기술하는 가운데 17세기 의문문을 의문사의 유무에 따라 기술하였다. 허웅(1979)은 17세기 국어의 시제와 17세기 문장 종결 형식의 형성 과정을 기술하였고, 김정수(1979)는 17세기 국어의 시제와 강조·영탄법을 기술하였다.

1980년대에는 {-습-}의 기능 변화 및 청자 대우법에 대한 관심이 더욱 고조되었다. 최기호(1981a)에서는 {-습-}의 기능 변천을 기술하였고, 최기호(1981b)에서는 공손법의 변천 양상을 기술하였다. 허웅(1981b)에서는 〈仁祖大王行狀〉의 언어 사실이 종합적으로 연구되었는데, 여기에는 문장 종결 형식에 대한 기술도 포함되어 있다. 특히 {-습-}이 17세기에 주체를 [존대]하는 형태소로도 쓰인다고 기술한 것은 이후의 논의에 큰 영향을 주게 되었다. 김정수(1980)에서는 대우법 형태소를 기술하였는데, 이 논문의 원고는 김정수(1979)보다 먼저 이루어진 것으로 보인다. 그 후 김정수(1984)에서는 17세기 국어의 청자 대우법을 「안 높임-예사 높임-예사 덧높임-아주 높임-아주 덧높임」의 5등급으로 구분하였다. 예사 덧높임은 예사 높임에 {-습-}, {-(으)시-}, '-습시-', '-ᄉ오시-', '-(으)시웁-'이 통합한 것이고, 아주 덧높임은 아주 높임에 {-습-}과 '-습시-'가 덧붙은 것이다. 김정수(1984)는 이음법, 어찌법, 매김법, 이름법에서도 청자 대우법이 실현된다고 기술하고, 허웅(1981b)에서 한걸음 더 나아가 {-습-}이 주체뿐 아니라 청자를 [존대]하기도 한다고 기술하였다. 李賢熙(1982a:67~77)은 의문문을 통시적으로 고찰하는 가운데 근대 국어의 청자 대우법 체계를 기술하였다. 李賢熙(1982b)에서는 설명법, 의문법, 명령법 종결 어미의 형성 과정을 기술하였는데, 주로 {-습-}, {-ᄂ-}, {-(으)이-} 등과 통합하는 종결 어미, 반말의 {-아/어}, {-지}, '-게' 등의 형성 과정을 검토하였다. 李賢熙(1985)는 김정수(1984)에 대한 서평인데, 특히 {-습-}의 기능을 면밀하게 검토하고 그 변화를 고찰하면서, {-습-}이 [화자 겸양]을 나타내는 형태소임을 강조하였다. 이현규(1985)에서도 {-습-}의 기능 변화를 연구하였는데, 16세기 중기에 이미 {-습-}이 청자를 [존대]하게 되었다고 기술하였다. 徐禎穆(1983)은 〈捷解新語〉를 바탕으로 17세기 명령문의 청자 대우 등급을 「ᄒ라체-ᄒᄋ오체(ᄒ소체)-ᄒ옵소체-ᄒ쇼셔체」로 기술하였다. 徐禎穆(1988)에서는 국어의 청자 대우법이 등급 체계로 이루어진 것이 아니라 형태소의 유무 대립으로 이루어진 것임을 주장하였는데, 15세기 국어로부터 현대 국어에 이르기까지 나타나는 다양한 문장 종결 형식을 기술하였다. 특히 현대의 경상도 방언에 쓰이는 문장 종결 형식을 중세 국어나 근대 국어의 종결 형식과 관련지어 해석한 것은 시사하는 바가 매우 크다.

1990년대에도 주요 관심사는 청자 대우법이었는데, 이 시기에는 17세기 문장 종결 형식에 대한 종합적인 기술이 많이 이루어졌다. 徐禎穆(1993, 1997)은 대우법의 변천 과정을 기술한 것인데, 특히 중세 국어의 {-습-}의 기능에 대한 종래의 논의를 정리하고, 그 기능의 변화를 기술하였다. 박양규(1993)도 대우법의 변천 과정을 기술하는 가운데 특히 {-습-}의 기능 변화에 주목하였다. 이영경(1992)은 청자 대우법과 문체법을 기준으로 17세기 국어의 문장 종결 형식을 기술하고, 문장 종결 형식의 통시적 변천 과정을 논의하였다. 金完鎭(1995/1996)은 金完鎭(1976) 중 {-오-}의 소멸에 대한 논의를 再論한 것인데, 여기에서는 箕營版 〈老乞大諺解〉와 重刊本 〈老乞大諺解〉 두 자료를 보충하였다. 주경미(1996)는 〈朴通事〉와 〈老乞大〉의 여러 언해본을 비교하여, 16~18세기에 일어난 의문문의 변천 과정을 정밀하게 기술하였다. 安貴男(1996)과 黃文煥(1997)에서는 諺簡에 나타난 청자 대우법을 기술하였는데, 安貴男(1996:293~296)은 16~20세기의 諺簡에 나타난 대우법을 기술하는 가운데, 16~19세기 청자 대우법을 「해라체-하게체-하소체-하쇼셔체」로 구분하였고, 黃文煥(1997)은 16·17세기 諺簡에 나타난 청자 대우법을 「ᄒ여라체-ᄒ소체-ᄒ쇼셔체」로 구분하였다. 염광호(1998)는 15세기로부터 19세기까지의 종결 어미의 변화를 문체법과 청자 대우법을 기준으로 기술하였다. 홍종선(1997, 1998)은 근대 국어의 문법 전반에 관하여 비교적 폭넓게 기술하였다. 홍종선 編(1998)에서는 근대 국어 문법에 대한 총체적인 연구를 시도하였는데, 이 책에서 김유범(1998)은 선어말 어미를, 고경태(1998)는 어말 어미를, 김의수(1998)는 대우법을, 정유진(1998)은 시제를, 박병선(1998)은 서법을 기술하였다.

종래의 연구에서 17세기 국어의 청자 대우법과 일부 문장 종결 형식의 형태적, 통사적 변화가 비교적 정밀하게 기술되었다고 할 수 있다.

그러나 청자 대우법의 체계에 관한 기술이 충분한 근거를 바탕으로 이루어졌다고 보기는 어렵고, 일부 종결 형식의 대우법적 기능은 잘못 기술되기도 하였다. 문체법과 관련해서는 거의 모든 연구자들이 문체법의 개념이나 분류에 대한 엄밀한 반성이 없이 특정 문체법을 설정한 다음, 각 문체법의 형태를 확인하는 방식을 취하였다. 그러므로 종결 어미나 선행 요소가 지니는 문체법적 기능에 대한 이해가 한계를 지닐 수밖에 없었다. 문장 종결 형식의 통시적 형성 과정에 대한 기술에서도 재고해야 할 부분이 있다고 생각된다. 자료에 대한 면밀한 검토와 음운론적 반성을 바탕으로 변천의 과정을 기술해야 할 것이다. 한편 일부 종결 형식의 변천 과정에 관심을 집중한 나머지 17세기 문장 종결 형식의 전체적인 체계에 대한 논의는 거의 외면되어 왔는데, 이 점도 반성되어야 할 것이다.

1.3. 논의의 전개와 방법

이 연구에서는 다음과 같은 방법으로 논의를 전개하고자 한다.

제2장에서는 17세기 국어의 청자 대우법을 기술하고 문체법을 분류한다. 청자 대우법은 2.1.에서, 문체법은 2.2.에서 논의할 것이다. 청자 대우법에 대한 이 연구의 기술은 두 가지 측면에서 이루어진다. 첫째는 청자 대우 등급을 결정하는 형태소를 밝히는 것이고, 둘째는 청자 대우 체계를 수립하는 것이다. ᄒᆞ라체, ᄒᆞ소체, ᄒᆞ쇼셔체의 등급상 자격에는 이론의 여지가 거의 없으므로 {-ᄉᆞᆸ-}과 {-(으)시-}에 의한 ᄒᆞᆸ소체의 분화가 논의의 초점이 될 것이다. 특정 종결 형식의 청자 대우 기능을 파악하기 위해서 이 연구에서 주요 기준으로 삼는 것은 문제가 되는 종결 형식이 비교적 등급 표시의 기능이 뚜렷한 다른 종결 형식과 동일한 화용적 상황에서 공존하는가 하는 것이다. 그러한 관찰을 통하여 17세기 국어의 청자 대우법이 「ᄒᆞ라체-ᄒᆞ소체-ᄒᆞᆸ소체-ᄒᆞ쇼셔체」

의 체계를 이룬다는 결론에 도달하게 될 것이다. 그러나 청자 대우 등급이 모든 문체법에서 정연한 체계를 이루는 것은 아니다. 즉 문체법에 따라서는 특정 등급을 나타내는 종결 형식이 없는 경우도 있는데, 이런 경우는 구조적 빈칸으로 기술해야 할 것이다.

17세기 청자 대우법의 논의에서 특정 자료를 배제하는 것은 바람직하지 않다. 화자와 청자의 관계가 비교적 구체적으로 드러나는 諺簡이 청자 대우법의 연구에서 좋은 조건을 갖추고 있는 것은 사실이다. 그러나 현존하는 諺簡 자료는 청자 대우법을 살피기에 충분한 예문을 보여 주지 않는다. 그러므로 구어체 문장을 보여 준다는 점에서 17세기 자료 중 큰 비중을 차지하는 외국어 학습 교재를 외면하고 청자 대우법을 논의할 수는 없다.

문체법은 청자에 대한 화자의 요구 내용의 차이, 즉 언표내적 효력(illocutionary force)의 차이에 따라 분류되는 화용론적 범주이다. 원칙적으로 문체법의 분류는 이러한 화용적 기능과 무관하게 이루어질 수 없다. 그러나 개념을 기준으로 한 문체법의 분류는 객관성이 부족할 뿐 아니라, 화용적인 의미의 미세한 차이에 따라 무수히 많은 문체법을 설정하게 한다는 문제점이 있다. 그러므로 문체법의 분류는 형태를 기준으로 이루어져야 한다. 이 연구에서는 「평서법, 의문법, 명령법, 청유법, 약속법」 5가지 문체법을 설정하고, 각각의 문체법이 실현되는 형태적 절차를 기술한다.

제3장에서는 문체법과 청자 대우법을 기준으로 17세기 국어의 문장 종결 형식을 분류하여, 각 종결 형식의 통시적 형성 과정과 공시적 구조, 이들이 나타내는 대우법적, 문체법적 기능 및 그 밖의 다양한 화용적 의미를 살피게 될 것이다.

3.1.에서는 평서법 종결 형식을 기술한다. ᄒᆞ라체에서는 어간에 직접 통합하는 {-다}와 '-ㄴ다/ᄂᆞᆫ다', '-(으)ㄹ다/(으)ㄹ돠', '-ᄂᆞᆫ도다', '-(으)ㄹ랏다', '-이라', '-지라', '-(으)ㄹ러라', '-어라', {-으롸}, {-아/어}, '-과댜', '-고나, -고야/괴야', '-ᄉᆞᆮ녀', '-(으)니, -(으)리' 등이 기술의 대상이 된다. 특히 이 연구에서는 종래의 연구와 달리 '-지라'와 '-ᄉᆞᆮ녀'를 평서법

종결 형식으로 분류하고, '-(으)니, -(으)리'와 '-[illegible]녀'의 청자 대우 등급을 ᄒ라체로 기술한다. 또 종래에는 17세기의 '-과댜'가 명령법만을 나타내는 것으로 기술하였으나, 이 연구에서는 '-과댜'가 평서법과 명령법에 두루 쓰임을 확인하고자 한다. ᄒ소체에서는 어간에 직접 통합하는 {-(으)이}, '-니', '-데', '-쇠'를, ᄒ옵소체에서는 '-ᄉ외', '-옵게', '-올쇠', '-ᄉ오리'를, ᄒ쇼셔체에서는 '-올소이다', '-지이다'를 논의의 대상으로 삼는다. 다른 문체법에 비하여 평서법 종결 형식에서는 축약 현상이 현저하다.

3.2.에서는 의문법 종결 형식을 기술할 것이다. ᄒ라체에서는 '-(으)냐, -(으)뇨, -(으)랴, -(으)리오', '-(으)ㄴ가, -(으)ㄴ고, -(으)ㄹ가, -(으)ㄹ고', 체언에 직접 통합하는 것으로 보이는 {-가}와 {-고} 및 '-(으)ㄴ다, -(으)ㄹ다', '-(으)니, -(으)리', '-이여'가 논의의 대상이 된다. 종래에는 '-(으)ㄴ가, -(으)ㄴ고, -(으)ㄹ가, -(으)ㄹ고'가 16세기 이후에 직접 의문 형식으로 쓰이게 되면서 그 등급이 ᄒ소체로 상승한 것으로 기술하였으나, 이 연구에서는 이 종결 형식을 ᄒ라체 자문 형식으로 기술한다. '-(으)ㄴ다, -(으)ㄹ다'의 형태론적 구성은 아직 명쾌하게 해명되지 않았는데, 「관형사형 어미+의존 명사+의문 종결 어미」로 구성된 것으로 기술할 수 있는 가능성을 제시하고자 한다. 17세기는 '-(으)ㄴ다, -(으)ㄹ다'가 소멸되어 가는 시기였는데, 그 소멸의 요인도 자세하게 검토할 필요가 있다. '-이여'의 문체법적 기능은 분명하지 않으나, 이 연구에서는 '-이여'를 의문 종결 형식으로 기술하고자 한다.

ᄒ소체 의문법을 나타내는 고유의 종결 형식은 없었다. 청자 대우 등급이 문체법에 따라 정연한 체계를 이루지 않았던 것이다. ᄒ옵소체 의문법에는 ᄒ라체 의문법 종결 형식에 {-습-}이나 '-습시-'가 통합한 종결 형식이 쓰였다. 17세기의 ᄒ쇼셔체 의문법에서는 판정 의문과 설명 의문의 구별이 소멸되어 가고 있었다. ᄒ쇼셔체 의문법과 달리 ᄒ라체 의문법에서는 이 구별이 잘 지켜지고 있었으므로, 판정 의문과 설명 의문의 형태적 통일을 주도한 것은 ᄒ쇼셔체 의문법이라 할 수 있다.

3.3.에서는 명령법 종결 형식을 기술한다. ᄒ라체에서는 어간 뒤에

직접 통합하는 {-아/어}, '-과댜', {-(으)라}, '-고라, -고려'가 [명령]을 나타낸다. '-과댜'는 평서법과 명령법에 두루 쓰였다. '-고라, -고려'는 종래에 ᄒᆞ라체보다 높은 등급을 나타내는 것으로 기술되었으나, 이 연구에서는 이 종결 형식을 ᄒᆞ라체 종결 형식으로 파악한다. ᄒᆞ소체에는 {-소}가, ᄒᆞᅀᆞᆸ소체에서는 '-ᅌᅡᆸ소, -(으)시소, -(으)시과댜'가, ᄒᆞ쇼셔체에는 {-(으)쇼셔}와 '-ᅌᅡᆸ쇼셔'가 쓰였다.

3.4.에서는 청유법 종결 형식을 기술한다. ᄒᆞ라체에서는 '-쟈'가, ᄒᆞᅀᆞᆸ소체에서는 '-ᅌᅡᆸ새'가, ᄒᆞ쇼셔체에서는 '-(ᅌᅡᆸ)사이다'가 쓰였다. ᄒᆞ소체 청유법을 나타내는 종결 형식은 없다.

3.5.에서는 약속법 종결 형식을 기술한다. ᄒᆞ라체에서는 '-(으)마, -오마'가, ᄒᆞᅀᆞᆸ소체에서는 '-ᅌᅡᆷ새'가 약속법을 나타낸다. ᄒᆞ소체와 ᄒᆞ쇼셔체의 약속법을 나타내는 종결 형식은 없었는데, ᄒᆞ소체의 공백은 ᄒᆞᅀᆞᆸ소체의 '-ᅌᅡᆷ새'가, ᄒᆞ쇼셔체의 공백은 평서법 종결 형식 '-오리이다'가 보충한 것으로 기술한다.

제4장에서는 본론의 내용을 요약하면서, 17세기 국어의 다양한 문장 종결 형식을 구성하는 종결 어미의 목록을 제시하기로 한다. 여기서 제시하는 종결 어미는 문장 종결 형식의 구성 요소를 최소 단위까지 분석한 결과로서, 종래에 기술된 종결 어미의 목록에 비하면 그 수가 현저하게 적은 것이다.

▲ 출전 약호

이 연구에서 인용하는 문헌과 그 약호는 아래와 같다. 시대별로 구분한 다음, 가나다 順으로 배열한다.

〈15세기 이전 자료〉	〈약호〉
三國遺事(1281~1283)	遺事

〈15세기 자료〉	
金剛經諺解(1464)	金剛
楞嚴經諺解(1462)	楞嚴

杜詩諺解 初刊本(1481)	杜初
法華經諺解(1463)	法華
三綱行實圖(1481 이전)	三綱6)
釋譜詳節(1447)	釋詳
禪宗永嘉集諺解(1464)	永嘉
樂學軌範 重刊本(1493)	樂學
龍飛御天歌(1447?)	龍歌
月印釋譜(1459)	月釋
月印千江之曲(1447?)	月曲

〈16세기 자료〉

警民編諺解(1519)	警民7)
內訓 重刊本(1573)	內訓
論語諺解(1590)	論語
孟子諺解(1590)	孟子
飜譯老乞大(1517 이전)	飜老
飜譯朴通事(1517 이전)	飜朴
飜譯小學(1518)	飜小
禪家龜鑑諺解(1569)	禪家
小學諺解(1587)	小諺
清州北一面順天金氏墓出土簡札(1565~1575)	清州簡札
七大萬法(1569)	七大

〈17세기 자료〉

家禮諺解(1632)	家禮
癸丑日記(年代 未詳)	癸丑
孤山歌辭遺筆(年代 未詳)	孤山筆8)

---

6) 安秉禧(1992:523)은 이 책의 언어 사실이 〈龍飛御天歌〉 등 초기 한글 문헌과 비슷함
   을 지적하였다.
7) 이 책의 異本이 여럿 있으나, 문학 작품의 變改는 쉽게 이루어지지 않을 것이라는 전
   제에서 본다면 이 책의 언어 사실은 초간본이 간행된 16세기의 언어 사실을 반영하는
   것으로 볼 수 있을 것이다. 그러나 이 자료는 가능한 한 이용하지 않기로 한다. 의고적
   이고 비생산적인 어법을 보여 주고 있기 때문이다.

救荒補遺方(1660)   救荒補
勸念要錄(1637)   勸念
老乞大諺解(1670)   老諺
東國新續三綱行實圖(1617)   東國新
杜詩諺解 重刊本(1632)   杜重
馬經抄集諺解(1635/1682)   馬經
朴通事諺解(1677)   朴諺
丙子日記(1636-1640)   丙子日記9)
李朝親筆諺簡(17세기)   李朝諺簡10)
諺解痘瘡集要(1608)   痘瘡
諺解胎産集要(1608)   胎産
女訓諺解(17세기 初?)   女訓11)
譯語類解(1690)   譯語
仁祖大王行狀(1674?)   仁祖
煮硝方諺解(1698)   煮硝
捷解新語(1676)   捷新
玄風郭氏諺簡(17세기 전반)   郭氏諺簡12)

〈18세기 자료〉
孤山遺稿(1791)   孤山遺稿13)
老乞大諺解 重刊本(1795)   老諺 重
明義錄諺解(1777)   明義
蒙語老乞大(1741)   蒙老
朴通事新釋諺解(1765)   朴新
三譯總解(1703)   三譯
松江歌辭 星州本(1747)   松江

---

8) 李在秀(1955)에 수록된 영인본을 참조함.
9) 이 자료의 영인과 판독문은 전형대·박경신(1991)을 참조함.
10) 金一根(1986)에서 인용하고, 예문 번호도 그에 따른다.
11) 洪允杓(1993:284)는 현존하는 〈女訓諺解〉의 刊年을 17세기 初로 보았다.
12) 이 문헌의 판독 내용과 예문 번호는 백두현(1997)에 따른다.
13) 문학 작품의 특성을 고려하면 이 책의 언어 사실을 孤山이 생존하였던 17세기의 것
    으로 간주할 수 있을 것이다.

念佛普勸文 龍門寺本(1704)   普勸 龍門寺本
念佛普勸文 桐華寺本(1764)   普勸 桐華寺本
五倫行實圖(1797)   五倫
日東壯遊歌(1764)   日東
闡義昭鑑諺解(1756)   闡義
捷解新語 改修1次本(1748)   改捷 1次
捷解新語 改修重刊本(1781)   改捷 重
靑丘永言(1728)   靑丘

〈19세기〉
意幽堂日記(1829)   意幽堂

2. 17세기 국어의 청자 대우법과 문체법

이 장에서는 청자 대우법과 문체법을 나타내는 형태소를 확인하고, 청자 대우법과 문체법의 체계를 수립하기로 한다. 청자 대우법과 문체법의 체계를 수립하는 것은 다양한 문장 종결 형식을 문체법과 청자 대우법을 기준으로 분류하여 기술할 제 3장의 토대가 되기도 한다.

2.1. 17세기 국어의 청자 대우법

주체 대우법이나 객체 대우법은 대우 형태소의 유무에 따라 양분되는 속성을 갖고 있다. 그러나 청자 대우법은 대우 형태소의 유무 및 특정 형태소가 나타내는 대우의 정도에 따라 몇 개의 등급으로 구분되는 특징을 지닌다. 이 절에서는 청자 대우 등급을 구분하는 기준에 대한 모색을 통하여 17세기 청자 대우의 등급을 수립하기로 한다.

2.1.1. 청자 대우 등급 구분의 방법

17세기 국어의 청자 대우법은 張京姬(1977), 이기갑(1978), 김정수(1984)에서 각각 4등급, 3등급, 5등급으로 구분되었다.[1] 이들의 견해를 표로 정리하여 보이면 다음과 같다. 매개모음을 붙이지 않은 경우도 있으나, 여기서는 다 나타내기로 한다.

〈표-1〉 張京姬(1977)의 청자 대우 체계

문체법 청자대우법	평 서 법	의 문 법	명 령 법
ㅎ라체	-다/라, -으마, -쟈, -야/여 -고나, -괴야, -ㄹ샤/ㄹ셔 -을돠, -과댜	-고, -뇨, -료 -가, -냐, -랴 -은다, -을다 -싼녀/싼냐	-라
ㅎ오체	-이, -닉, -데, -리, -(도)쇠, -새	-은고, -을고 -은가, -을가	-오/소, -고려
ㅎ웁소체	-스외/외, -웁닉, -웁데 -오리, -웁도쇠, -웁새	-온고, -올고 -온가, -스올가	-웁소, -시소
ㅎ쇼셔체	-으이다/웅이다	-잇고, -잇가	-쇼셔

---

1) 徐禎穆(1983:230,242)도 張京姬(1977:121~123)와 같은 견해를 표명하면서, 'ㅎ시소'가 'ㅎ웁소'보다 높은 등급에 속하는 것일 가능성이 있다고 추측하였다. 그러한 추측은 현대 경상도 방언에서 '하시소'가 '하이소'보다는 높고 '하시이소'보다는 낮은 등급을 나타낸다는 사실에 근거를 둔 것이다. 그 밖의 논의에 대하여는 1.2.의 선행 연구 개관을 참조할 것.

〈표-2〉 이기갑(1978:60)의 청자 대우 체계

문체법 청자대우법	서술법	물음법	시킴법	꾀임법	2인칭대명사
ᄒ라체	-은다, -을다 -으마. -으라 -을돠, -을셔 -고나, -고야	-은다, -을다 -으냐, -으랴, -으뇨 -으료	-으라 -고려 -과댜	-쟈	너
ᄒ소체	-니, -쇠, -데 -외, -으리 -음새	-은가, -을가 -은고, -을고	-소 -소/오	-새	자네(그디)
ᄒ쇼셔체	-으이다	-으잇가, -으잇고	-으쇼셔	-사이다	

〈표-3〉 김정수(1984:26~27)의 청자 대우 체계

문체법 청자대우법	서술법	물음법	시킴법	꾀임법	안마침법
안높임	-∅-	-∅-	-으라, -고려, -고라	-쟈, -쟈스라	-∅-
예사높임	-의	-의, -은고, -을고 -습-. -으시-	-소, -습, -스오, -과댜, -습-	*-의	-습-
예사덧높임	-습…의	-습…의 -습사, -스오사-	-습소, -으시소 -으시과댜	-습…의	-습시- -스오사
아주높임	-응이-	-응이-	-으쇼셔	-응이-	
아주덧높임	-습… 응아	-습…응이- -습시…응이-	-습쇼셔 -스오쇼셔	-습…응이-	

이들의 청자 대우 체계를 비교하면 다음과 같다.

〈표-4〉 청자 대우 체계의 비교

김 정 수(1984)	張 京 姬(1977)	이 기 갑(1978)
ᄒᆞᆸ쇼셔체	ᄒᆞ쇼셔체	ᄒᆞ쇼셔체
ᄒᆞ쇼셔체		
ᄒᆞᆸ소체	ᄒᆞᆸ소체	ᄒᆞ소체
ᄒᆞ소체(ᄒᆞ오체)	ᄒᆞ오체	
ᄒᆞ라체	ᄒᆞ라체	ᄒᆞ라체

이 연구에서는 17세기 국어의 청자 대우법을 「ᄒᆞ라체-ᄒᆞ소체-ᄒᆞᆸ소체-ᄒᆞᆸ쇼셔체」로 구분한다. 이러한 구분은 張京姬(1977), 徐禎穆(1983)과 동일한 것이다. 그러나 종래의 논의에서는 이러한 구분의 근거에 대한 논의가 충분히 이루어지지 않았기 때문에 이 연구에서는 그 근거를 제시하는 데에 역점을 두기로 한다.2) 종래의 논의에서는 모든 문체법의 청자 대우 등급이 정연한 체계를 이루는 것으로 기술되었으나, 청자 대우 등급은 문체법에 따라 다를 수 있다. 즉 구조적 빈칸이 존재할 수 있는 것이다.

특정 종결 형식이 나타내는 청자 대우 등급을 기술하는 데에는 ①화자와 청자의 관계, ②2인칭 대명사의 사용, ③다른 종결 형식과의 공존 관계, ④언중들의 판단 등이 중요한 기준이 된다. 그러나 문헌 자료를 대상으로 청자 대우법을 기술할 경우에는 언중들의 판단은 말할 것도 없고, 화자와 청자의 관계도 그리 유효한 기준이 될 수 없다. 청자 대우법의 기술에서 2인칭 대명사와 종결 형식의 공기 관계에 지나치게 의존해서도 안 된다. 문헌 자료에는 2인칭 대명사가 출현하지 않는 경우가 많고, 비록 2인칭 대명사가 쓰이더라도 그것이 문장 종결 형식의 청자 대우 등급과 정확하게 1:1의 대응을 이루는 것도 아니기 때문이다.3) 그러므로 비교적 등급이 뚜렷한 다른 종결 형식과의 공존 관계에

---

2) 張京姬(1977)에서는 그러한 구분의 근거를 제시하지 않았고, 徐禎穆(1983)에서는 〈捷解新語〉의 原刊本과 改修重刊本의 비교를 통해 ᄒᆞᆸ소체를 설정해야 하는 근거를 제시하였다.

크게 의지하지 않을 수 없다.

　청자 대우의 각 등급은 고유의 형태에 의해 실현된다. 그러나 청자 대우 형태소의 기술에서 한 가지 고려해야 할 사실은 청자 대우 등급이 청자 대우 고유의 표지에 의해서만 분화되는 것은 아니라는 것이다. 청자 대우 등급은 기본적으로 [청자 존대]를 나타내는 {-(으)이-}, {-(으)쇼셔}, {-(으)이}, {-소}, {-아/어}, {-이} 외에 [청자 존대]와는 직접적 관련이 없는 {-습-}과 {-(으)시-}에 의해서도 분화될 수 있다.4) 청자 대우 등급을 형태론적으로 기술한 徐泰龍(1992:21)에서는 [화자 겸양]의 {-읍-}, {-(으)오}와 [청자 존대]의 {-(으)이-}, {-(으)이}의 통합 여부에 따라 현대 국어의 청자 대우법을 다음과 같이 5등급으로 구분하였는데, 이 구분은 현대 국어의 {-읍-}이 표면적으로는 [청자 존대]의 기능을 갖기도 하는 데에서 비롯된 것이다.5)

---

3) 15세기 문헌에서 ᄒᆞ야쎠체 종결 형식과 호응하는 '그듸'가 ᄒᆞ라체 종결 형식과 호응하기도 한다.

　　예: - 善友ㅣ 우션ᄒᆞ야ᄂᆞᆯ 그 ᄯᆞ리 닐오ᄃᆡ 그듸 恩惠ᄅᆞᆯ 모ᄅᆞ놋다 … 내 ᄆᆞᅀᆞᆷᄀᆞ장 섬교ᄃᆡ 나ᄅᆞᆯ 믿디 아니ᄒᆞᆯ쎠

　　　- 善友ㅣ 닐오ᄃᆡ 그듸 나ᄅᆞᆯ 아ᄂᆞᆫ다 모ᄅᆞᆫ다

　　　- 내 그듸ᄅᆞᆯ 아노니 빌먹는 것바ᅀᅵ라(月釋 22:58ㄱ)

17세기 자료에도 겸칭 '小人'과 ᄒᆞ라체 종결형식이 호응하는 경우가 있다(cf. 3.3.1.). 이 사실은 직접 용의 형식을 취하고 나타나는 인용문 중에도 직접 인용문으로 볼 수 없는 것이 있다는 것을 의미한다.

4) {-다}는 청자 대우 형태소가 아니라, 문체법 형태소이다. 청자 대우 형태소와 통합하지 않은 {-다}가 ᄒᆞ라체를 나타내므로, {-다}를 ᄒᆞ라체 등급의 종결 어미로 기술해야 한다는 견해가 있을 수 있다. 그러나 {-다}는 평서법과 청유법에만 쓰이고, 청자 대우 형태소와 자유롭게 통합한다. 그러므로 청자 대우 형태소와 통합하지 않은 {-다}가 ᄒᆞ라체에 쓰이는 것은 청자 대우 형태소의 결여에 의한 것으로 보아야 한다. {-다}가 평서법과 청유법에 다 쓰이는 것은 평서법과 청유법이 청자에게 [인지]를 요구한다는 언표내적 효력의 공통점을 지니고 있고, 그것이 바로 {-다}의 기본 의미이기 때문이다.

5) 현대 국어의 {-(으)시-}도 「주체=청자」인 상황에서는 청자 대우 등급의 분화에 관여하는 것으로 보인다.

「주체=청자」일 때에 명령문의 '-지요'와 '-(으)시지요'를 같은 등급으로 기술하기는 어

(1) 현대 국어 청자 대우 등급의 형태론적 기술(徐泰龍 1992:21)
　　① 해라체: 선어말의 {-ᅀᆞᆸ-}이나 {-(으)이-}, 어말의 {-(으)오}나
　　　　　　　{-(으)이} 모두 나타나지 않는 등급
　　② 하게체: 어말의 {-(으)이}에 의한 등급
　　③ 하오체: 어말의 {-(으)오}에 의한 등급
　　④ 합쇼체: 선어말의 {-ᅀᆞᆸ-}과 {-(으)이-}가 함께 나타나는 등급
　　⑤ 하소서체: 선어말의 {-ᅀᆞᆸ-}과 {-(으)이-}가 함께 나타나는 등
　　　　　　　급으로 {-ᅀᆞᆸ-}이 중가되거나 {-(으)이-}가 분리되는 등급

2.1.2. 17세기 국어의 청자 대우 등급

2.1.2.1. ᄒᆞ라체

가. ᄒᆞ라체 형태소

ᄒᆞ라체를 나타내는 형태소에는 종결 어미 {-아/어}와 {-이}가 있다.
그밖에 ᄒᆞ라체는 [청자 존대] 형태소의 결여에 의해서도 표시될 수 있다.

A. {-아/어}

{-아/어}가 구성하는 문장 종결 형식을 다음과 같이 제시할 수 있다.
여기서 {-아/어}가 ᄒᆞ라체 등급을 나타내는 종결 어미임을 분명히 알
수 있다.[6]

(2) {-아/어}가 구성하는 문장 종결 형식
　　① ᄒᆞ라체 평서법: -아/어, -(으)ㄹ샤, -과댜/과뎌, -고나, -괴
　　　　　　　야, -어라,[7] -ᄯᅧ/ᄯᅡ

렵다.
6) 徐泰龍(1986b:131)은 {-아/어}를 해라체와 [청자 중심]의 정동사 어미로 기술하였다.
7) '-어라'의 {-어}는 종결 어미로 보인다. 그렇다면 '-어라'는 종결 어미와 종결 어미가 통

② ᄒᆞ라체 의문법: -(으)ㄴ다, -(으)ㄹ다
③ ᄒᆞᅌᆞᆸ소체 명령법: -(으)시과댜
④ ᄒᆞ라체 청유법: -쟈
⑤ ᄒᆞ라체 약속법: -(으)마

여기에 제시된 종결 형식 중에는 공시적으로 더 분석하기 어려운 것들도 있지만, 모두 {-아/어}를 포함하고 있고 ᄒᆞ라체를 나타낸다는 사실을 볼 때, 적어도 기원적으로는 여기에 제시된 종결 형식에서 ᄒᆞ라체 종결 어미 {-아/어}를 분석할 수 있다. ③의 '-(으)시과댜'는 예외적으로 ᄒᆞᅌᆞᆸ소체 종결 형식이지만, 이 종결 형식이 ᄒᆞᅌᆞᆸ소체를 나타내게 된 것은 {-(으)시-}에 의한 것이다. 마지막 요소인 {-아/어}는 원래 ᄒᆞ라체 종결 어미이다. '-과댜'에서 {-아/어}를 분석할 수 있다는 것은 '-과댜'가 평서법과 명령법에 두루 쓰이는 사실에서도 알 수 있다.8) 그것은 {-아/어}가 특정 문체법에 구애되지 않고 쓰일 수 있는 사실과 부합하기 때문이다.9)

B. {-이}

{-이}는 평서문과 의문문의 ᄒᆞ라체 종결 형식으로 쓰이는 '-(으)니, -(으)리'에서 공시적으로 분석할 수 있는 ᄒᆞ라체 종결 어미이다. 15세기의 '-(으)니, -(으)리' 구문에 대한 종래의 형태론적 기술은 대체로 다음 4가지로 정리할 수 있다.10)

합한 것이다.
8) 3.1.1.12.와 3.3.1.2.를 참조할 것.
9) {-아}와 {-어}를 동일한 형태소로 기술하는 데에 문제가 없는 것은 아니다. 종결 형식에 따라 {-아}나 {-어}가 서로 교체되지 못하고 둘 중 하나로 고정되는 경우도 있기 때문이다. 그러나 {-아}와 {-어}의 기능이 동일하기 때문에 한 형태소로 기술한다.
10) 악장 문헌의 '-(으)니, -(으)리'에 대한 종래의 연구사는 배석범(1997:56~66)에 자세하게 정리되어 있다.

(3) '-(으)니, -(으)리' 구문에 대한 형태론적 해석
　① 선어말 어미로 끝난 문장 : 安秉禧(1967:209)
　② '-(으)이다, -(으)잇가, -(으)잇고'의 생략에 의해 형성된 문
　　　장 : 허웅(1975:493~494, 513~514), 배석범(1997:92)
　③ 후행 요소의 생략에 의한 명사 종결문 : 黃文煥(1997b:5)
　④ 반말체 종결 어미 {-(으)이}로 끝난 문장 : 高永根(1981:8~9)

　이 중 ①, ②, ③은 모두 '-(으)니, -(으)리'의 형성 배경에 대한 견해를 드러낸 것이고, ④는 이 종결 형식의 형성 배경보다는 공시적인 기술에 대한 견해를 보인 것이다. ①을 후행 요소가 붙지 않았다는 견해로 해석한다면, ②나 ③에 비해 ①이 가지는 강점은 '-(으)니, -(으)리'의 기능 부담량과 관련된 것이다. 15세기의 '-(으)니'와 '-(으)리'가 평서법과 의문법에 두루 쓰인 사실을 고려한다면, '-(으)니' 뒤에서 생략된 종결 형식은 '-(으)이다 ; -(으)잇가, -(으)잇고' 중 하나이고, '-(으)리' 뒤에서 생략된 종결 형식은 '-(으)이다, -러이다, -라스이다, -로소이다, -(으)니라, -(으)니이다 ; -(으)잇가, -(으)잇고, -로소니잇가' 중 하나일 것이다. 그러므로 만약 후행 요소가 생략되었다고 본다면, 문장에 따라서 '-(으)니'와 '-(으)리'가 다양한 후행 요소 중 어느 하나의 기능을 포함하고 있다고 해야 하는데, 그것은 설명하기 어려운 일이다. 그러나 이 문제에 대하여는 섣불리 결론을 내리기 어렵다.

　다음으로는 이 구문의 대우 기능을 고찰하기로 한다. '-(으)니'와 '-(으)리'의 대우 기능은 15세기 이래 많이 변모해 온 것으로 보인다. 이 변화의 과정을 살펴봄으로써 '-(으)니' 구문과 '-(으)리' 구문에서 공시적으로 분석할 수 있는 종결 어미 {-이}의 기능을 확인하기로 한다. '-(으)니'와 '-(으)리'는 15세기의 악장 문헌에서는 평서법과 의문법에 두루 쓰였으나, 산문 문헌에서는 의문법에만 쓰였다.11) 먼저 악장 문헌의 예문을 살펴보기로 한다. 〈月印千江之曲〉의 '-(으)니'는 종결 형식인지

---

11) 시대와 문헌의 종류에 따라서 '-(으)니, -(으)리' 구문이 다른 용법을 보인다는 사실에 대하여는 黃文煥(1997b)에서도 검토한 바 있다.

연결 형식인지 분명치 않으므로 자료로 채택하기 어렵다.12)

> (4) 가. 千世 우희 미리 定ᄒ샨 漢水 北에 累仁開國ᄒ샤 卜年이 궁
>   없스시니 聖神이 니ᅀ샤도 敬天勤民ᄒ샤ᅀᅡ 더욱 구드시리이다
>
> (龍歌 125)
>
>   나. 驪山役徒를 일ᄒ샤 지브로 도라오싫 제 열희 ᄆᅀᄆᆯ 하ᄂᆞᆯ히
>   달애시니 셔ᄫᆞᆯ 使者를 ᄭ리샤 바ᄅᆞᆯ 건너싫 제 二百戶를 어
>   느 뉘 請ᄒ니 (龍歌 18)
>
>   다. 淨飯이 무러시ᄂᆞᆯ 占者ㅣ 判ᄒᅀᄫᅩ디 聖子ㅣ 나샤 正覺 일우
>   시리(月曲 其15)
>
>   라. 多助之至실ᄊ 野人도 一誠이어니 國人 ᄠᅳᆮ들 어느 다 ᄉᆞᄫᅳᆯ리
>   님긊 德 이ᄅᆞ시면 親戚도 叛ᄒᄂᆞ니 이 ᄠᅳᆮ들 닛디 마ᄅᆞ쇼셔
>
> (龍歌 118)

(4가, 나, 다, 라)는 각각 평서법의 '-(으)니', 의문법의 '-(으)니', 평서
법의 '-(으)리', 의문법의 '-(으)리' 구문인데, 모두 ᄒ쇼셔체 구문이다.
(4가)의 '-(으)니'를 종결 형식으로 간주하는 것은 前節이 後節의 원인
이나 전제가 아니기 때문이다. (4다)의 '-(으)리'는 占者가 淨飯王에게
하는 말이므로 ᄒ쇼셔체를 써야 할 상황에서 사용된 것임이 분명하
다.13)

'-(으)니'와 '-(으)리'는 (5가, 나)에서 보듯이 산문 문헌에서도 종결
형식으로 쓰였다.

---

12) 청자 대우법의 측면에서는 〈月印千江之曲〉도 ᄒ쇼셔체 문헌이다. 前述한 바와 같이
ᄒ야쎠체가 보이기는 하나, 극히 예외적이다. ᄒ라체 문장 종결 형식 '-(으)뇨' (28,
52,123,166), '-(으)리오'(52), '-(으)ㄴ고'(144), '-(으)ᇙ가'(169) 등도 보이지
만, 이들은 모두 자문의 성격을 지니는 것으로 보인다. 황선엽(1995:36)은 〈龍飛御
天歌〉에 ᄒ라체도 쓰인다고 하였다. 그러나 필자의 조사에 의하면 〈龍飛御天歌〉의
ᄒ라체는 '-(으)ㄹ까'(43장), '-(으)ㄴ가'(88장, 89장), '느지르샷다'(99장)가 전부
인데, 이들은 모두 자문 또는 독백이다.
13) 이 예문의 '-(으)리' 구문이 완전한 직접 인용의 형식을 취한 것이라고 보기는 어렵다.

(5) 가. 그듸내 ᄠᅳ디 아니 舍利ᄅᆞᆯ 뫼셔다가 供養ᄒᆞᅀᆞᄫᆞ려 ᄒᆞ시ᄂᆞ니
(釋詳23:46ㄴ)
나. 그듸ᄂᆞᆫ 王ㄱ ᄯᆞ리오 나ᄂᆞᆫ 빌머긇 사ᄅᆞ미어니 어듸쎤 서르 恭敬ᄒᆞ시리(月釋 22:56ㄱ)

(5가, 나)는 각각 '-(으)니'와 '-(으)리'가 산문 문헌에서 ᄒᆞ야쎠체 의문문에 쓰인 것이다.14)

다음 (6가~라)는 16세기 자료이다.

(6) 가. 너희 누에ᄃᆞᆯ 다 치더라터니 엇더ᄒᆞ니(淸州簡札 57)
나. 요ᄉᆞ이ᄂᆞᆫ 긔오니 엇더ᄒᆞ니 동싱ᄃᆞᆯ도 다 ᄂᆞ려 오고 셔방님도 나가다 ᄒᆞ니 더 근심ᄒᆞ노라(淸州簡札 58)
다. 면화ᄂᆞᆫ 아ᄆᆞ리 잇다 엇디 보내리 보낼 길히 업거든 어ᄂᆡ 어ᄒᆞ로 보내리 엇디 ᄒᆡ여 이 뵈ᄅᆞᆯ 그ᄃᆞᆯ 내려뇨 ᄒᆞ노라
(淸州簡札 9)
라. 다만 빈혜 업다 그ᄅᆞᆯ 과부ᄒᆡ여든 사 주마 내사 ᄌᆞ식글 어ᄂᆡ 달이 헤리(淸州簡札 23)

(6가, 나)의 '-(으)니'와 (6다, 라)의 '-(으)리'는 모두 ᄒᆞ라체 의문문에 쓰인 것이다. 이와 달리 16세기 자료인 다음의 (7가, 나)에서는 '-(으)리'가 ᄒᆞ소체 평서문에 쓰였다.15) '-(으)니'가 평서문에 쓰인 경우는 발견되지 않는다.

(7) 가. 예 나ᄒᆞᆫ날 담졔니 사ᄒᆞᆫ날 가리 겻기ᄂᆞᆫ 됴ᄒᆡ 오직 져기 너모

14) 황선엽(1995:12)에서는 〈圓覺略疏注經〉의 구결 표시와 〈圓覺經諺解〉를 비교하여 'ソ(ㅌ)ヒ丶'가 'ᄒᆞ(ᄂᆞ)니'와 대응함을 확인하였다. 이 자료는 15세기의 문장 종결 형식 '-(으)니, -(으)리'가 ᄒᆞ라체로도 쓰인 것이 아닌가 하는 의심을 품게 한다. 그러나 이 자료에서 나타나는 '-(으)니'를 문장 종결 형식으로 판단할 수 있는 근거가 충분치 못하다.

15) 徐泰龍(1996:70,87)은 16세기 淸州簡札의 '-(으)리'가 의문법에서는 ᄒᆞ라체를, 평서법에서는 ᄒᆞ소체를 나타낸다는 사실을 지적하였다.

슈만코 넌내 나니 몯 머글쇠 바조는 사신가(淸州簡札 155)
나. 바조 옷 너일 드디게 되면 내가 긔걸ᄒᆞ고 <u>오리</u> 바조옷 ᄒᆞ면
브더 보기 이셰야 ᄒᆞ려니와 바조옷 모러나 홀 양이면 나모
ᄒᆞ라 브더 <u>보내소</u>(淸州簡札 130)

16세기 국어의 '-(으)니, -(으)리' 구문은 대체로 ᄒᆞ라체로 쓰였는데, 평서법의 '-(으)리'만은 ᄒᆞ소체로 쓰였음을 알 수 있다.

이와 달리 17세기의 '-(으)니'와 '-(으)리'는 평서문과 의문문에 다 쓰였는데, ᄒᆞ라체만을 나타낸다. 평서법의 '-(으)니'는 생산적이지 않았던 것으로 보인다.16)

이상의 사실을 정리하면 다음과 같다.17)

〈표-5〉 '-(으)니, -(으)리'의 용법

	-(으)니		-(으)리	
	평 서 법	의 문 법	평 서 법	의 문 법
15세기	악장: ᄒᆞ쇼셔체 산문:　×	악장: ᄒᆞ쇼셔체 산문: ᄒᆞ야쎠체	악장: ᄒᆞ쇼셔체 산문: ᄒᆞ라체	악장: ᄒᆞ쇼셔체 산문: ᄒᆞ야쎠체
16세기	×	ᄒᆞ라체	ᄒᆞ소체	ᄒᆞ라체
17세기	ᄒᆞ라체(비생산적)	ᄒᆞ라체	ᄒᆞ라체	ᄒᆞ라체

여기서 설명해야 할 문제는 크게 보아 다음 네 가지라 생각된다. 15세기에는 '-(으)니' 구문과 '-(으)리' 구문이 문헌의 종류에 따라 다른 성격을 보이지만, 여기서 제시하는 의문점은 대체적인 경향을 바탕으로 한 것이다.

---

16) 17세기의 '-(으)니, -(으)리' 구문의 기능에 대하여는 3.1.1.과 3.2.1.을 참조할 것.
17) 〈표-5〉는 '-(으)니, -(으)리'가 어떤 등급이 쓰일 자리에 나타나는가를 보일 뿐이다. ᄒᆞ쇼셔체나 ᄒᆞ야쎠체가 쓰일 자리에 '-(으)니, -(으)리'가 나타났다고 해서, '-(으)니, -(으)리'를 ᄒᆞ쇼셔체 또는 ᄒᆞ야쎠체 종결 형식으로 간주해서는 안 된다.

    (8) '-(으)니, -(으)리' 구문에 관한 의문점

      ① 시대적 차이를 무시하고 본다면 '-(으)니, -(으)리' 구문은 문
        체법적으로는 평서법과 의문법에, 대우법적으로는 ㅎ쇼셔체,
        ㅎ야쎠체(ㅎ소체), ㅎ라체에 두루 쓰일 수 있었는데, 그 원인이 무엇
        인가?

      ② '-(으)니, -(으)리'의 등급이 17세기에 ㅎ라체로 정착하게 된
        요인이 무엇인가?

      ③ '-(으)니'가 '-(으)리'와 달리 평서법에서 생산적으로 쓰이지
        못하였던 원인이 무엇인가?

      ④ 16세기 의문법의 '-(으)니, -(으)리'는 모두 ㅎ쇼셔체나 ㅎ야
        쎠체에서 ㅎ라체로 등급이 하락하였는데, 이와 달리 평서법의
        '-(으)리'가 16세기에 ㅎ소체로 쓰일 수 있었던 원인이 무엇
        인가?

  첫째 문제는 청자 대우법 표지와 문체법 표지가 결여된 '-(으)니' 구
문과 '-(으)리' 구문이 대우법적으로나 문체법적으로 고정성을 지니지
않기 때문이라고 설명할 수 있다. 특히 대우법적 기능이 유동적인 것은
'-(으)니, -(으)리'가 선어말 형태소 {-(으)이-}에서 재구조화된 종결 어
미 {-(으)이}를 포함하고 있는 것인지, 아니면 「(으)ㄴ+이」나 「(으)ㄹ
+이」만으로 구성된 것인지 분명하지 않은 데에서 비롯된 것으로 볼 수
도 있다.18) 둘째 문제도 첫째 문제와 깊은 관련을 지니는 문제이다.
'-(으)니, -(으)리'가 {-(으)이}를 포함하고 있는 것인지 그렇지 않은지

---

18) '-(으)니, -(으)리' 구문이 명령문, 청유문, 약속문으로 쓰이지 않는 것은 선어말 형
    태소 위치에 나타나는 '-(으)니-, -(으)리-'가 이 세 문체법에서 쓰이지 않는 사실과
    관련될 것이다. '-(으)니-'가 이 세 문체법에 쓰이지 않는 것은 이 세 문체법이 행위와
    관련되는 것에 비해서 '-(으)니-'는 명제 내용에 대한 청자의 인지]를 요구하는 화자
    의 의도를 드러내는 요소이기 때문이다. '-(으)니-'는 내포문(간접 인용문 포함), 접
    속문, 감탄문에 쓰이지 않는다. 이 위치는 청자에 대한 화자의 태도가 표시될 수 없
    는 위치이기 때문이다. '-(으)리-'는 명제 내용에 나타난 행위에 대한 화자의 [실행
    의지]나, 명제 내용에 대한 화자의 [추측]을 나타낸다. 따라서 명령법과 청유법에 쓰
    이지 못한다. '-(으)리-'는 평서법과 관련되는 형식이다.

불분명하기는 하지만, 어쨌든 표면적으로 {-(으)이}가 드러나지 않는 '-(으)니, -(으)리'는 [청자 존대] 표지를 결여하고 있는 것으로 인식되었을 가능성이 크다. 즉 「(으)ㄴ+이」나 「(으)ㄹ+이」의 구조로 인식되었을 가능성이 큰 것이다. 그렇다면 이들이 특정 등급에 구애되지 않고 쓰인 사실도 이해할 수 있고, 결국 ᄒᆞ라체로 정착하게 된 것도 이해할 수 있다. 셋째 문제는 종결 형식 '-(으)니'와 연결 형식 '-(으)니'가 엄격하게 구별되기 어렵다는 사실에서 비롯된 것으로 보인다.

넷째 문제는 사정이 좀 다르다. 이 문제는 '-(으)니, -(으)리'와 {-(으)이}류 종결 형식, 즉 평서법의 {-(으)이}, '-니', '-데', '-게', '-외/ㅅ외', 청유법의 '-옵새', 약속법의 '-옴새' 등을 비교함으로써 설명할 수 있을 것이다. 설명의 편의를 위하여 다음과 같이 구분하기로 한다.

> (9) '-(으)니, -(으)리'와 {-(으)이}
> ① a류 : '-(으)니, -(으)리'
> ② b류 : 평서법의 {-(으)이}, '-니, -데, -옵게, -외/ㅅ외'
>   약속법의 '-옴새'
>   청유법의 '-옵새'

b류에는 16세기에 등장한 ᄒᆞ소체 종결 형식과 17세기에 등장한 ᄒᆞ옵소체 종결 형식이 포함되어 있다. 그러므로 a류와 b류는 ᄒᆞ라체와 ᄒᆞ소체 또는 ᄒᆞ옵소체로 대립한다. 그러나 b류에서 분석되는 종결 어미는 ᄒᆞ소체 종결 어미이다. ᄒᆞ옵소체를 나타내는 것은 선어말 형태소이다. '-(으)니' 구문과 '-(으)리' 구문이 ᄒᆞ라체로 정착하는 과정에서 평서법의 '-(으)리'만이 일시적으로 ᄒᆞ소체에 쓰일 수 있었던 것은 평서법의 '-(으)리'가 b류에 합류하였기 때문일 것이다. b류의 대부분은 평서법 종결 형식이다. b류에는 약속법과 청유법도 포함되어 있으나 이들은 평서법과 비교적 가까운 관계를 맺고 있는 문체법이다. 그러므로 '-(으)니'가 평서법으로 잘 쓰이지 않아 고립성을 띠고 있던 평서법의 '-(으)리'는 b류와 합류할 가능성을 안고 있었던 것이라고 생각된다. 여기서 우리는 16세

기의 평서법 종결 형식 '-(으)리'가 흐소체로 쓰인 예외성을 이해할 수 있다. 그런데 평서법의 '-(으)리'가 17세기에 흐라체로 정착한 이유는 무엇인가? 그것은 종결 형식의 마지막 음절이 이중 모음으로 실현되는 b류는 청자 대우 형태소 {-(으)이-}의 흔적을 비교적 뚜렷하게 갖고 있었으나, 평서법의 '-(으)리'는 그러한 조건을 갖추지 못하였기 때문이었다고 해석할 수 있을 것이다.

이 연구에서는 '-(으)니' 구문과 '-(으)리' 구문에서 흐라체 종결 어미 {-이}를 분석한다. 15·16세기의 '-(으)니' 구문과 '-(으)리' 구문은 대체로 청자 대우법상으로는 특정 등급에 구애되지 않고 쓰이는데, 그것은 {-이}가 청자 대우법적으로 중립적이라는 것을 의미한다. 이 중립성이 {-이}가 문체법 표지임을 의미하는 것은 아니다. 왜냐 하면 '-(으)니' 구문과 '-(으)리' 구문은 문체법상으로도 평서문이나 의문문에 두루 쓰이는데, 평서문과 의문문을 하나로 묶을 근거가 없기 때문이다. {-이}가 청자 대우법상으로 중립적 성격을 갖는다는 것은 {-이}가 청자의 존재를 적극적으로 의식하지 않는 성격을 갖고 있기 때문인지도 모른다. 이런 성격의 {-이}는 흐라체 종결 어미로 기술해야 할 것이다.

나. 흐라체의 설정

이상에서 살펴본 바와 같이 흐라체는 청자 대우 고유의 형태소인 {-아/어}, {-이} 및 청자 대우 형태소의 결여에 의해 실현될 수 있었다. 그러므로 형태적인 면에서 흐라체를 설정하는 데에는 문제가 없다.

흐라체 종결 형식은 15·16세기 국어와 비교하여 근본적으로 변한 것이 없다. 단 종래에 흐라체보다 높은 등급을 나타내는 것으로 기술되었던 '-(으)ㄴ가, -(으)ㄴ고, -(으)ㄹ가, -(으)ㄹ고'와 '-고려, -고라'를 이 연구에서는 흐라체로 파악하며, 15세기 국어에서 흐아쎠체를 나타내는 것으로 기술되었던 '-쓰녀/쓰냐'도 이 연구에서는 흐라체로 파악한다. 이에 대한 상세한 논의는 제3장에서 이루어질 것이다.

2.1.2.2. 하소체

가. 하소체 형태소

하소체를 나타내는 종결 어미에는 {-(으)이}와 {-소}가 있었다.

A. {-(으)이}

{-(으)이}는 하소체를 나타내는 종결 어미이다.[19] 그것은 {-(으)이}
가 구성하는 평서법 문장 종결 형식 {-(으)이}, '-니', '-데', '-게', '-스
외/외'나 약속법 문장 종결 형식 '-옴새' 등에서 확인할 수 있다. 청유법
의 '-옵새'는 하소체 종결 형식인 '-새' 앞에 {-습-}이 첨가되어 하옵소
체가 되었다. {-(으)이}는 평서법, 청유법, 약속법에만 쓰이고, 의문법
과 명령법에서는 쓰이지 않는다.

이기갑(1978:42~45)과 李賢熙(1982b:152)에서는 '-(으)이다'가 umlaut
를 거친 다음 '-(으)이다'가 삭제되어 {-(으)이}가 형성된 것으로 기술하였다.[20] 그
러나 徐泰龍(1985:167)은 이러한 기술이 {-(으)이-}가 umlaut의 음운
론적 요인으로만 작용하고 탈락된 것으로 보는 것인지, 아니면 '-니', '-데'
등에 {-(으)이-}가 축약되어 존재하는 것으로 보는지가 모호하다고 지적
하고, '-니', '-데' 등이 하라체보다 높은 등급을 나타낸다는 사실을 고려
하면 '-니', '-데' 등에 {-(으)이-}가 축약되어 존재하는 것으로 기술해야
한다고 하였다. 徐禎穆(1993:138, 1997:576)에서 {-다}가 절단된

---

19) 16세기의 {-(으)이}를 허웅(1989:178~180)은 반말체 종결 형식으로 분류하였으
나, 徐泰龍(1996:83)은 반말을 인정하지 않고 하소체 종결 형식으로 분류하였다.
{-(으)이}는 15세기 국어의 다음 예문에서도 확인된다.
   예: 祥瑞도 하시며 光明도 하시나 곳업스실쎠 오늘 몯 숣뇌 天龍도 해 모드며 人
   鬼도 하나 數 업슬쎠 오늘 몯 숣뇌(月曲 上:其26)
20) 이기갑(1978:42~45) : 느+으이+다→너+으이다→너다→니
   李賢熙(1982b:152) : 느이다 〉 너이다 〉 넝이다 〉 니
                       더이다 〉 데이다 〉 뎅이다 〉 데

후 {-(으)이-}가 선행 요소와 융합된 것으로 기술한 것도 [청자 존대]
의 기능을 고려한 것이다. {-(으)이}가 ᄒ쇼셔체를 나타내지 못하고 ᄒ
소체를 나타내게 된 것은 선어말 형태소 {-(으)이-}의 기능이 轉移되어
형성된 재구조화된 종결 어미 {-(으)이}가 독자적으로 한 음절을 구성
하지 못하기 때문이라고 설명할 수 있다. {-(으)이}는 청자 존대 기능
을 가진 선어말 형태소와 어울려 ᄒᆞ옵소체에도 쓰인다.

    B. {-소/오}

    17세기에는 {-소}가 중세 국어의 ᄒ야쎠체 명령법을 대신하게 된다.
{-소}는 변이형 {-오}로 실현되기도 하였다. {-소}는 대개 단일형으로
쓰이지만, 변이형 {-오}와 교체되기도 하는 것으로 보아 더 이상 분석
할 수 없는 종결 어미라 생각된다. {-소}는 ᄒ소체 등급과 명령법을 동
시에 나타내는데, {-습-}과 통합하여 ᄒᆞ옵소체에 쓰이기도 한다. {-소}
가 청자 대우법 표시 기능과 문체법 표시 기능을 다 갖는 것은 이례적
이다.
    명령법 종결 어미 {-소}의 등장이 安秉禧(1967:222)와 李基文(1972:
214)에서 지적된 이후 {-소}와 {-오}의 기원에 대한 논의가 시작되었
다. 이들의 기원에 대한 종래의 견해는 다음과 같다.[21]

    (10) {-소}의 기원에 대한 견해
        ① {-소-} 기원설: 崔明玉(1976:166)[22]

---

[21] 종래의 견해는 黃文煥(1997a:204)에도 정리되어 있다.
[22] 崔明玉(1976:168)은 명령법의 {-소}가 어느 선어말 형태소에서 발달한 것인가를
    명시적으로 지적하지는 않았다. 단지 평서법의 {-소/오}는 '-ᄉ외/ᄋ외'에서 발달한
    것이지만, 명령법의 {-소}는 다른 선어말 어미가 발달한 것이라고 했을 뿐이다. 평서
    법의 {-소}가 '-ᄉ외'에서 발달하고, 명령법의 {-소}는 이와 다른 과정을 겪은 것이라
    는 사실은 다음 예문을 보아 알 수 있다.
      예: 아롬답ᄉ외 여긔 오ᄅᆞ옵소(捷新 1:2ㄴ)
    17세기에는 명령법의 {-소/오}와 평서법의 '-ᄉ외'가 대립하였는데, 18세기까지도

② {-사} 기원설: 任洪彬(1985:452~453)
③ {-(으)쇼셔} 기원설: 徐禎穆(1983:226-232, 1987:175),
　　　　　　　　　　　　　　　한동완(1988:25)
④ {-습-} 기원설 : 張京姬(1977:121), 이기갑(1978:22, 36, 41)
　　　　　　　　　　김정수(1984:134), 徐泰龍(1985:180)
　　　　　　　　　　李賢熙(1985:22), 허웅(1989:173)
　　　　　　　　　　서정목(1988:143, 1997:575)23)

①은 종결 어미 {-소}가 ᄒ소체 명령법을 나타내는 데에 비해 선어말
형태소 {-소-}는 ᄒ소체나 명령법과 전혀 관련이 없다는 점을 설명하기
어렵다. ②는 {-사}가 〔명령〕과 관련된다는 점에서 개연성을 찾을 수
있지만, 「사 〉 소」의 변화를 설명하거나, {-사} 뒤에 종결 어미 {-오}
가 통합한 것을 설명해야 하는 부담이 있다. ③은 {-(으)쇼셔}가 {-(으)
소서}를 거친 후 마지막 음절이 절단되어 {-소}가 형성된 것이라는 주
장이다. 현대 국어의 {-(으)소}는 중세 국어 {-(으)쇼셔}와 마찬가지로
매개 모음을 지니고 있으면서 음운 조건에 따라 {-소}와 {-(으)소}로
교체된다. 이 점에서 본다면 {-소}의 기원이 {-(으)쇼셔}일 가능성이
있다. 그러나 16·17세기 국어에서는 매개 모음을 가진 {-(으)소}가
확인되지 않는다. 15세기의 '-ᄉᄫᆞ쇼셔'에는 매개 모음이 존재하는데,
17세기의 '-습소/ᅌᅩ소'에는 왜 매개 모음이 안 쓰이는지 설명하기 어려
운 것이다. ④는 '-ᄉᄫᆞ쇼셔', '-ᄌᄫᆞ쇼셔', '-ᅀᄫᆞ쇼셔'에서 {-(으)쇼셔}
가 절단된 {*-ᄉᆞ오}, {-ᄌᆞ오}, {-ᅀᆞ오}가 {-소}, {-조}, {-소}로 발달한
것이라고 보는 것이다. ④는 결국 선어말 형태소로 문장이 종결되었다
고 보는 것인데, 張京姬(1977:121)는 「술 다 자ᅌᅩᆸ(譯語 上:59ㄴ)」과
같은 예를 들어서 이러한 종결 방식이 가능함을 주장하였다. 허웅
(1989:173)은 16세기의 {-소}, {-소}, {-조}, {-오}를 제시하고, 이

평서법과 의문법에서 {-소}가 쓰이지 않았다. 이에 대하여는 崔明玉(1976:165~
167)과 李賢熙(1982a:67)를 참조할 것.
23) 徐禎穆(1983:226~232, 1987:175)은 경상도 방언의 {-(으)소}를 논의한 것이고,
서정목(1988:143, 1997:575)은 중앙어의 {-소}를 논의한 것이다.

들은 {-습-}의 변이형인 {-스오-}, {-소오-},24) {-즈오-}에서 모음 /
ㅡ/와 {-(으)쇼셔}가 탈락하여 형성된 것으로 기술하였다.

　{-소}의 기원에 대한 모색에서 가장 중요한 근거로 삼아야 하는 것은
16세기의 언어 사실이다. 16세기 종결 어미 {-소}, {-조}, {-쇼}(또는
{-오})의 분포가 15세기 {-습-}, {-줍-}, {-습-}의 분포와 거의 일치하
는 사실은 결코 소홀하게 취급될 문제가 아니다.

　　　(11) 가. 두드림곳 ᄆ차든 즉시 <u>보내소</u>(淸州簡札 45)
　　　　　나. 큰형님 몬져 례 <u>받조</u>(飜老 上:63)25)
　　　　　다. 몬져 ᄒᆞᆫ 잔 <u>자쇼</u>(飜老 上:63)
　　　　　라. 관뒤 아니 와시니 급급이 <u>보내오</u> 얼혀니 <u>마오</u> 부러 사롬
　　　　　　　 브리뒤 ᄉᆞ월 초다엿새 젼으로 들게 <u>보내오</u>(李朝諺簡 5, 松江)
　　　　　라′. 즈로 사롬 브려 아라셔 이리 <u>알외소</u> 얼혀니 <u>마소</u> 받바 이만 ᄒᆞ뇌
　　　　　　　　　　　　　　　　　　　　　　(李朝諺簡 4, 松江)

　16세기에는 (11가)와 같이 {-쇼}나 {-오}가 쓰일 환경에서도 {-소}
가 쓰이기는 했으나,26) 그것은 허웅(1989:173)에서 밝힌 바와 같이
모음 충돌 회피 현상으로 볼 수 있다.27) 그러므로 {-조}, {-쇼}(또는
{-오})의 분포가 15세기 선어말 형태소 {-줍-}, {-습-}의 분포와 일치
한다는 점에 주목해야 한다. 그렇다면 {-소}, {-조}, {-쇼}(또는 {-오})
가 {-습-}의 변이형인 {-스오-}, {-ᄾᅩ-}, {-ᄋᆞ오-} 뒤의 {-(으)쇼셔}
가 생략되어 형성된 것이라는 허웅(1989:172~173)의 주장은 설득력
이 있다. 李賢熙(1982b:153, 1985:21)는 15세기 자료에서 '돕소와',
'돕습놋다', '받조올' 등의 예를 들었는데, 이것도 명령법 종결 어미 {-소}
의 기원이 {-습-}일 것이라는 심증을 더 굳게 한다.

---

24) {-소오-}는 {-ᄾᅩ-}의 混記로 보인다.
25) 이 부분은 〈老乞大諺解〉에서 '큰형아 몬져 녜를 바드라'(老諺 上:57ㄴ)로 고쳐져 있다.
26) 〈淸州簡札〉에서는 {-쇼}나 {-오}가 쓰이지 않았다(徐泰龍 1996:89).
27) 이기갑(1978:47~48)은 {-소}와 {-오}가 〈捷解新語〉에서 {-소}로 단일화된 현상
　　을 混態(blending)로 보았다.

{-소}가 {-습-}에서 변화한 것이라고 기술하는 데에 큰 장애가 되는 것은 {-소} 앞에 다시 {-습-}이 통합한 '-읍소'가 존재한 사실과, 경상도 방언의 '-(으)시소'와 '-(으)이소'에서 {-(으)시-}와 {-(으)이-}가 {-(으)소} 앞에 통합되는 현상이다. {-소}의 기원을 {-습-}으로 본다면 전자에서는 형태소의 중복을, 후자에서는 선어말 형태소의 서열에 어긋나는 사실을 설명하기 어렵다. 그러나 이는 {-소}가 이미 종결 어미로 굳어진 후에 생겨난 현상이라고 본다면 이해할 수 없는 현상이 아니다. 당시의 언중들이 이미 {-소}와 {-습-}의 통시적 관련성을 인식하지 못하였기 때문에 이런 현상이 생겨난 것으로 볼 수 있는 것이다.

{-소}와 {-오}의 차이가 방언적 차이일 가능성(張京姬 1977:121)도 있으나, (11라, 라')에서는 동일 인물(松江)이 동일한 환경에서 {-소}와 {-오}를 다 사용하고 있다. 그러므로 {-소}와 {오}는 수의적으로 교체될 수 있었던 것으로 보인다. 이들이 방언적 차이로 대립하는 것이었다 하더라도, 이 경우에는 방언 간의 간섭이 비교적 심하였던 것으로 해석할 수 있다.

현대 국어 경상도 방언의 명령법 종결 어미 {-(으)소}는 매개 모음을 지니고 있다는 점에서 17세기의 {-소}와 다르다. 오히려 평서문의 {-소}가 17세기 명령문의 {-소}와 같이 매개 모음을 지니고 있지 않다. 그러나 평서문의 {-소}는 17세기의 '-ᄉ외'에서 변화한 것이다. 매개 모음을 갖고 있지 않던 명령법 종결 어미 {-소}가 현대 국어 경상도 방언에서 매개 모음을 갖게 된 것은 평서문이나 의문문에 쓰이는 {-소}와의 변별성을 얻기 위함이 아닌가 생각된다.[28]

---

28) 17세기의 '-쇠', '-ᄉ외/ᄋ외', {-소/오}는 다음과 같이 변화한 것으로 보인다.
　　　-쇠 〉-쇠, -소이다(평서법), -소이까(의문법)
　　　-ᄉ외/ᄋ외 〉-소/오(평서법, 의문법)
　　　-소/오 〉-(으)소/(으)오(명령법)

나. ᄒᆞ소체의 설정

15세기 국어의 ᄒᆞ야쎠체가 확고한 지위를 갖지 못하였던 것에 비해 ᄒᆞ소체는 16세기에 이미 상당히 확고한 자격을 얻게 된다.

> (12) 가. ᄆᆞ론 예 인ᄂᆞᆫ ᄆᆞᄅᆞᆯ 모리 줄 거시니 모리 가라 ᄒᆞ뇌 나죄
>   가 필죵이 ᄃᆞ려 모리 갈 양으로 일 오라 ᄒᆞ소 어디 가 바
>   둘고 슉소니 집 근쳬 가 바둘가 은지니ᄅᆞᆯ 브리디 아닐디라
>   도 자바다가 교슈ᄒᆞ고 공이나 메워 보낼 거시로쇠
>   (淸州簡札 1)
>   나. 제 아비 아니 혀 낸가 ᄒᆞ뇌 아ᄆᆞ리 ᄒᆞ다 어디 갈고 인ᄂᆞᆫ
>   죵이나 어엿비 <u>녀기소</u> 나도 자내 부모 가실 제 홈ᄭᅴ 가고
>   져 ᄒᆞ건마ᄂᆞᆫ 완ᄂᆞ니 한시글 디내고 엿쌘날 나가고져 ᄒᆞ뇌
>   (淸州簡札 20)
>   다. 뉴셔긔 공 미슈ᄅᆞᆯ 년년치 ᄌᆞ셰 뎌거 보내소 사롬 브려 <u>진쵹ᄒᆞ새</u>
>   (淸州簡札 52)
>   라. 너일 드딀가 모리 드딀가 ᄌᆞ셰 과부ᄒᆞ소 너일 드딀 양이면 어을
>   메 <u>감새</u>(淸州簡札 129)

(12가~라)에서 16세기의 ᄒᆞ소체 종결 형식을 확인할 수 있다. '-뇌'는 평서법을, {-소}는 명령법을, '-새'는 청유법을, '-(으)ㅁ새'는 약속법을 나타낸다. (12가)에서는 명령법의 {-소}와 평서법의 {-(으)이}가 같은 등급임을 확인할 수 있다.

그런데 17세기 국어의 ᄒᆞ소체는 16세기에 비해 등급상의 자격이 미약한 편이었다.

> (13) 가. 자네 극진ᄒᆞ신 바는 셔울 가셔 筑前殿ᄭᅴ 接待ᄒᆞᆫ 일과 이
>   차반 ᄒᆞᆫ 줄을 부러 御禮을 슐올 쎠시니 자네 일홈은 무어신
>   고 싱각ᄒᆞ야 禮홀 제 술오려 <u>ᄒᆞ뇌</u>(捷新 7:7ㄴ~8ㄴ)
>   나. 자네 … 그대도록 ᄆᆞ옴 뎔리 싱각디 <u>마소</u>(捷解 9:21ㄱ~ㄴ)

17세기 국어의 ᄒᆞ소체 종결 형식은 평서법과 명령법에서만 확인된다. 의문법, 청유법, 약속법의 ᄒᆞ소체를 나타내는 종결 형식은 없었다. 이 중 청유법의 공백은 자료 제약에 말미암은 것일 가능성이 크다. 16세기와 같이 '-새'가 존재하였을 가능성이 큰 것이다. 의문법과 약속법의 ᄒᆞ소체는 구조적 빈칸으로 기술해야 할 것이다. ᄒᆞ소체가 이처럼 불안한 체계를 갖게 된 데에 큰 영향을 미친 것은 後述할 ᄒᆞᆸ소체의 등장이다.

2.1.2.3. ᄒᆞᆸ소체

가. ᄒᆞᆸ소체 형태소

17세기 국어에서는 ᄒᆞᆸ소체 등급을 설정할 수 있다. ᄒᆞᆸ소체는 ᄒᆞ라체나 ᄒᆞ소체 종결 형식에 {-(으)시-}나 {-습-}이 통합한 것이다. {-(으)시-}와 {-습-}을 ᄒᆞᆸ소체 고유의 형태소라고 할 수는 없다. 이들은 ᄒᆞ쇼셔체에도 쓰이기 때문이다. 그러나 {-(으)시-}와 {-습-}이 ᄒᆞᆸ소체의 형성에서 차지하는 비중이 매우 크다는 사실을 고려하여 이들의 기능을 여기서 논의하기로 한다. {-(으)시-}는 [주체 존대]를 나타내는 형태소이고, {-습-}은 [화자 겸양]을 나타내는 형태소이다. 그러므로 이들은 [청자 존대] 고유의 형태소가 아니다. 그러나 이들도 화용적 상황에 따라서는 청자를 [존대] 할 수 있다.

A. {-(으)시-}

{-(으)시-}는 「주체＝청자」인 상황에서 결과적으로 청자 대우 등급의 분화에 관여한다.29) 이 사실은 (14)에서 확인할 수 있다.

---

29) {-(으)시-}의 형태론적 변화는 徐禎穆(1993:129~131)에서 자세하게 논의되었다. 15세기에는 후행 형태가 모음 어미 {-아}, {-오-}이면 {-으샤-}로 교체되었는데, 16세기 후반에 {-(으)샤-}가 {-(으)셔-}로 변화하고, 동명사 어미 앞에서도 {-(으)

(14) 가. 츤 날의 오래 안자 계셔 언머 <u>슈고ᄒᆞ옵셔뇨</u> 看品 後 연향
　　　 ᄒᆞ실디 날도 져믈 쩌시니 수이 출혀 나쇼셔(捷新 2:18ㄴ)
　　나. 희는 점점 기옵고 어이 구러 셰월을 <u>디내옵실고</u>
　　　　　　　　　　　　　　　　　　　　　(李朝諺簡 129)
　　다. 자닉네도 아릭심도 겨시리 엇디 부디홀가 <u>너기시ᄂᆞᆫ고</u>
　　　　　　　　　　　　　　　　　　(捷新 4:25ㄴ~26ㄴ)
　　라. 내 迷惑을 <u>프르시과댜</u>(捷新 1:30ㄱ)
　　마. 몬제브터 숩던 道理를 잘 싱각ᄒᆞ여 <u>보시소</u>(捷新 8:8ㄱ)

　의문문인 (14가~다)와 명령문인 (14라, 마)에서 {-(으)시-}가 청자를 [존대]하고 있다. 그러나 {-(으)시-}가 「주체＝청자」인 상황에서 청자를 [존대]하게 되는 것도 [주체 존대]의 기능에서 비롯된 것으로 설명할 수 있는 현상이다. 그러므로 [-(으)시-]의 기능을 이원적으로 파악하기보다는 [주체 존대]라고 하는 하나의 기본 의미를 설정하고, [청자 존대]를 나타내는 경우는 화용적 상황에 따른 표면적 현상으로 파악해야 할 것이다.30)

　{-(으)시-}의 기능은 17세기에도 변화하지 않았다. {-습-}과의 통합 순서에 변화가 일어나기는 하였으나, 그것은 {-습-}의 기능 변화 때문이고, {-(으)시-}의 기능과는 무관하다. {-더-}, {-거-}와의 통합 순서에도 변화가 일어났으나, 이 통합 순서의 변화가 {-더-}, {-거-}의 기능 변화와 어떤 관련이 있는지는 파악하기 어렵다.

　샤-}가 아닌 {-(으)시-}가 쓰이게 되었다.

30) 朴良圭(1975)와 任洪彬(1976)은 {-(으)시-}가 주체 존대 형태소라는 종래의 통념을 부정하였다. 朴良圭(1975)는 존칭 체언은 문법적으로 無情性을 지니는데, {-(으)시-}는 그것을 나타내는 통사적 절차일 뿐이라고 하였고, 任洪彬(1976:254)은 {-(으)시-}는 경험 절차를 나타내는 표지이며, 그것은 {-(으)시-}의 어원이 '이시-'(有)라는 사실에서 확인된다고 하였다. {-(으)시-}가 경험 해석을 필요로 한다는 것은 任洪彬(1995:382~385)에서 더 간명하게 설명되었다.

B. {-숩-}

  중세 국어의 {-숩-}에 대한 종래의 논의에서 ①주체와 객체의 관계에 대한 화자의 판단이 {-숩-}의 출현을 결정하느냐(李翊燮 1974:48~49), 아니면 ②객체가 화자보다 상위자라는 것이 {-숩-}의 출현 조건이냐(安秉禧 1982:13~14) 하는 것이 논란의 대상이 되었다. 그러나 이 두 조건을 모순 관계로 볼 수는 없다. {-숩-}이 사용되는 1차적 조건은 객체가 주체보다 상위자여야 한다는 것이다. 그러나 주체와 객체의 관계를 화자가 존중하느냐 존중하지 않느냐에 따라 {-숩-}이 쓰일 수도 있고 쓰이지 않을 수도 있는데, 화자의 그러한 태도를 결정하는 요인은 객체와 화자의 관계이다. 그러므로 객체가 화자보다 상위자여야 한다는 것이 {-숩-}이 사용되는 2차적 조건이 되는 것이다.

  근대 국어의 {-숩-}은 [청자 존대]의 기능을 갖게 되었다는 것이 종래의 통설이었다. 허웅(1963:64~70), 安秉禧(1967:207), 李基文(1972:212)에서 그러한 견해를 확인할 수 있다.[31] 이현규(1985:14~15)는 {-숩-}이 청자 대우 형태소로 변화한 시기를 16세기 말로 파악하였다. 16세기 자료인 (15가)는 15세기라면 {-숩-}이 쓰여야 할 자리에 {-숩-}이 나타나지 않은 것이고, (15나)의 {-숩-}은 결과적으로 [청자 존대]를 나타내는 것이다.

  (15) 가. 효도홈으로써 님금을 <u>셤기면</u> 튱셩이오(小諺 2:31ㄱ)
       나. 대되 요亽이 엇디 계신고 긔별 몰라 <u>분별호숩뇌</u>
                                                    (淸州簡札 53)

---

31) {-숩-}의 [객체 존대] 기능이 위축된 사실은 김정수(1984:224)와 홍종선(1997:183)에서 지적되었다. 그러나 홍종선(1997:183)에서 제시한 다음 예문에서 보듯이 {-숩-}이 본래의 기능을 그대로 유지하고 있는 경우도 있다.
  예: (ㄱ) 祠版을 <u>내숩디</u> 아니호고(家禮 1:28ㄴ)
     (ㄴ) 초호르 보롬의 반드시 무덤의 가 <u>뵈숩고</u> 쓰레질호더라(東國新 烈 2:66ㄴ)

(15가)에서는 주체인 '님금'이 특정한 임금이 아니기 때문에 {-습-}이 쓰이지 않은 것이라는 설명이 가능하다. 그러나 객체가 존재하지 않는 (15나)에서는 {-습-}이 청자를 [존대]하는 것으로 보인다. (15나)와 같은 경우는 17세기에 와서 더욱 많이 나타난다.

> (16) 가. 쇼인네는 본디 못 <u>먹습건마는</u> 감격호오매 먹기를 과히 호
>   엿스오니 그만호야 마르쇼셔(捷新 2:6ㄴ)
>   나. 므슴 비 어이호야 <u>뻐덛습는고</u>(捷新 1:11ㄴ)
>   다. 나는 所任으로 <u>왓습거니와</u> <u>처음이옵고</u>(捷新 1:3ㄱ)

(15나)와 (16가~다)에서는 {-습-}이 결과적으로 청자를 [존대]하는 것일 수밖에 없다. {-습-}이 [청자 존대]의 기능을 갖게 되었다는 주장은 이런 사실에 근거한 것이다.

김정수(1984:25~27,171)는 {-습-}, {-(으)시-}, '-습시-'는 「들을이=주체」인 상황에 쓰이면 들을이를 [존대]하는 형태소가 되고, 「들을이≠주체」인 상황에 쓰이면 주체를 [존대]하는 형태소가 된다고 기술하였다.32) 다음 (17)은 「청자=주체」인 상황에서 {-습-} 또는 '-습시-'가 쓰인 경우이다.

> (17) 가. 신셰에 긔운이나 <u>평안호옵신가</u> 호오며(李朝諺簡 40)
>   나. 여가 잇거든 에보와 못 <u>오옵시리잇가</u>(李朝諺簡 127)
>   다. 브디 거스리디 말고 아래 사룸들의게나 주실 양으로 <u>호옵
>   쇼셔</u>(捷新 8:2ㄴ)
>   라. 아무리 섭습셔도 두로 <u>싱각호옵쇼셔</u>(李朝諺簡 129)
>   마. 一二日이나 디나 죵용커든 <u>보옵새이다</u>(捷新 5:20ㄴ-21ㄱ)

(17가~마)와 같이 「청자=주체」의 상황은 주로 의문문, 명령문, 청유문에서 나타난다. 의문문의 경우에는 「청자≠주체」인 상황도 있으나,

---

32) '말할이'와 '들을이'란 용어는 일반성이 부족하기 때문에 이 연구에서는 김정수 (1984:25~27)의 '말할이'와 '들을이'를 각각 '화자'와 '청자'로 고쳐 부른다.

명령문과 청유문에서는 언제나 「청자=주체」이다. 평서문의 경우에도 「청자=주체」의 상황이 가능하지만, 예는 확인되지 않는다. 이와 같이 「청자=주체」인 경우에는 {-습-}, '-습시-'가 표면적으로 청자를 [존대]하는 것이 사실이다. 그러나 만약 {-습-}이 [청자 존대]의 형태소라면 {-(으)이-}와의 관계가 문제 된다. 「청자=주체」의 상황에서 {-습-}과 {-(으)이-}가 공존하는 다음 (18가, 나)를 보자.

(18) 가. 그리 혼갓 셜운 일만 싱각고 혬을 아니 <u>혜오시느닝잇가</u>

(李朝諺簡 129)

나. 여가 잇거든 에보와 못 <u>오오시리잇가</u>(李朝諺簡 127)

(18가, 나)는 모두 「청자=주체」인 상황에서 {-습-}과 {-(으)이-}가 함께 쓰인 것인데, 이들이 동일한 기능을 지닌다고 한다면, 하나의 문장 종결 형식에서 기능이 동일한 형태소가 중복되어 나타난 현상을 설명할 수 있어야 할 것이다. {-(으)이-}는 현대 국어에 이르기까지 변함없이 [청자 존대] 형태소로 쓰이고 있다. {-습-}이 [청자 존대]의 형태소로 변화해야 할 필요성과 변화할 수 있는 조건을 찾기 어렵다.

「청자≠주체」인 다음의 (19가~라)에서는 {-습-}의 변이형인 {-오-}와,33) 여기에 {-(으)시-}가 통합한 '-오시-'가 청자와 구별되는 주체를 [존대]하고 있다.

(19) 가. 글월 보고 무양히 이시니 깃거ᄒ며 친히 보ᄂᆞᆫ 둣 든든 반
기노라 문안은 어제 쏨을 내오시니 오늘은 잠깐 <u>ᄒᆞ리오시다</u>

(李朝諺簡 101)

---

33) {-습-}은 17세기에 여러가지 변이형으로 나타나는데, 이들이 교체되는 음운적 조건은 다음과 같다.

후행음 선행음	자 음	모 음
ㄷ, ㅈ 외의 자음	습	스오/쓰오/소오
ㄷ, ㅈ	즙/쥽	즈오/조오
모음	읍/웁/웁/ㅂ	ᄋᆞ오/오오/오

　　나. 그리 밤나즐(밤나즐) 시위ᄒᆞᆸ고 잇ᄉᆞᆸ다가 이리 오ᄅᆞ오시
　　　　니 온 집 이다 뷘 듯ᄒᆞ고 하 섭섭ᄒᆞ오니 웃뎐으로겨오셔야
　　　　더 족히 ᄉᆡᆼ각ᄒᆞ오시랴(李朝諺簡 49)
　　다. 밋 우롤 맛나샤 삼년지상을 힝코져 ᄒᆞ거시ᄂᆞᆯ 녜관과 ᄃᆡ간
　　　　이 대통의 의로ᄡᅥ 힘ᄡᅥ ᄃᆞ토니 이에 당긔롤 ᄒᆞ오시나 실
　　　　로 심상지 졔롤 ᄒᆞ오시다(仁祖 8ㄱ)
　　라. 무인의 됴시롤 드리오셔 계비롤 삼ᄉᆞ오시니 녕돈녕부ᄉᆞ
　　　　한원부 원군 창원 녀지오시더라(仁祖 51ㄴ)

　여기서도 {-ᄉᆞᆸ-}이 [주체 존대] 형태소라면 {-(으)시-}와 중복되어
나타나는 이유를 설명하기 어려울 것이다. {-(으)이-}가 〔청자 존대〕
형태소로서 그 기능의 변화를 보이지 않는 것과 마찬가지로 {-(으)시-}
역시 그 기능의 변화를 보이지 않고 있으므로 {-ᄉᆞᆸ-}의 기능 변화의 조
건을 찾기 어렵다. 표면적 현상만 보더라도 {-ᄉᆞᆸ-}이 「청자=주체」일
때에는 청자를 [존대] 하고, 「청자≠주체」일 때에는 주체를 [존대] 한다
는 주장은 다음 (20가~마)를 보아 성립하지 않음을 알 수 있다.

(20) 가. 엇던 사ᄅᆞᆷ은 쇠동셩이라 ᄒᆞ고 ᄂᆞ려 혜ᅌᅩᆫ고
　　　　　　　　　　　　　　　　　　　　　　(李朝諺簡 129)
　　　나. 아븨 병이 듕ᄒᆞ거ᄂᆞᆯ ᄯᅩ 손가락을 버혀 ᄡᅥ 받ᄌᆞᆸ다
　　　　　　　　　　　　　　　　　　　　　　(東國新 孝 3:73ㄴ)
　　　다. 몬졔ᄂᆞᆫ 창망듕 덧업시 ᄃᆞ녀 오오니 그 ᄣᆡ 심회야 어이 내
　　　　　　내 뎍ᄉᆞ오리잇가(李朝諺簡 146)
　　　라. 뎍ᄉᆞ오라 ᄒᆞᄋᆞ오시니 알외ᅌᅩᆸ거니와 이번이나 쵸록이 조심
　　　　　　ᄒᆞ고 겨오시다가 드러오오쇼셔(李朝諺簡 149)
　　　마. ᄌᆞ니의 여러 말을 듯건대 아므리라도 ᄒᆞ고져 ᄒᆞ건마ᄂᆞᆫ 우
　　　　　　리도 代官의 구실이면 아므려도 ᄀᆞᅀᆞᆷ알기 어려올 양이오니
　　　　　　束의셔 굴횔 쟉시면 이대도록 폐로이 ᄉᆞᆯᄉᆞ올가 그저그저
　　　　　　우리 ᄉᆞᆲᄂᆞᆫ 양으로 ᄒᆞ시면 닛기 쉬올까 너기ᅌᅥ니
　　　　　　　　　　　　　　　　　　　　　　(捷新 4:22ㄱ-ㄴ)

(20가)에서는 「청자≠주체」의 상황임에도 불구하고 {-습-}이 청자를 [존대] 하고 있으며, (20나~라)는 각각 평서문, 의문문, 명령문인데, 여기에서는 「청자≠주체」의 상황에서 {-습-}이 객체를 [존대] 하고 있다. (20다,라)는 「청자=객체」의 상황이므로, 여기에서는 {-습-}이 결과적으로 청자를 [존대] 하고 있다. (20마)에서는 「화자=주체」임에도 불구하고 {-습-}이 청자를 [존대] 하고 있다. 그러므로 {-습-}이 「청자=주체」일 때에는 청자를 [존대] 하고, 「청자≠주체」일 때에는 주체를 [존대] 한다는 공식은 성립하지 않는다.

{-습-}이 주체, 객체, 청자를 다 [존대] 할 수 있는 것은 표면적인 현상일 뿐이다. 여기서 우리는 {-습-}의 세 가지 표면적 기능을 포괄하여 설명할 수 있는 기본 의미를 확인해야 할 것이다. 다음 (21가~라)와 같이 「화자=주체」이며, 화자의 행위가 청자에게 직접적인 영향을 미치지 않는 상황에서 {-습-}이 결과적으로 청자를 [존대] 하고 있는 현상은 17세기의 {-습-}이 지닌 본질적 의미가 무엇인가를 시사한다.

> (21) 가. (술) 먹기를 과히 <u>호엿스오니</u> 그만호야 마르쇼셔(捷新 2:6ㄴ)
> 　　나. 某는 罪逆이 深重호여 禍ㅣ 某親의게 미츠니 奠호야 酌쥬호
> 　　　　시고 臨호야 慰문조차 주시믈 업더려 <u>닙스오니</u> 不勝哀感호여이
> 　　　　다(家禮 7:7ㄱ)
> 　　다. 글란 그리 <u>호오리</u>(捷新 1:26ㄱ)
> 　　라. 본디 오래 셔기 잘 <u>못호으와</u>(捷新 3:9ㄱ)

여기서는 「청자=주체」가 아니라 「화자=주체」임에도 불구하고 {-습-}이 표면적으로 청자를 [존대] 하고 있다. 그런데 (21가~라)에서는 화자의 행위가 청자에게 직접적인 영향을 미치지 않는다. 그러므로 (21가~라)가 시사하는 것은 {-습-}의 1차적 기능이 어떤 대상을 [존대] 하는 데에 있는 것이 아니라는 것이다. {-습-}의 1차적 기능이 어떤 대상을 [존대] 하는 것이 아니라면, 그것은 어떤 존재를 [겸양] 하는 것이다. 중세 국어에서도 상태 동사나 「체언+계사」에 {-습-}이 쓰일 수 있었는

데, 이 사실도 {-습-}의 1차적 기능이 [존대]가 아님을 시사한다. 상황에 따라 청자를 [존대]하기도 하고, 주체를 [존대]하기도 하며, 객체를 [존대]하기도 하는 {-습-}의 다양한 표면적 기능을 한 가지 원리로 설명하는 길은 {-습-}의 본질적인 기능을 [화자 겸양]으로 파악하는 것이다. {-습-}의 [화자 겸양] 기능은 {-습-}의 세 가지 표면적 기능을 포괄할 수 있다. 즉 {-습-}이 청자, 주체, 객체를 [존대]하게 되는 것은 {-습-}이 청자, 주체, 객체에 대한 [화자 겸양]을 나타내게 됨에 따라 나타나게 된 표면적 현상인 것이다. 중세 국어에서는 객체가 주체보다 상위자여야 한다는 것이 {-습-}이 출현하게 되는 1차적인 조건이었고, 객체가 화자보다 상위자여야 한다는 것은 2차적 조건이었다는 사실을 상기하면, 근대 국어에서는 2차적 조건이 오히려 부각되면서, {-습-}을 사용해야 하는 대상이 객체에서 주체와 청자로까지 확대되었음을 알 수 있다.

　{-습-}은 접속 어미 앞에서도 쓰인다.

> (22) 가. 御意ㄱ티 처음으로 뵈오더 하 극진히 <u>디졉ㅎ옵시니</u> 술올 양도
> 　　　업서이다(捷新 3:5ㄱ)
> 　　나. 어려셔브터 동갑 동갑 ㅎ옵고 각별이 ㅎ옵다가 주계 려리
> 　　　되옵시니 술드리 못 닛치옵고 <u>에엿브옵시니</u> 출히 ᄆᆞ음이
> 　　　사오나온 사룸 ᄀᆞ즈오면 낫즈올 듯 시브오이다.
> 　　　　　　　　　　　　　　　　　　　　　(李朝諺簡 129)
> 　　다. 머그라 니ᄅᆞ신 잔마다 <u>먹습고</u> 正體 <u>업습건마ᄂᆞᆫ</u> 御意ㄱ티 다
> 　　　먹스오리이다.(捷新 3:11ㄴ)
> 　　라. 나ᄂᆞᆫ 오늘 오옵다가 어스 노릇술 <u>ㅎ얏습더니</u> 덕습노이다.
> 　　　　　　　　　　　　　　　　　　　　　(李朝諺簡 127)

　[청자 존대] 형태소는 화용적 표지로서 문장 종결 형식에만 나타나는 것이 국어의 특징이다. 중세 국어에서부터 현대 국어에 이르기까지 변함없이 청자를 [존대]하는 {-(으)이-}의 경우는 이 원칙에 어긋나는 예를 보여 주지 않는다. 그런데 {-습-}이 접속 어미 앞에도 나타나는

것은 {-습-}이 본질적으로 [청자 존대] 형태소가 아니기 때문이다.

그런데 17세기에는 {-습-}이 {-(으)시-}에 후행하는 경우가 나타난다.[34] 서열의 변화는 기능의 변화에서 비롯된 것일 가능성이 있다는 점에서 주목의 대상이 된다. 그러나 {-(으)시-}의 기능은 변화하지 않았으므로 문제가 되는 것은 {-습-}의 기능 변화이다.

(23) 가. 야간 긔후 엇더ᄒ오신고 아ᄋᆞᆸ고져 ᄒ오며 오ᄂᆞᆯ이 발인이시다 ᄒᆞᆸ더니 <u>디나시온가</u> 새로이 망극 특특ᄒ오심 뵈ᄋᆞᆸᄂᆞᆫ 듯 아무라타 업ᄉ오나 일긔논 춤ᄒ오니 깃브ᄋᆞᆸ기 ᄀᆞ이 업ᄉ오이다(李朝諺簡 150)

나. ᄯᅩ 회례라 일홈 지어 므스 일을 ᄒ려 <u>ᄒ시ᄋᆞᆸᄂᆞᆫ고</u> 맛당히 ᄉ양ᄒᆞᆯ 듯ᄒᆞᆫ 일이언마ᄂᆞᆫ… 이리 술온 우희란 자네 홀 대로 ᄒ쇼셔(捷新 9:8ㄱ~9:9ㄱ)

다. 東萊 니르심은 건너신 날은 마줌 사오나온 ᄇ람의 다 無事히 渡海ᄒ시니 아롭답다 <u>니르시ᄋᆞᆸᄂᆡ</u>(捷新 2:1ㄱ~ㄴ)

라. 今日 비룰 내올 ᄡᅥ시니 그 返書룰 수이 가지여 오ᄋᆞᆸ소 ᄉᆡᆼ각 밧긔 수이 오니 太守도 일뎡 깃비 <u>너기시올쇠</u>

(捷新 5:10ㄴ~11ㄱ)

마. 형님이 일 <u>업ᄉ시ᄋᆞᆸ고</u> 진ᄉ로 닛기롤 뎡ᄒ얏(얏?)습다가 진시 스믈다ᄉᆞᆺᄉᆡ 죽습고 이구로 니엇습다가 이귀 스믈여ᄉᆞᆺᄉᆡ 죽ᄉ오니 긔 다 내의 격앙인 줄은 아ᄋᆞᆸ건만은

(李朝諺簡 122)

(23가, 나)에서는 청자와 주체가 동일하고 (23다~마)에서는 청자와 주체가 다르지만, (23가~마)의 {-습-}은 모두 청자에 대하여 [화자 겸양]을 표시하는 것으로 보인다. (23마)에서는 높임의 대상이 아닌 '진ᄉ'와 '이구'의 죽음에 대하여 '죽습고, 죽ᄉ오니'로 표현하고 있는 것으로 보아, '업ᄉ시ᄋᆞᆸ고'의 {-ᄋᆞᆸ-}이 청자에 대하여 화자를 [겸양]한다는 사실이 분명하다. 청자에 대한 [화자 겸양]은 결과적으로 [청자 존대]

---

34) 이 사실은 李承旭(1973:166)과 徐禎穆(1983:236), 김정수(1984:75)에서 지적되었다.

가 되기 때문에 {-(으)시-}와 서열이 바뀔 수 있을 것이다. 다음 (24)
는 '-옵시-'의 예이다.

> (24) 가. 아즈마님겨오셔 신년은 슉병이 다 <u>쾌차ᄒ옵시다</u> ᄒ오니 깃브와
>   ᄒ옵ᄂ이다.(李朝諺簡 145)
>   나. 그리 ᄒ옵소 <u>슈고ᄒ옵시니</u>(捷新 1:21ㄱ)
>   다. 어와 아롬다이 <u>오옵시도쇠</u>(捷新 1:2ㄱ)
>   라. 즈겨 ᄆ음을 싱각ᄒ오면 목이 메옵고 <u>에엿브옵실사</u>(李朝諺簡 129)
>   마. 이 므스 일이옵관더 이대도록 어렵사리 <u>니ᄅ옵시ᄂ고</u>(捷新 5:21ㄴ)

(24가~마)에서는 (23가, 나)와 같이 주체와 청자가 동일한데, {-습-}
이 청자에 대한 화자의 [겸양]을 나타내고 있다. 그러므로 '-옵시-'가 아
니라 '-(으)시옵-'을 쓸 수도 있는 상황이다. 17세기 국어에서는 '-(으)
시옵-'에 비해 '-옵시-'가 훨씬 광범위하게 쓰였다. (23가, 나)와 같이
청자와 주체가 동일한 경우와 (23다~마)처럼 청자와 주체가 다른 경
우를 구별하여 '-(으)시옵-'의 쓰임을 확인할 필요가 있을 것이다. 즉
청자와 주체가 다른 (23다~마)와 같은 상황에서 서열의 변화가 두드
러졌을 가능성이 있는 것이다. 〈玄風郭氏諺簡〉에서는 '-(으)시옵-'이 안
쓰인 것으로 보인다.[35]

지금까지 논의한 바와 같이 {-(으)시-}와 {-습-}의 본질적인 의미는
청자를 [존대]하는 것이 아니다. {-(으)시-}는 15세기 국어로부터 현
대 국어에 이르기까지 변함없이 주체를 [존대]하는 형태소이다. 그러나
「주체=청자」인 상황에서는 {-(으)시-}도 결과적으로 청자 대우 등급의
분화에 관여한다. {-습-}은 17세기 국어에서 [화자 겸양]의 기본 의미
를 지닌다.[36] 그런데 누구에 대하여 화자를 [겸양]하게 되느냐에 따라

---

35) 17세기 국어에서는 '-습시-'가 많이 쓰이는데, 그것은 {-습-}이 [화자 겸양]을 나타
    내게 되면서 {-(으)시-}의 [주체 존대]의 기능을 표면상 더 강화시킨 것으로 이해된
    다. '-습시-'는 구어체로, '-ㅅ오시-'는 정중하고 다소 형식적인 어법으로 기술된 바
    있으나(김정수 1984:173), 그 차이가 분명하게 밝혀졌다고 보기 어렵다.
36) {-습-}의 발달형인 {-삽/옵-}이 현대 국어에서 [화자 겸양]을 나타낸다는 사실은 任

서 표면적인 기능이 달라질 수 있다. 청자에 대하여 화자를 [겸양]하게 되는 경우에는 결과적으로 청자를 [존대]하게 된다. 그러므로 화용적 상황에 따라서는 {-습-}도 청자 대우에 관여한다고 기술할 수 있다.

나. ᄒᆞᇝ소체의 설정

ᄒᆞᇝ소체는 ᄒᆞ소체나 ᄒᆞ라체 종결 형식에 {-습-}이나 {-(으)시-}가 첨가되어 이루어진다. 그런데 종래의 논의에서는 {-습-}, {-(으)시-}, '-습시-'가 ᄒᆞ라체 종결 형식에 첨가된 경우에 대한 기술이 소홀하였다. ᄒᆞ소체 종결 형식에 {-습-}, {-(으)시-}, '-습시-'가 통합된 경우에 청자 대우 등급이 한 단계 상승한다고 보았을 뿐이다. 17세기 국어의 청자 대우법을 수립하기 위해서는 {-습-}, {-(으)시-}, '-습시-'의 통합에 의한 ᄒᆞᇝ쇼셔체와 ᄒᆞᇝ소체의 설정이 적절한 것인지에 대한 논의도 필요하지만, 표면적으로 [청자 존대]의 기능을 갖는 {-습-}, {-(으)시-}, '-습시-'가 ᄒᆞ라체 종결 형식에 첨가되어 청자 대우의 등급에 어떤 영향을 미치는지에 대한 검토도 중요한 과제이다. 김정수(1984:27,66)와 같이 {-습-}, {-(으)시-}, '-습시-'가 첨가되면 본래의 등급에서 한 등급씩 상승한다고 보는 것은 이론적인 것인데, 실제로는 두 등급 상승하는 경우에 대해서도 검토할 필요가 있는 것이다.

(25) 가. 그리ᄒᆞᇝ소 슈고ᄒᆞᇝ시닝(捷新 1:21ㄱ)
     나. 아롬답ᄉᆞ외 여긔 오ᄅᆞᇝ소(捷新 1:2ㄴ)
     나'. 그리 아ᄅᆞ시소(捷新 5:30ㄴ)
     다. 짐쟉이 계실 쩌시니 니ᄅᆞᇝ소 둣줍새(捷新 5:8ㄱ)
     라. 그러면 冠帶도 ᄒᆞ옵새 술 닐 일도 소임의게 그 ᄉᆞ졍을 닐러 들리소(捷新 7:12ㄴ)
(26) 가. 아직 公木을 드려 주ᇝ소 … 그리 ᄒᆞ오리(捷新 4:9ㄱ~ㄴ)

洪彬(1976:258,260, 1985:429~444)과 徐泰龍(1985:189, 1992:28~29)에서 깊이있게 다루어졌다.

나. 편안이 <u>자옵신가</u> 나는 계유 오더 밤의 비 오고 쏘 올가 시브니 민
　　망흐외(李朝諺簡 補2)

다. 자니네도 아르심도 겨시리 오로 어려오믈 걸텨 니르니 …
　　엇디 부디흘가 너기시는고 그저 헤아리실 앏피오니 잘 혜
　　아려 <u>모츠시과댜</u>(捷新 4:25ㄴ~26ㄴ)

(25)는 흐소체 종결 형식에 {-습-}, {-(으)시-}, '-습시-'가 첨가되어
흐옵소체가 된 것인데, 평서법, 명령법, 청유법, 약속법에서 확인된다.
의문법에는 흐소체 종결 형식이 없다. (26)은 평서법, 의문법, 명령법
의 흐라체 종결 형식에 {-습-}, {-(으)시-}, '-습시-'가 첨가되어 흐옵소
체가 된 것이다. (26가)의 '-오리', (26나)의 '-옵신가', (26다)의 '-(으)
시과댜'는 각각 흐라체 종결 형식 '-(으)리', '-(으)ㄴ가', '-과댜에 {-습-},
{-(으)시-}, '-습시-'가 첨가된 것인데, 모두 흐옵소체 종결 형식과 공존하
고 있다.

　흐옵소체에 대한 가능한 처리 방안은 세 가지이다. 즉 흐소체에 편입시
키거나, 흐쇼셔체에 편입시키거나, 흐옵소체의 독자성을 인정하는 것이다.
자료를 통해서 흐옵소체를 흐소체에서 독립시키기 어려운 요인과 흐쇼셔
체에서 독립시키기 어려운 요인을 모두 확인할 수 있는데, 역설적으로 이
러한 사실 때문에 흐옵소체를 독립적인 등급으로 처리하지 않을 수 없다.

　먼저 흐옵소체를 흐소체로부터 독립시키는 데에 장애가 되는 요인을
살펴보기로 한다. 첫째, 흐옵소체는 다음 (27가~다)에서 보는 바와 같
이 흐소체와 혼용되기도 한다. 예가 많지 않으나, 그것은 흐옵소체가
〈捷解新語〉의 특징적인 어법이며, 〈捷解新語〉에는 순수한 흐소체가 드
문 사실에서 비롯된 것이다.

(27) 가. 어와 자네는 우은 <u>사롬이로쇠</u> 홀리는 籠具도 업시 사롬을
　　　　홀리는 <u>사롬이옵쏘쇠</u>(捷新 9:19ㄱ~ㄴ)

　　나. 그러나 노흐여도 못흐고 거르기 우소온 <u>일이옵도쇠</u> 자네
　　　　日本말 비화 시작호미 계오 五六年도 못흔더 그대도록 ᄆ
　　　　옴 덜리 싱각디 <u>마소</u>(捷新 9:20ㄴ~21ㄱ)

다. 그러면 冠帶도 호옵새 술 낼 일도 소임의게 그 수정을 닐
　　러 들리소(捷新 7:12ㄴ)

둘째, 호옵소체는 다음의 (28가~라)에서와 같이 대명사 '자너/자네'
와 호응하는데, 이 역시 호옵소체가 호소체의 범주에서 완전히 벗어나
는 것이 아님을 시사한다.37)

(28) 가. 자너네도 이제란 이구티 다 자옵소(捷新 3:11ㄱ)
　　　나. 자너네도 時分과 公木 갑시 샹히로셔 언머 더호연는고 혜
　　　　　아려 無事히 되게 분별홈이 읏듬이옵도쇠
　　　　　　　　　　　　　　　　　　　　　　(捷新 4:13ㄱ~13ㄴ)
　　　다. 자네네 送使의 드려 가셔 萬事를 쥬션호야 나의 싱소를 나
　　　　　타나디 아닐 양으로 미덧습너(捷新 1:5ㄱ~ㄴ)
　　　라. 일뎡 二番 特送이 오는가 시브니 자네네도 아옵소(捷新 1:10ㄴ)

셋째, 〈捷解新語〉에는 {-습-}, {-(으)시-}, '-습시-'가 쓰이지 않은
순수한 호소체가 드물다는 사실이다. 그렇다면 호소체와 호옵소체를 하
나로 묶어서 기술할 수도 있을 것이다. 다음의 (29가~마)에 제시하는
것들이 〈捷解新語〉에 쓰인 호소체의 예인데, 호옵소체에 비하면 이 예
는 아주 드문 경우에 속한다.

(29) 가. 어와 자네는 우은 사롬이로쇠 홀리는 籠具도 업시 사롬을
　　　　　홀리는 사롬이옵쏘쇠(捷新 9:19ㄱ~ㄴ)
　　　나. 그러나 노호여도 못호고 거르기 우소온 일이옵도쇠 자네
　　　　　日本말 비화 시작호미 계오 五六年도 못흔더 그대도록 모
　　　　　옴 덜리 싱각디 마소(捷新 9:20ㄴ~21ㄱ)
　　　다. 자너네도 아르심도 겨시리 … 너일 힘 쓰시기는 오로 미덧습너
　　　　　　　　　　　　　　　　　　　　　　(捷新 4:25ㄴ~30ㄴ)

―――――――――――――――――――

37) 원칙적으로 호쇼셔체에는 2인칭 대명사가 사용되지 않으나, 다음과 같이 '자네'가 쓰
　　이는 예외도 있다.
　　　예: 쏘 회례라 일홈 지어 므스 일을 호려 호시옵는고 맛당히 수양홀 둣혼 일이언
　　　　　마는 … 이리 술온 우희란 자네 홀 대로 호쇼셔(捷新 9:8ㄱ~9:9ㄱ)

　라. 자네 수셜ᄒᄂᆞᆫ 배 낟낟치 筑前殿의 그지업ᄉᆞ신 <u>道理로소이</u>
　　　<u>다</u> 몬져 숣ᄃᆞ시 ᄉᆞ양ᄒᆞ고 밧디 아니미 아니라 바다셔 홀
　　　톄도 업스니 아므리커나 나 ᄒᆞᄂᆞᆫ 대로 <u>호소</u>(捷新 7:7ㄱ~ㄴ)
　마. 右之道理 心得ᄒᆞ고 使를 여긔 <u>보내소</u>(捷新 7:2ㄴ)

　넷째, ᄒᆞᅌᅵᆸ소체의 독자성을 인정하고 나면, 의문법과 청유법 및 약속법
의 ᄒᆞ소체가 공백으로 남게 되는데, 이것은 ᄒᆞᅌᅵᆸ소체를 설정하는 데에 있
어서 큰 부담이 되는 것으로 보인다.
　이상의 네 가지 사실을 고려한다면 ᄒᆞᅌᅵᆸ소체를 ᄒᆞ소체에 편입시켜야
할 것으로 생각된다. 그러나 그것은 불가능하다. 다음과 같이 ᄒᆞᅌᅵᆸ소체
는 ᄒᆞ쇼셔체와 구별하기 어려운 면도 지니고 있기 때문이다. 첫째, ᄒᆞ
ᅌᅵᆸ소체는 (30가~마)에서와 같이 ᄒᆞ쇼셔체와 혼용되기도 하였다.

　(30) 가. <u>올ᄉᆞ외</u> 대되 <u>無事ᄒᆞ닝이다</u>(捷新 2:3ㄴ)
　　　　나. 극진이 <u>니르심이로소이다</u> 진실로 兩國 靜謐히 誠信을 닷가
　　　　　　이러ᄐᆞ시 아롬다온 일 아므됴도 <u>ᄒᆞ가지ᄋᆞᆸ도쇠</u>
　　　　　　　　　　　　　　　　　　　　(捷新 6:2ㄴ~3ㄱ)
　　　　다. 어와 어와 ᄀᆞ쟝 <u>됴쏘외</u> 이러로셔 몬져 술오려 싱각ᄒᆞ엿ᄉᆞ
　　　　　　오되 말ᄉᆞᆷᄒᆞ노라 ᄲᅧ덧ᄉᆞᆸ더니 이리 니르시니 우리 心中이
　　　　　　셔르 뎐ᄒᆞᆫ가 더옥 <u>아롬다왕이다</u>(捷新 9:1ㄴ~2ㄱ)
　　　　라. 내 싱각은 亭主 ᄒᆞᄂᆞᆫ 대로 ᄒᆞ시미 됴홀가도 <u>너기ᄋᆞᆸᄂᆡ</u> ᄯᅩ 내
　　　　　　힘으로 뎌 使를 自由히 ᄀᆞ옴아디 못홀 일이오니 이러ᄐᆞ시
　　　　　　<u>엿줍ᄂᆞᆼ이다</u>(捷新 8:7ㄱ~ㄴ)
　　　　마. 이 ᄢᅢ 즉시 아라 회셔ᄒᆞᅌᅵᆸ쇼셔 다리예 도든 거스로 약 ᄇᆞᄅ
　　　　　　고 산침 맛기로 너머 못 가ᄂᆞ니 더욱 셥셥ᄒᆞ와 <u>ᄒᆞᅌᅵᆸᄂᆡ</u> 이
　　　　　　삼ᄉᆞ미 일양 <u>보쇼셔</u>(李朝諺簡 128)

　ᄒᆞᅌᅵᆸ소체가 ᄒᆞ쇼셔체와 혼용되는 경우는 〈捷解新語〉에서 많이 발견된
다. 순수한 ᄒᆞ소체는 ᄒᆞ쇼셔체와 혼용되는 일이 거의 없다는 사실을 고
려하면, ᄒᆞᅌᅵᆸ소체가 ᄒᆞ쇼셔체와 혼용되기도 하는 사실은 ᄒᆞᅌᅵᆸ소체가 ᄒᆞ

소체보다는 분명히 높은 등급에 속하며, 호쇼셔체와 상통하는 일면을
지니고 있음을 시사한다.

둘째, 호옵소체가 (31가~라)에서와 같이 호쇼셔체에 {-습-}이나 {-(으)
시-}가 통합한 가칭 호옵쇼셔체와 혼용되는 사실도 호옵소체가 호소체보다
는 높고, 호쇼셔체와 상통함을 보여 준다.

(31) 가. 엿줍기는 가지가지 쥬션ᄒ여도 맛당히 너기시디 아니실가
　　　　근심ᄒ옵ᄂ이다 아직 가셔 太守 니ᄅ시ᄂ 도리 엿ᄌ와 보
　　　　오리(捷新 5:26ㄱ~ㄴ)

　　나. 이 ᄣ 즉시 아라 회셔ᄒ옵쇼셔 다리예 도든 거스로 약 ᄇ
　　　　ᄅ고 산침 맛기로 너머 못 가ᄂ니 더욱 섭섭ᄒ와 ᄒ옵ᄂ
　　　　이삼ᄉ미 일양 보쇼셔(李朝諺簡 128)[38]

　　다. 극진이 권ᄒ심 아므 일도곤 감격ᄒ여 御禮 몸애 나믄 일이
　　　　옵ᄯ쇠 … 자네네도 내 망발ᄒ올디라도 샤ᄒ시믈 一入 미덧습ᄂ이
　　　　다(捷新 9:15ㄴ~16ㄱ)

　　라. 넘녀ᄒ신 使ㅣ 옵도쇠 인ᄂ 디도 넘녀ᄒ시모로 ᄀ장 조출ᄒ
　　　　야 ᄆᆞᆷ 편히 쉬오니 근심 마ᄅ시고 一二日이나 죵용커든
　　　　보옵새이다(捷新 5:20ㄴ~21ㄱ)

　　마. ᄉ연 덜고 거번 가실 제 셔후힝의 늣말을 엿ᄌ와습더니 슈
　　　　슈듕 발락을 못 미처 아라 와시니 하 보채니 얌신 저으니
　　　　이 ᄣ 즉시 아라 회셔ᄒ옵쇼셔 다리예 도든 거스로 약 ᄇ
　　　　ᄅ고 산침 맛기로 너머 못 가ᄂ니 더욱 섭섭ᄒ와 ᄒ옵ᄂ
　　　　이삼ᄉ미 일양 보쇼셔(李朝諺簡 128)

이처럼 호옵소체가 호쇼셔체나 소위 호옵쇼셔체와 혼용되는 사실을
본다면 호옵소체를 호쇼셔체에 편입시켜도 무방할 것처럼 보인다. 그러
나 호옵소체를 호쇼셔체와 동일시하기는 어렵다. 앞에서 우리는 호옵소
체가 호소체와도 혼용되며, 호옵소체 종결 형식이 '자네/자닉'와 호응하
기도 함을 확인하였는데, 이 사실만 보더라도 호옵소체를 호쇼셔체와

---

38) 여기서는 호옵소체가 호옵쇼셔체, 호쇼셔체와 공존하고 있다.

동일시할 수 없다. ᄒᆞᆸ소체와 달리 ᄒᆞ쇼셔체는 ᄒᆞ소체와 혼용되는 일이 매우 드물고,[39) '자네/자뇌'도 ᄒᆞ쇼셔체에서는 쓰이지 않기 때문이다. 그밖에 다음과 같은 사실도 ᄒᆞᆸ소체를 ᄒᆞ쇼셔체에 편입시킬 수 없게 한다.

〈捷解新語〉는 주로 '主'(朝鮮人)의 대화에서는 ᄒᆞᆸ소체를, '客'(日本人)의 대화에서는 ᄒᆞ쇼셔체를 보여 주는데, 이는 ᄒᆞᆸ소체가 ᄒᆞ쇼셔체보다 등급이 낮은 것임을 시사한다(徐禎穆 1983:228).[40) 그뿐 아니라, 〈捷解新語〉(原刊本)와 〈捷解新語〉(改修1次本, 1748) 및 〈捷解新語〉(改修重刊本, 1781)를 비교해 보면 '主'의 대화는 ᄒᆞ쇼셔체에서 ᄒᆞᆸ소체로 격하시키고, '客'의 대화는 ᄒᆞᆸ소체에서 ᄒᆞ쇼셔체로 격상시킨 일반적 경향을 확인할 수 있다. 이러한 교정은 1차적으로 18세기 국어의 사실을 반영하는 것이지만, 17세기의 언어 사실과도 무관하지 않을 것이다. (32가)는 '主'의 대화이고, (32나~라)는 '客'의 대화이다.[41)

> (32) 가. 茶禮ᄂᆞᆫ 明日 ᄒᆞ오니 미리 출혀 겨시다가 나실 양으로 <u>ᄒᆞ쇼셔</u>(捷新 1:27ㄱ)
>
> 가′. 茶禮ᄂᆞᆫ 明日이오니 미리 출혀 겨시다가 나실 양으로 <u>ᄒᆞ쇼셔</u>(改捷 1次 1:40ㄴ)
>
> 가″. … 明日 ᄒᆞ시게 ᄒᆞ올 거시니 미리 출혈다가 나실 양으로 <u>ᄒᆞᆸ소</u>(改捷 重 2:2ㄱ)
>
> 나. 明日이라도 홀 양으로 <u>ᄒᆞᆸ소</u>(捷新 2:15ㄴ)
>
> 나′. 明日이라도 홀 양으로 <u>ᄒᆞᆸ소</u>(改捷 1次 2:22ㄴ)
>
> 나″. 明日이라도 홀 양으로 <u>ᄒᆞ쇼셔</u>(改捷 重 2:23ㄱ~ㄴ)

---

39) 다음 예문에서는 ᄒᆞ쇼셔체와 ᄒᆞ소체가 혼용되고 있다.
  예: 가운이 블힝ᄒᆞ여 산ᄉᆞ 업손 집이 업ᄉᆞ니 그런 일이 어디 이실고 … 인ᄉᆡ 다변ᄒᆞ여 무티인 분묘둘만 보니 … 오래 사랏기 됴혼 일이 <u>아니로쇠</u> 의외예 조셩원이 멀리 와 보시니 인ᄒᆞ여 덕으신 편지 보고 보는 <u>됴ᄒᆞ여이다</u> 사당 반 두레 보내니 아기네 약애나 쓸가 <u>ᄒᆞ니</u> 이만(諺簡 136)
40) '主'와 '客'의 표시는 〈捷解新語〉(改修1次本)에 따른다.
41) 徐禎穆(1983:228~229)은 〈捷解新語〉(原刊本)와 〈捷解新語〉(改修重刊本)만을 비교하였다. 〈捷解新語〉(改修1次本)는 1987년에 소개된 자료이다.

다. 아므리커나 자네 맛당홀 대로 <u>호옵소</u>(捷新 6:24ㄴ)
다′. 아무리커나 자네 맏당홀 대로 <u>호쇼셔</u>(改捷 1次 6:35ㄴ)
다″. 아모리커나 게셔 됴홀 대로 <u>호쇼셔</u>(改捷 重 6:31ㄴ)
라. 너일브터 우리 흐올 쩌시니 자네네도 그리 <u>아옵소</u>
(捷新 9:2)
라′. 너일브터 우리 시작홀 거시니 자네도 그리 <u>아옵소</u>(改捷 1次 9:3ㄴ)
라″. 너일브터 우리 시작흐올 거시니 各各 그리 <u>아른쇼셔</u>(改捷 重 9:3)

지금까지 호옵소체를 호소체나 호쇼셔체에 편입시키기 어렵다는 사실을 확인하였다. 이 사실을 본다면 호옵소체를 인정해야 할 것으로 보인다. 그러나 앞에서 우리는 호옵소체를 호소체에서 독립시킬 경우에 야기되는 네 가지 문제점을 지적한 바 있는데, 이에 대한 해명이 필요하다.

첫째 문제점은 호옵소체가 호소체와 혼용되는 현상이다. 그러나 이미 살펴본 바와 같이 호옵소체는 호쇼셔체와도 혼용되므로, 호소체와 혼용되는 사실을 근거로 호옵소체의 독자성을 부정할 수는 없다. 둘째 문제점은 호옵소체 종결 형식이 호소체와 마찬가지로 '자네/자니'와 호응한다는 점인데, 이것은 인칭 대명사와 종결 형식의 청자 대우 등급이 반드시 1:1의 대응을 이루는 것은 아니라는 사실로써 설명할 수 있다.42) 셋째 문제는 호옵소체가 〈捷解新語〉의 특징적인 어법이라는 사실인데, 호옵소체가 〈捷解新語〉에서만 발견되는 것이 아니고(cf. 31나, 마), 〈捷解新語〉에서도 호소체가 발견되기(cf. 29가~마) 때문에 크게 문제 삼을 것이 못 된다. 넷째, 호옵소체를 호소체에서 독립시킴으로써 의문법과 청유법 및 약속법의 호소체가 공백으로 남게 된다는 것은 큰 부담이 된다. 그러나 이 문제는 문체법에 따라서 대우 등급이 반드시 정연한 대응을 이루는 것은 아니라는 사실을 받아 들임으로써 이해할 수 있을 것이다. 즉 이 공백은 구조적 빈칸인 셈이다. 의문법의 호소체는 자

---

42) 李翊燮(1994:224)은 「너, 왜 왔어?」와 「형, 왜 왔어?」를 비교하면서, 어떤 호칭과 짝이 되는가에 따라 {-어}의 등급을 세분할 수 있다고 하였다.

문 형식인 '-(으)ㄴ가, -(으)ㄴ고, -(으)ㄹ가, -(으)ㄹ고' 구문에 의해
보충될 수 있었다. 자문 형식은 대우법적으로 중립적 성격을 지니므로
여러 등급에 두루 쓰일 수 있는 특징을 보이기 때문이다.43) 청유법과
약속법의 ᄒᆞ소체가 공백으로 남아 있는데, 17세기에 ᄒᆞ소체 청유법의
'-새'와 ᄒᆞ소체 약속법의 '-(으)ㅁ새'가 쓰이지 않았다고 단정하기는 어
렵다.44) 만약 이 공백이 사실이었다면, 이 공백은 ᄒᆞ옵소체 종결 형식
에 의해 보충될 수 있었을 것이다. ᄒᆞ옵소체는 ᄒᆞ쇼셔체나 ᄒᆞ소체에 통
용되는 특성을 갖고 있었기 때문이다.

　ᄒᆞ옵소체의 등장의 의의는 약속법의 '-옴새'에서 확인할 수 있다.45)
16세기의 약속법 종결 형식에는 ᄒᆞ라체의 '-(으)마, -오마'가 있었을
뿐, ᄒᆞ소체와 ᄒᆞ쇼셔체는 공백으로 남아 있었다. 그러나 ᄒᆞ옵소체의 '-옴
새'가 ᄒᆞ쇼셔체와 ᄒᆞ소체에 두루 쓰일 수 있게 됨으로써, 17세기의 약속
법은 16세기에 비하면 온전한 등급 체계를 갖추게 된 것이다. 이 점에
서 ᄒᆞ옵소체의 등장은 중요한 의미를 지닌다.

> (33) 가. 얼현이 마르시고 너일 무무 ᄎᆞᄌᆞ쇼셔 … 그리 <u>ᄒᆞ옵새</u> 밤이
>   　　드러시니 아직 御酒 ᄒᆞ나 자옵소(捷新 1:14ㄴ~18ㄱ)
>   나. 그러면 冠帶도 <u>ᄒᆞ옵새</u> 술 낼 일도 소임의게 그 ᄉᆞ졍을 닐
>   　　러 들리소 … 두 분을 예ᄭᆞ지 극진히 무로시미 感激ᄒᆞ영이
>   　　다(捷新 7:12ㄴ~14ㄴ)

(33가)에서는 '-옴새'가 ᄒᆞ쇼셔체인 '자옵소'와 혼용됨을 확인할 수 있
고, (33나)에서는 '-옴새'가 ᄒᆞ소체의 '들리소' 및 ᄒᆞ쇼셔체의 '感激ᄒᆞ영

---

43) '-(으)ㄴ가, -(으)ㄴ고, -(으)ㄹ가, -(으)ㄹ고' 구문의 성격에 대하여는 3.2.1.에서
　　자세하게 논의할 것이다.
44) 〈癸丑日記〉(姜漢永 校註本 1958)에 어간 뒤에 청유법의 '-새'가 직접 통합한 예가
　　보인다. 이 책의 필사 연대를 정확하게 알 수는 없으나, 이 책에 나타난 언어 사실은
　　17세기의 것으로 보아도 무방할 것이다.
　　예: 멸족지화롤 볼 거시니 자녀과 나과 밍셰ᄒᆞ여 <u>보새</u>(癸丑: 205)
45) 3장 첫머리의 〈표-8〉을 참조할 것.

이다'와 혼용됨을 확인할 수 있다.

2.1.2.4. ᄒᆞ쇼셔체

가. ᄒᆞ쇼셔체 형태소

ᄒᆞ쇼셔체를 나타내는 종결 형태소에는 {-(으)이-}와 {-(으)쇼셔}가 있다.

A. {-(으)이-}

{-(으)이-}의 기능은 15세기이래 현대 국어에 이르기까지 변화하지 않았다.46) {-(으)이-}의 기능이 변화하지 않은 것처럼 {-(으)이-}의 서열에도 변화가 일어나지 않았다. {-(으)이-}가 선어말 형태소 중 가장 뒤에 실현되는 것은 이 형태소가 청자에 대한 화자의 태도를 나타내는 요소이기 때문이다.

17세기 국어의 ᄒᆞ쇼셔체 종결 형식 '-(으)이다', '-(으)잇가, -(으)잇고', '-사이다'에서 {-(으)이/(으)잇-}을 분석할 수 있다. ᄒᆞ쇼셔체 약속법 종결 형식은 평서법의 '-오리이다'에 의해서 보충되는데, 여기서도 {-(으)이-}가 ᄒᆞ쇼셔체를 나타낸다. 명령법의 {-(으)쇼셔}에서는 {-(으)이-}를 분석하기가 쉽지 않다.47)

15세기 국어에서는 평서법의 '-(으)이다'가 축약된 '-(으) ᇰ다', 의문법의 '-(으)잇가'가 축약된 '-(으) ᇧ가'가48) ᄒᆞ야쎠체 평서법과 의문법 종결 형식으로 쓰였는데, 17세기 국어에서는 '-(으) ᇰ다'와 '-(으) ᇰ까'가 ᄒᆞ쇼셔체로 쓰였다. '-(으) ᇰ다'와 '-(으) ᇰ까'는 〈玄風郭氏諺簡〉에서만

---

46) 현대 국어의 '-니다'와 '-니까'에도 {-(으)이-}가 들어 있다.
47) 현대 경남 방언의 경우는 명령법 종결 형식 '-(시)이소'에서 {-(으)이-}가 분명히 분석된다.
48) {-(으)잇-}으로 표기하지 않고 {-(으) ᇧ-}으로 표기한 것은 시각적 혼란을 피하기 위함이다. {-(으)잇-}으로 표기하면 15세기의 {-(으)잇-}과 구별하기 어렵다.

발견된다. 여기에서 분석되는 {-(으)ᇹ-}은 [청자 존대] 표지 {-(으)이-}
의 변이형이다.

   (34) 가. 수이 몯 가기는 제 죄 <u>아니닝다</u> 짐쟉ᄒᆞ옵쇼셔 말미는 아흐러 …
                                      (郭氏諺簡 148)
      나. 보셩 힝츠는 당시 사동매 아니 와시니 오면 <u>긔별ᄒᆞ림다</u>
          이 보내신 거슨 받ᄌᆞ와이다(郭氏諺簡 112)
      다. 긔후 <u>엇더ᄒᆞ옵시닝짜</u> 심히 긔별 모ᄅᆞ와 일야 분별이 ᄀᆞ
          업 ᄉᆞ와이다(郭氏諺簡 157)
      라. 이런 줄 어이 <u>아옵시링짜</u> 아ᄆᆞ것쏘 몯 보내오니 흐운ᄒᆞ여
          이다 오라바님 형님끠나 문안ᄒᆞ옵쇼셔(郭氏諺簡 129)

   {-(으)ㅇ이-}는 {-(으)이-}와, {-(으)ㅇ잇-}은 {-(으)잇-}과 수의적
으로 교체되었던 것으로 보인다.

   (35) 〈捷解新語〉의 {-(으)ㅇ이-}와 {-(으)이-} (Ⅰ)
      ① 너기닝이다(捷新 8:11ㄱ) : 안잣습ᄂᆞ이다(捷新 3:18ㄴ)
      ② 몯겡이다(家禮 1:14ㄱ) : 아옵거이다(捷新 7:10ㄴ)
      ③ ᄒᆞ놓이다(捷新 8:24ㄴ) : ᄒᆞ노이다(老諺 下:1ㄱ)
      ④ 感激ᄒᆞ영이다(捷新 7:14ㄴ) : 感激ᄒᆞ여이다(捷新 3:17ㄴ)
      ⑤ 못홀송이다(捷新 8:31ㄴ) : 니르심이로소이다(捷新 6:2ㄴ)
      ⑥ 니거징이다(東國新 烈 1ㄱ) : 되어지이다(仁祖 48ㄱ)
      ⑦ 가샹이다(捷新 6:5ㄴ) : ᄒᆞ옵싸이다(捷新 3:10ㄱ)
      ⑧ 혜옵시ᄂᆞ닝잇가(李朝諺簡 129) : 부븨오시ᄂᆞ니잇가(李朝諺簡 122)
      ⑨ 븨오링잇가(捷新 2:5ㄴ) : 되리잇가(家禮 7:2ㄴ)

   〈捷解新語〉에서는 {-(으)ㅇ이-}와 {-(으)이-}가 다 쓰였는데, 대우법
상의 차이가 없다. {-(으)ㅇ이-}는 어간 뒤에 직접 쓰이지 않는 것으로
보이는데, 이들이 쓰이는 문법적 환경은 좀 더 조사해 보아야 할 것이
다. {-(으)ㅇ이-}는 17세기 중엽 이후의 문헌에서는 발견되지 않는다
(이영경 1992:62). 〈捷解新語〉의 原刊本, 改修1次本, 改修重刊本을 비

교해 보면, 原刊本의 {-(으)ㅇ이-}를 18세기 刊本에서 {-(으)이-}로 고친 곳은 44곳이고, 예외적인 곳은 4곳이다.

    (36) 〈捷解新語〉의 {-(으)ㅇ이-}와 {-(으)이-} (Ⅱ)
       ① ㄱ. ᄒᆞᆼ이다(捷新 1:10ㄴ)
          ㄴ. 너기ᄂᆞ이다(改修1次 1:15ㄱ)
          ㄷ. 너기ᄂᆞ이다(改修重刊 1:13ㄴ)
       ② ㄱ. 無事ᄒᆞᆼ이다(捷新 2:3ㄴ)
          ㄴ. 無事ᄒᆞ니이다(改修1次 2:4ㄴ)
          ㄷ. 無事ᄒᆞ니이다(改修重刊:10ㄱ)
       ③ ㄱ. 너기ᅌᅳᆼ이다(捷新 2:5ㄱ)
          ㄴ. 너기ᅌᅳ니(改修1次 2:7ㄴ)
          ㄷ. 너기ᄂᆞ이다(改修重刊 2:13ㄱ)
       ④ ㄱ. 남기링잇가(捷新 3:5ㄴ)
          ㄴ. 남기리잇가(改修1次 3:7ㄴ)
          ㄷ. 남기리잇가(改修重刊 3:7ㄱ)
       ⑤ ㄱ. ᄒᆞᄂᆞᆼ이다(捷新 3:15ㄴ)
          ㄴ. ᄒᆞᄂᆞ니이다(改修1次 3:20ㄴ)
          ㄷ. ᄒᆞᄂᆞ니이다(改修重刊 3:20ㄱ)
       ⑥ ㄱ. 問安ᄒᆞ시뎡이다(捷新 5:17ㄴ)
          ㄴ. 問安ᄒᆞ시더이다(改修1次 5:26ㄱ)
          ㄷ. 問安ᄒᆞ시더이다(改修重刊 5:18ㄱ)
       ⑦ ㄱ. 너기ᄂᆞᆼ이다(捷新 5:18ㄱ)
          ㄴ. 너기ᄂᆞ이다(改修1次 5:26ㄱ)
          ㄷ. 너기ᄂᆞ이다(改修重刊 5:18ㄴ) etc.

      cf. 도라가상이다(捷新 6:5ㄴ)
          도라가상이다(改修1次 6:8ㄱ)
          도라가사이다(改修重刊 6:7ㄱ)

          엿ᄌᆞᆸᄂᆞᆼ이다(捷新 8:7ㄴ)
          엿ᄌᆞᆸᄂᆞᆼ이다(改修1次 8:11ㄱ)

미덧습닝이다(捷新 9:6ㄴ)
미덧습닝이다(改修1次 9:9ㄱ)

너기눙이다(捷新 9:13ㄱ)
너기눙이다(改修1次 9:18ㄴ)
너기옵닉(改修重刊 9:8ㄴ)

B. {-(으)쇼셔}

{-(으)쇼셔}가 ᄒᆞ쇼셔체 명령법을 나타내는 종결 어미라는 사실에 대하여는 이론의 여지가 거의 없다. 그러나 {-(으)쇼셔}의 형태론적 구성은 아직 풀리지 않은 과제이다.

{-(으)쇼셔}는 공시적으로는 더 이상 분석하기 어려운 종결 어미이다. 분석의 객관적 근거를 찾을 수 없기 때문이다. 그런데 {-(으)쇼셔}는 ᄒᆞ쇼셔체 등급과 명령법을 동시에 나타낸다. 하나의 종결 어미가 대우 등급과 문체법을 동시에 표시하는 것은 예외적이다. 이 사실은 적어도 기원적으로는 {-(으)쇼셔}가 다시 분석될 수 있음을 암시하는 것이다.

徐泰龍(1992:37)은 현대 국어의 {-(으)소서}를 「(으)시+옵+사+(으)이+어」로 분석하였는데, 중세 국어나 근대 국어의 {-(으)쇼셔}도 「(으)시+습+사+(으)이+어」로 구성된 종결 형식일 가능성이 있다.49) 이러한 가정 위에서 이들의 통합 관계를 살피기로 한다. {-(으)쇼셔}가 「(으)시+습+사+(으)이+어」로 구성된 것이라면, '-옵쇼셔'와 '-오쇼셔'에는 {-습-}이 중복되어 있는 셈이다. 이러한 중복은 예외적인데, 그것은 청자를 더욱 [존대]하기 위한 장치로서 청자 대우법의 속성이라 할 수 있을 것이다. '-(으)쇼셔'에서 분석되는 {-어}는 원래 ᄒᆞ라체를 나타내는 종결 어미이다. ᄒᆞ라체의 {-어}가 {-습-}, {-(으)이-}와 통합하여 ᄒᆞ쇼

---

49) {-사}와 {-(으)이-}의 통합에 대하여는 徐禎穆(1983:235~236), 徐泰龍(1985: 184~185, 1992:36~37)을 참조할 것.

셔체에 쓰이는 것은 이해하기 어려운 문제이다. 그러나 이와 유사한 현상은 중세 국어의 ᄒᆞ야쎠체에 {-어}가 쓰인 사실과, ᄒᆞ라체 종결 형식에 {-(으)시-}가 통합하여 ᄒᆞᆸ소체로 쓰인 '-(으)시과댜'에서도 확인할 수 있다. 이러한 현상은 중세 국어의 ᄒᆞ쇼셔체와 ᄒᆞ야쎠체, 17세기 국어의 ᄒᆞ쇼셔체와 ᄒᆞᆸ소체 명령법 종결 형식이 고유의 종결 어미를 갖지 못했던 데에서 비롯된 것이 아닐까 생각한다. 현대 국어 구어체에 {-(으)소서}가 안 쓰이고, 그 대신 '-((으)십시)오'와 '-((으)시)소'가 쓰이는 현상도 이러한 사실과 관련지어 음미해 볼 만하다. 즉 15세기에는 구조상의 공백 때문에 ᄒᆞ라체의 {-아/어}가 ᄒᆞ쇼셔체에 轉用되었던 것이고, 17세기에 ᄒᆞ소체 종결 어미 {-소}가 등장하자, ᄒᆞ라체의 {-아/어}보다는 ᄒᆞ쇼셔체에 더 가까운 ᄒᆞ소체의 {-소}가 그 기능을 물려받게 된 것으로 추측할 수 있는 것이다.50) 현대 국어 하오체의 종결 어미 {-(으)소}가 합쇼체에까지 쓰이는 것도 구조상의 공백에 의해 생겨난 현상일 것이다. 기록상으로는 19세기까지도 {-(으)쇼셔}가 생산적으로 쓰였으나, 그것은 구어체의 기록으로 보기 어렵다.

나. ᄒᆞ쇼셔체의 설정

ᄒᆞ쇼셔체의 설정에 대하여는 이론의 여지가 거의 없다. (37가~마)에서 평서법, 의문법, 명령법, 청유법, 약속법의 ᄒᆞ쇼셔체 종결 형식을 확인할 수 있다.

(37) 가. 우ᄒᆞ로겨오셔ᄂᆞᆫ 안질로 회셔 즉시 못 ᄒᆞ오시고 ᄀᆞ이 업시
        섭섭ᄒᆞ여 <u>ᄒᆞ오시ᄂᆞ이다</u>(李朝諺簡 129)
    나. 그 븨ᄂᆞᆫ 병이 됴홀 일도 잇ᄉᆞ올 써시니 아니 <u>뵈오링잇가</u>
                                              (捷新 2:5ㄴ)
    다. 아모 날이나 별로 볼 일이 내ᄃᆞᄅᆞ면 내 가 뵈오리이다 휘
        정낭 미ᄌᆞᄃᆞ려 ᄒᆞᆫ가지로 <u>니ᄅᆞ쇼셔</u>(李朝諺簡 124)

---

50) 현대 국어에서도 '하셔'가 하오체보다 약간 낮은 등급으로 쓰인다.

라. ᄀ장 됴ᄊᆞ오니 그리 ᄒᆞᇦᄊᆡ이다(捷新 3:10ㄱ)
마. 내 ᄆᆞᄋᆞᆷ이 ᄆᆞ이 뎡ᄒᆞ얏ᄉᆞ오니 요동티 아니 <u>ᄒᆞ오리이다</u>
(李朝諺簡 122)

ᄒᆞ쇼셔체 종결 형식에 {-ᄉᆞᆸ-}이나 '-ᄉᆞᆸ시-'가 덧붙은 것(가칭:ᄒᆞᇦ쇼
셔체)도 ᄒᆞ쇼셔체에 포함시킬 수 있다. 이 종결 형식을 김정수(1984:
27, 66)는 아주 덧높임이라 하여 아주 높임과 구별하였으나, 이 종결
형식은 다음 (38가~다)에서 보는 바와 같이 ᄒᆞ쇼셔체와 혼용되는 경
우가 많다.

(38) 가. 御意 <u>감격ᄒᆞ여이다</u> 우리들도 술을 一切 못ᄒᆞᇦ건마ᄂᆞᆫ 하
      먹과댜 니르시니 그러ᄒᆞ온디 ᄀ장 취ᄒᆞ오되 正根을 계요
      출혀 <u>안잣ᄉᆞᆸᄂᆞ이다</u>(捷新 3:17ㄴ~18ㄴ)
    나. -ᄌᆞ셰 <u>아ᇦ거이다</u>
      -ᄒᆞ면 볼쟉시면 그 거조ᄂᆞᆫ 엇디 ᄒᆞᆯ고 잔이나 내ᄂᆞᆫ 일이나
       이셔야 됴ᄒᆞᆯ디 자네 됴ᄒᆞᆯ 양으로 ᄒᆞ소
      -이러로셔도 몬져 술오려 ᄒᆞ엳던디 이리 니르시미 <u>맛당ᄒᆞ여이다</u>
(捷新 7:10ㄴ~11ㄱ)
    다. 이 알프란 굿ᄒᆞ여 숨거든 조ᄎᆞ시미 <u>웃듬이오닝이다</u> ᄯᅩ 中
      官 以下 올리디 말 일을 니르신 대로 스셜ᄒᆞ여도 一人도
      나므니 업시 請코져 ᄒᆞ여 니르오니 그리 <u>아르쇼셔</u>
(捷新 6:21ㄴ~22ㄱ)
    라. 우ᄒᆞ로 종샤긔 득죄ᄒᆞ고 아래로 싱민이 도탄ᄒᆞ미 다 원부
      의 허믈이니 천하의 가도 뵈올 디 업스며 삼광하의 엇디
      <u>용납ᄒᆞ링잇가</u> 국모의 님ᄒᆞ기 붓쯔려 <u>ᄒᆞᇦ노이다</u>
(李朝諺簡 32)
    마. 짐ᄒᆞ고 젼쥬 자반ᄒᆞ고 <u>보내노이다</u> 기롬 업서 몯 지져 <u>보내</u>
      <u>ᇦ노이다</u>(郭氏諺簡 34)
    바. 동싱님내 믈 드리ᄂᆞᆫ 보라 드렷ᄉᆞᆸ다가 시월의 <u>보내ᇦ쇼셔</u>
      미일 젓ᄉᆞ오디 내 내디 몯ᄒᆞ여ᄉᆞ오니 <u>보내뇌다</u>(郭氏諺簡 146)

(38가~바)는 ᄒᆞ쇼셔체와 ᄒᆞᇦ쇼셔체가 분명하게 구분되는 것이 아님

을 보여 준다. 동일한 장면에서 이들이 혼용되고 있기 때문이다. 물론 한 등급 차이의 대우법이 동일한 대화의 장면에서 혼용될 수는 있을 것이다. 그러나 다음 (39가~다)를 보자.

(39) 가. 품일이 닐러 글오디 네 비록 져므나 지긔 이시니 오느리
　　　이 공명을 셔일 저기라 훈대 챵이 글오디 <u>올훈이다</u> 흐고…
　　　　　　　　　　　　　　　　　　　　　　　(東國新 忠 1:8ㄴ)
　　나. 셰지 쏘훈 쳥흐야 스스로 볼뫼 <u>되여지이다</u> 호매 샹이 종샤
　　　싱민을 위흐샤 톄읍흐고 조츠시다(仁祖 48ㄱ)
　　다. 현감 변응졍은 … 임진의 희남 현감 흐여 왜젹이 크게 드
　　　러와 도젹질호몰 듣고 그롤 올려 더마도롤 <u>빠징이다</u> 쳥흐
　　　니(東國新 忠 1:50ㄴ)

(39가)에서 청자인 아버지 '품일'은 귀족이다. 기록자는 청자의 신분까지 고려하여 청자 대우의 등급을 결정했을 것으로 생각되는데, (39가)에서는 아들이 귀족인 아버지에게 흐쇼셔체를 쓰고 있다. 더구나 (39나, 다)에서 보듯이 왕자나 신하가 임금에게 흐쇼셔체를 쓸 수 있다는 사실은 흐옵쇼셔체가 흐쇼셔체와 구별되는 것이 아님을 보여 준다. 이런 점에 대하여는 김정수(1984:28, 30~31)에서도 인식하고 있었다. 덧높임을 설정하면서도, 〈捷解新語〉에서 흐옵쇼셔체와 흐쇼셔체가 혼용된 예문을 제시하여, {-습-}과 '-습시-'가 아주 높임(흐쇼셔체)의 등급을 높이는 데에 크게 영향을 미치지 않는다는 사실을 지적한 것이 그것이다. 흐쇼셔체에 {-습-}, '-습시-'를 덧붙인 흐옵쇼셔체는 諺簡과 〈捷解新語〉에서 특히 많이 나타나는데, 이것을 흐쇼셔체와 구별되는 것으로 보기는 어렵다.51) 흐옵쇼셔체를 사용한 화자의 [존대] 의향은 인정할

---

51) 다음 예와 같이 〈捷解新語〉의 '흐옵쇼셔'를 〈捷解新語〉(改修1次本)에서 '흐쇼셔'로 교
　정한 사실은 18세기 언어 사실을 반영하는 것이기는 하나, 흐옵쇼셔체가 흐쇼셔체와
　구별되는 것이 아니었음을 시사한다.
　　예: 아래 사롬돌의게나 주실 양으로 <u>흐옵쇼셔</u> 委細之儀는 對馬島主끠 닐러 보내
　　　농이다(捷新 8:2ㄴ)

수 있겠지만, ㅎㅸ쇼셔체는 어디까지나 임의적인 것으로서, 새로운 등급을 분화시키는 데까지 이르지는 못한 것으로 보인다.

2.1.3. 17세기 국어 청자 대우법의 특징

17세기 청자 대우법의 특징적인 사실은 ㅎㅸ소체의 등장이다. 그런데 ㅎㅸ소체는 앞에서 살펴본 바와 같이 ㅎ쇼셔체나 ㅎ소체와 통용되기도 하는 특징을 지닌다. 15세기 국어에서 ㅎ쇼셔체와 ㅎ야쎠체 또는 ㅎ야쎠체와 ㅎ라체가 통용되는 일이 없었고, 17세기 국어에서도 ㅎ쇼셔체와 ㅎ소체, ㅎ소체와 ㅎ라체가 통용되는 일이 거의 없다는 사실을 고려하면, ㅎㅸ소체가 아래 위의 등급과 통용될 수 있다는 사실은 17세기 청자 대우법의 특징적인 사실이라 할 수 있을 것이다. 각 등급의 관계를 아래와 같이 정리해 보기로 한다. 서로 통용되는 관계를 '~'로 표시하고, 서로 통용될 수 없는 관계는 '≠'로 표시한다. 이 중 ③은 일반적인 경향이지 절대적인 것은 아니다.52)

    (40) 17세기 청자 대우 등급의 통용 관계
       ① ㅎ쇼셔체 ~ ㅎㅸ소체
       ② ㅎㅸ소체 ~ ㅎ소체
       ③ ㅎ 소 체 ≠ ㅎ라체
        cf. 15세기 : ㅎ쇼셔체 ≠ ㅎ야쎠체
                 ㅎ야쎠체 ≠ ㅎ라체

    농이다(捷新 8:2ㄴ)
      cf. 아래 사룹들의게나 주실 양으로 ㅎ쇼셔 委細之儀는 對馬島主끠 일너 보내누이다(改捷 8:3ㄴ~4ㄱ)
52) ㅎ소체와 ㅎ라체가 혼용되는 경우는 다음 예문에서 볼 수 있다. 그러나 이 예문의 '고로오랴'가 자문일 가능성도 있다.
    예: 글월 보고 친히 본 듯 든든 몬내 깃브며 더위병이 낫는가 시브니 위연 민망 고로오랴 내 디내여시니 더옥 보는 듯 닛디 못홀쇠 나는 이제는 복등 거복던 것도 다 ㅎ리고 먹기도 샹시나 다룬디 아녀 디내니(李朝諺簡 38)

17세기에 등장한 ᄒᆞᆸ소체가 다른 등급과 달리 유동적 성격을 지녔다는 사실을 고려하여, 2인칭 대명사와의 호응 관계를 기준으로 삼고 15·16세기의 청자 대우 등급과 17세기의 청자 대우 등급의 영역을 비교해 보면 17세기 청자 대우법의 특징이 단적으로 드러날 것이다.

〈표-6〉 15·16세기 청자 대우 등급과 17세기 청자 대우 등급의 비교

15·16세기 청자 대우법		17세기 청자 대우법	
2인칭 대명사	문장 종결 형식	2인칭 대명사	문장 종결 형식
없음	ᄒᆞ쇼셔체	없음	ᄒᆞ쇼셔체
그듸	ᄒᆞ야쎠체(ᄒᆞ소체)	자니/자네	ᄒᆞᆸ소체 ↕
			ᄒᆞ소체
너	ᄒᆞ라체	너	ᄒᆞ라체

2인칭 대명사와의 호응 관계를 기준으로 볼 때, 〈표-6〉은 세 가지 사실을 알려 준다. 첫째는 ᄒᆞᆸ소체가 ᄒᆞ쇼셔체와 ᄒᆞ소체의 영역을 잠식하였다는 것이고, 둘째는 그 결과 ᄒᆞ쇼셔체와 ᄒᆞ소체가 차지하는 영역이 ᄒᆞ라체에 비해 좁아졌다는 것이며, 셋째는 ᄒᆞᆸ소체가 아래 위의 등급과 혼용될 수 있다는 것이다.

17세기 청자 대우법에서 드러나는 또 한 가지 특징은 모든 문체법이 다 4등급의 종결 형식을 갖고 있지는 않다는 사실이다. 이 점은 3장 첫머리에 제시하게 될 〈표-8〉에서 잘 드러난다. 여기서 나타나는 공백은 구조적 빈칸으로 기술할 수 있다.[53]

청자 대우법은 형태소의 유무에 의한 대립 체계로 해석할 수도 있다. 즉 17세기 청자 대우 체계를 다음과 같이 형태론적으로 기술할 수 있는 것이다.[54]

---

53) 구조적 빈칸으로 기술하는 것은 상대적인 것이다. 구조적 빈칸을 인정하지 않고, 각 문체법이 독자적인 청자 대우 체계를 지닌 것으로 기술할 수도 있을 것이다.

(41) 17세기 청자 대우 등급의 형태론적 기술

　① ᄒᆞ라체 : 선어말 형태소 {-(으)아-}, 종결 어미 {-소}, {-(으)
　　　　　쇼셔}가 나타나지 않는 등급.

　② ᄒᆞ소체 : 종결 어미 {-(으)이}, {-소}가 {-습-}이나 {-(으)
　　　　　시-}와 통합하지 않고 나타나는 등급.

　③ ᄒᆞ옵소체 : ᄒᆞ라체 종결 어미 {-아/어}, {-이}, {-가}, {-고}
　　　　　나 ᄒᆞ소체 종결 어미 {-(으)이}, {-소} 앞에 {-습-}
　　　　　이나 {-(으)시-}가 통합하여 나타나는 등급.

　④ᄒᆞ쇼셔체 : 선어말 형태소 {-(으)아-}, 종결 어미 {-(으)쇼셔}가
　　　　　쓰이거나, 여기에 {-습-}이 첨가되는 등급.

　17세기 청자 대우법의 체계가 각 문체법에 따라 실현되는 양상은 3장 첫머리의 〈표-8〉에서 제시하기로 한다.

2.2. 17세기 국어의 문체법

　여기서는 17세기 국어 문체법 형태소의 목록을 제시하고, 17세기 국어 문체법의 체계를 기술하기로 한다. 그에 앞서서 문체법의 개념에 대한 이 연구의 기본적인 태도를 밝히고자 한다.

　문체법은 청자에 대한 화자의 요구 내용의 차이, 즉 언표내적 효력(illocutionary force)의 차이에 따라 분류되는 화용론적 범주(徐泰龍 1988a:53)이다.[1] 종래에는 문체법을 문체법(李熙昇 1949:117, 高永

---

54) 청자 대우법을 형태론적으로 기술하려는 시도는 徐禎穆(1983:112)과 徐泰龍(1992
　:21)에서 시작되었다. 특히 徐禎穆(1983:112)은 청자 대우 등급을 여러 단계의
　차이로 설명할 것이 아니라, 청자 대우 형태소 {-(으)이/(으)잇-}의 유무에 의한 대
　립으로 파악해야 함을 주장하였다.
1) 국어 연구에서도 일찍이 문체법은 청자에 대한 화자의 요구 내용을 나타내는 범주로 인
　식되었다. 그것은 Underwood(1890:104)가 문장의 종결법을 직설법과 의지법으로
　분류하고, 전자에는 평서법과 의문법을, 후자에는 청유법과 명령법을 설정한 것에서 확
　인할 수 있다. 이런 관점은 최현배(1937/1961:265, 855)가 '말하는이와 듣는이와의

根 1965:3, 安秉禧 1965:132),[2] 마침꼴(정인승 1949:56), 서법(李基文 1972:169, 李崇寧 1961/1981:239, 남기심 1972/1978:20, 서정수 1986:120, 任洪彬·張素媛 1995:352), 마침법 또는 의향법(허웅 1975:486) 등 다양한 용어로 불러 왔고, 서법(mood)은 양태(modality)와 명확하게 구별되지 않고 쓰이는 일이 있었다(李崇寧 1961/1981:239). 서법과 양태의 의미에 대한 검토는 高永根(1986:252)에서 깊이 있게 다루어졌다. 이에 의하면 서법은 사태에 대한 화자의 태도를 나타내는 문법 범주이고, 양태는 사태에 대한 화자의 태도가 서법이나 기타 어휘적 수단에 의해 나타나는 의미 범주이다. 그러나 이러한 규정도 혼란을 야기할 가능성이 있다. 양태를 사태에 대한 화자의 태도를 의미하는 의미 범주로 규정한다면, 양태를 나타내는 문법적, 어휘적 수단은 양태소 또는 양태 어휘로 부르는 것이 더 적절할 것이다. 그러면 서법은 문체법과 동의어로 사용할 수 있을 것으로 생각된다. 사실 문체법이란 용어는 그리 적절한 용어가 아니다. 아마 '話法'이나 '話式'이란 용어가 더 적절할 것이다. 그러나 이 연구에서는 혼란을 피하기 위하여 종래와 같이 '문체법'이라는 용어를 사용한다.

이상의 기본적 태도에 따라 문장 종결 형식에 나타나는 요소 중에서 청자에 대한 화자의 요구와 무관한 형태는 문체법 표지에서 제외한다.

사이의 주고받는 관계'를 기준으로 베풂꼴, 물음꼴, 시킴꼴, 꾀임꼴 등 네 가지의 '마침법'을 구분한 것에서도 드러난다. 그러나 최현배(1937/1961:855)는 Underwood (1890:104)가 의문법을 평서법과 같은 범주로 처리한 것과 달리, 물음월을 베풂월과 같은 범주로 기술하지 않고 시킴월과 같은 범주로 기술하였는데, 이 점은 Jespersen(1924:302)의 영향을 입은 것이다. 문체법이 청자에 대한 화자의 태도와 관련된다는 견해는 高永根(1965:3~4)에서도 볼 수 있다. 그러나 감탄법, 허락법, 경계법 등을 문체법의 범주로 인정한 것은 이러한 문체법의 개념에 어긋나는 분류라 생각된다.

2) 李熙昇(1949:116)은 문체법과 존비법을 결어법의 하위 범주로 기술하였다.

2.2.1. 문체법 분류의 방법

각 문체법은 화용적 의미면에서 다음과 같은 언표내적 효력을 나타낸다.

> (1) 문체법의 언표내적 효력
> ① 평서법 : 청자에게 명제 내용의 사실성에 대한 인지를 요구
> 하지만, 요구의 강도가 아주 약함.3)
> ② 약속법 : 명제의 내용에 대한 화자의 행동 의지를 청자가 인
> 지할 것을 요구함.
> ③ 의문법 : 청자의 언어적 반응을 요구함.
> ④ 명령법 : 청자의 비언어적 반응을 요구함.

---

3) 평서법은 청자에 대한 태도에 있어서 무표적이라고 기술되었다. 최현배(1937/1961: 854~5), 허웅(1969:96), 高永根(1976:21), 남기심·고영근(1985/1993:343) 에서 그러한 견해를 확인할 수 있다. 그러나 Palmer(1986:26)는 직설적인 진술 (straightforward statements)이 수사적으로 비양상적인(non-modal) 것으로 기술될 수 있다고 한 Lyons(1977:797)의 언급이 결코 평서법(declaratives)이 양상 체계 (modal system)에 있어서 소극적(negative)이거나 무표적(unmarked)이거나 중립적(neutral)이라는 것을 의미하지는 않는다고 하였다. 특별한 경우를 제외한 일반적인 발화는 청자의 존재를 전제로 하여, 청자에게 무엇인가를 요구한다는 관점에서 본다면, 평서법 역시 청자에게 무엇인가를 요구한다고 보아야 할 것이다. 평서법에서 화자가 청자에게 요구하는 것이 있다면, 그것은 명제 내용의 사실성에 대한 [인지] 라고 생각한다. 그러나 청자의 [인지] 를 요구하는 것은 언표내적 효력이 아주 약하다. 종래에 평서법을 무표적이라고 보았던 것은 [인지] 가 지니는 언표내적 효력의 강도가 미약한 데에서 비롯된 것이었다고 생각된다. 다른 문체법에 비해서 평서법은 비교적 [화자 중심]이다. 종결 어미 {-다}가 본질적으로 평서법을 나타내는 것은 {-다}가 청자보다는 화자에 초점을 두는 종결 어미이기 때문이다(徐泰龍 1986b:120). 그러므로 평서법의 언표내적 효력을 무표적이라고 보았던 것은 타당한 일면을 지닌다고 할 수 있다. 그러나 평서법이 완전히 무표적이라고 하기는 어렵다. 단지 언표내적 효력이 미약하다고 이해하는 것이 더 타당할 것이다. 설령 평서법의 화용론적 의미가 무표성에 가깝다 하더라도, 그러한 무표성 역시 상대적으로는 변별성을 지니기 때문에 개념상으로 평서법을 설정하는 데에는 아무 문제가 없다. 형태적으로도 국어의 평서법은 독자적인 종결 어미를 갖고 있으므로 문체법적 자격이 분명하다.

　　⑤ 청유법 : 명제 내용에 대한 화자의 행동 의지를 청자가 인지
　　　　　　할 것을 요구하면서 청자의 비언어적 반응을 요구함.

　그러나 화용적 의미를 근거로 국어의 문체법을 분류하는 데에는 문제
가 따른다. 언표내적 효력의 미세한 차이에 따라 수없이 많은 문체법을
설정하게 되기 때문이다. 국어의 문체법은 일정한 형태에 의해 표시되
므로 국어의 문체법은 원칙적으로 형태를 바탕으로 분류해야 할 것이
다.

　국어의 문체법은 일반적으로 종결 어미에 의해서 표시된다. 그런데
문장 종결 형식을 작은 단위로 분석하면 분석할수록 모든 문장 종결 형
식이 문체법 표지를 갖추고 있는 것은 아니라는 결론에 이르게 된다.
그러므로 모든 문장 종결 형식에 문체법 표지가 있느냐, 문체법 표지가
없는 문장 종결 형식도 있느냐 하는 문제는 문장 종결 형식을 어느 단
계까지 분석하느냐 하는 문제와 불가분의 관계를 맺고 있는 것이다.

　또 하나의 문제는 형태소의 기원을 적극적으로 고려하여 문장 종결
형식을 최소 단위까지 분석한 다음, 고유의 종결 어미를 갖고 있는 경
우만을 문체법으로 인정한다고 할 때, 국어의 청유법마저도 문체법으로
인정할 수 없게 된다는 것이다. 그러나 청유법의 화용적 기능은 (1)에
서 알 수 있듯이 평서법과 명령법 양쪽에 다 관련된다. 그러므로 청유
법을 평서법에 편입시키기도 어렵고 명령법에 편입시키기도 어렵다. 그
러나 문체법 형태소의 일목요연한 기술만을 위해 형태소의 분석을 유보
하기는 어렵다는 데에서 문체법 형태소 기술의 어려운 문제가 발생한
다. 그러므로 공시태의 한계를 넘어서 문체법이 종결 어미에 의해서만
표시는 것이 아니라, 선행 요소와 종결 어미가 통합한 종결 형식에 의
해서도 표시되는 것으로 기술해야 할 것이다.

　감탄법, 허락법, 경계법은 문체법의 범주에서 제외한다. 첫째, 감탄법
은 독자적인 종결 어미를 갖고 있지 않을 뿐 아니라, 감탄법을 나타내
는 특정의 요소가 있다고 보기도 어렵다. 화용적 의미면에서도 감탄법
은 청자의 [인지]를 요구하므로 평서법에서 독립시키기 어렵다. 감탄법

이 평서법과 다른 점은 단지 명제 내용에 대한 화자의 정서가 강조된다는 점인데, 그것은 문체법의 범주가 아니라, 양태의 범주에 속하는 것이다.

둘째, 허락법을 나타내는 종결 형식을 17세기 국어에서는 확인할 수 없다. 화용적 의미면에서도 허락법은 청자의 비언어적 반응과 관련되므로 명령법의 하위 범주로 처리해야 한다. 허락법은 보통의 명령법과 달리 반드시 청자가 행위 의지를 갖고 있을 때에 한하여 사용되나, 청자의 행위와 관련된다는 점에서는 명령법과 구별되지 않는다. 완곡한 명령법으로 기술하는 것이 좋을 것이다.

셋째, 경계법을 나타내는 형태 '-(으)ㄹ셰라'는 17세기 자료에서 발견되지 않는다. 이 사실은 자료적 제약에 말미암는 것일 가능성이 크다. 그러나 '-(으)ㄹ셰라'가 17세기에 사용되었다 하더라도 경계법은 설정할 수 없다. 경계법은 일어날 가능성이 있는 사태에 대한 청자의 경계를 요구한다. 그러나 청자의 [경계]를 요구하는 것은 경계법의 본질적 의미가 아니다. 현대 국어의 경계법 형식 '-(으)ㄹ라'의 본질적 의미는 명제의 사태가 발생할 가능성이 있다고 보는 화자의 [가능성 판단]과 [두려움]이다. 이러한 의미는 양태의 범주에 속한다. 현대 국어의 '-(으)ㄹ라'가 청자에 대한 [경고]의 의미를 나타내기도 하나, 그것은 발화되지 않고 생략된 부분에 의한 것으로 이해된다. 중세 국어의 '-(으)ㄹ셰라'에서는 [경고]와 관련되는 형태를 확인할 수 없다.4)

---

4) 중세 국어 '-(으)ㄹ셰라'와 현대 국어 '-(으)ㄹ라'의 의미도 동일하지 않다. '-(으)ㄹ라'는 비록 생략된 부분에 의한 것이기는 하지만 청자에 대한 [경고]의 의미를 나타내는 데에 비해, '-(으)ㄹ셰라'는 일어날 가능성이 있는 사태에 대한 화자 자신의 두려움을 나타내는 데에 그친다.

2.2.2. 17세기 국어 문체법의 체계

2.2.2.1. 평서법

평서법은 고유의 종결 형식을 지니고 있었다. ᄒᆞ라체 평서법에는 종결 어미 {-다/라/롸}, {-(으)롸}, {-아/어}, {-이}가, ᄒᆞ소체와 ᄒᆞᆸ소체 평서법에는 종결 어미 {-(으)이}가, ᄒᆞ쇼셔체 평서법에서는 종결 어미 {-다}가 구성하는 다양한 문장 종결 형식이 쓰인다. 이 중 {-다/라/롸}, {-(으)롸}만이 평서법 고유의 종결 어미이다.

{-다}는 ᄒᆞ라체와 ᄒᆞ쇼셔체의 평서문과 ᄒᆞ쇼셔체 청유문 및 ᄒᆞ쇼셔체 약속문에 쓰이고, {-다}의 변이형인 {-라}는 ᄒᆞ라체 평서문에만 쓰인다.5) {-다}의 변이형에는 {-라} 외에도 {-롸}가 있는데, {-롸}는 {-(으)ㄹ-} 뒤에서만 나타난다. 이에 대해서는 3장에서 자세하게 논의할 것이다. ᄒᆞ소체와 ᄒᆞᆸ소 평서법에서는 {-다}가 쓰이지 않는다.

{-다}의 기본적인 기능은 평서법을 표시하는 것이다. {-다}가 청유문에서도 쓰이지만, 그것은 {-다}가 [화자 중심]의 종결 어미이기 때문이다. 평서문과 청유문의 공통점은 청자에게 [인지]를 요구한다는 것이다. 그러므로 이들이 나타내는 언표내적 효력은 의문법이나 명령법에 비해 [화자 중심]에 가깝다. {-다}가 평서법 외에 청유법에도 쓰이는 것과 달리 {-다}의 변이형인 {-라}는 다른 문체법에 쓰이는 일이 없다. '-지라'를 종래에는 청유법 형식으로 기술하였는데, 그것은 이 {-라}가 명령법 종결 어미라는 것을 전제로 한 것이었다. 그러나 화자의 '내적' [願望]을 나타내는 요소와 명령법 종결 형식은 통합할 수 없다. 이 연구에서는 '-지라'의 {-라}를 평서법 종결 어미로 파악하고, 이에 따라 '-지라'를 평서법 종결 형식으로 기술한다.6)

---

5) 徐泰龍(1985:178)은 명령법 종결 어미 {-(으)라}와 평서법 종결 어미 {-라}를 동명사 어미 {-(으)ㄹ}과 정동사 어미 {-아}로 분석하였다.

6) 현대 국어의 '-(으)리라'도 약속법 형식으로 볼 수 있다. 그렇다면 {-라}가 다른 문체법에도 쓰인다고 보아야 할 것이다. 그러나 '-(으)리라'의 의미가 '-(으)마'의 의미와

ᄒ소체나 ᄒᆞ웁소체 평서법의 '-(웁)니', '-(웁)데', '-웁게', '-ㅅ외/외' 등에서 ᄒ소체 종결 어미 {-(으)이}가 분석되는 것은 분명하다. 그러나 {-(으)이}를 분석하고 나면 남은 요소에서 문체법 표지를 확인할 수 없다. 물론 {-ᄂ-}, {-더-}의 경우는 이들이 평서법에만 쓰이는 선어말 형태소이므로, 이들이 쓰인 문장이 평서문임을 예측할 수 있기는 하지만, 그렇다고 이들을 평서법 표지로 보기는 어렵다. 선행 요소와 종결 어미가 통합한 '-니', '-데', '-웁게', '-ㅅ외/외' 등의 종결 형식을 평서법 표지로 기술해야 할 것이다. '-(으)니'와 '-(으)리'는 평서법과 의문법에 다 쓰였는데, 이 때에는 수행 억양이 문체법을 결정하였을 것으로 생각된다.

2.2.2.2. 의문법

의문법에 쓰이는 종결 어미에는 {-가}, {-고}, {-아/어}, {-이}가 있다. 그러나 '-이여'의 {-어}와 '-(으)ㄴ다, -(으)ㄹ다'의 {-아}는 의문법 고유의 종결 어미가 아니라 ᄒ라체를 나타내는 종결 어미이다. '-(으)니'와 '-(으)리'에서 공시적으로 분석할 수 있는 {-이}는 평서법에도 쓰이는데, 17세기에는 ᄒ라체를 나타낸다. {-가}와 {-고}는 다른 문체법에 쓰이는 일이 없다. {-가}와 {-고}가 의문법 고유의 종결 어미이므로 의문법의 형태적 근거는 확실하다. {-가}와 {-고}는 청자 대우법과는 무관하다. 청자 대우 등급은 선행하는 요소 또는 선행 요소의 유무에 의해 표시된다.

{-가}와 {-고}가 분석되는 문장 종결 형식은 다음과 같다.

    (2) {-가}와 {-고}가 분석되는 문장 종결 형식
      ① ᄒ라체 의문법

동일한 것은 아니다. '-(으)마'는 청자가 원하는 화자의 행위에 대한 [약속]을 나타내는 데에 비해, '-(으)리라'는 청자의 소망과는 상관없는 상황에서도 쓰이는 것이다. 그러므로 '-(으)리라'의 본질적 기능은 평서법과 관련이 깊다고 할 수 있다. '-겠다'도 마찬가지라고 생각한다.

　　　-(으)냐, -(으)뇨/(으)니오, -(으)랴, -(으)리오/(으)료
　　② ᄒᆞ쇼셔체 의문법
　　　-(으)니잇가, -(으)니잇고, -(으)리잇가, -(으)리잇고
　　③ 자문 형식
　　　-(으)ㄴ가, -(으)ㄴ고, -(으)ㄹ가, -(으)ㄹ고[7]
　　④ 체언에 직접 통합하는 의문 종결 어미
　　　-가, -고[8]

　'-(으)냐'와 '-(으)랴'의 마지막 요소가 {-가}의 음운론적 변이형이라는 것에 대한 논의가 필요하다. 이들은 '-(으)녀'와 '-(으)려'로도 쓰이는 데에 비해 다른 의문 종결 형식에서는 {-가}가 {-거}로 대체되는 일이 거의 없기 때문이다. 그러나 '-(으)냐, -(으)랴'도 설명 의문문의 '-(으)뇨, -(으)료'와 대립하므로, '-(으)냐, -(으)랴'의 마지막 요소는 {-가}의 변이형일 가능성이 크다. 이 문제의 해답은 현대 경상도 방언에서 찾을 수 있을 것으로 보인다. 중앙어의 '-니까'에 대응하는 현대 경상도 방언이 '-니꺼'라는 사실은 {-가}의 변이형 {-거}가 존재하였을 가능성을 시사한다. 이는 근대 문헌에서도 확인된다.[9] 그렇다면 '-(으)녀, -(으)려'의 {-어}는 {-거}에서 /ㄱ/이 탈락한 것으로 볼 수 있을 것이다.

───────────────

7) 15세기의 '-(으)ㄴ가, -(으)ㄴ고, -(으)ᇙ가, -(으)ᇙ고'의 {-가}와 {-고} 및 체언 뒤에 직접 통합하는 {-가}와 {-고}를 Ramstedt(1939:80), 金完鎭(1957:48), 李基文(1961/1972:169), 李承旭(1963/1973: 254)에서는 의문 첨사로 기술하였다. 安秉禧(1965:65,69,73)는 이와 달리 '-(으)ㄴ다, -(으)ᇙ다'의 {-다}와 '-(으)ㄴ가, -(으)ㄴ고, -(으)ᇙ가, -(으)ᇙ고'의 {-가}와 {-고}는 어미로, 체언 뒤에 직접 통합하는 {-개}와 {-고}는 첨사로 기술하였다. 李基文(1961/1972:169)은 '-(으)잇가, -(으)잇고'의 {-개}와 {-고}도 첨사로 기술하였고, 허웅(1975:367~370)은 체언에 직접 통합하는 {-가}와 {-고}를 물음 토씨로 기술하였다. 이 연구에서는 선어말 위치에 쓰인 {-(으)ㄴ-}이나 {-(으)ㄹ-}에 종결 어미 {-가}나 {-고}가 통합한 것으로 기술한다.
8) 체언 뒤에 직접 통합하는 {-가}와 {-고}의 문법적 자격에 대하여는 3.2.1.6.에서 기술한다.
9) 羅珍錫(1958/1971:319)은 다음 예문의 {-거}가 현대 경상도 방언의 {-거}와 같은 것으로 보았다.
　　예: 위 繼往開來아 仲尼나 <u>다ᄅᆞ시리잇거</u>(道東曲, 武陵續集)

이상의 근거를 바탕으로 '-(으)냐, -(으)랴'의 {-아}와 '-(으)뇨, -(으)료'
의 {-오}를 {-가}와 {-고}에서 /ㄱ/이 탈락한 것으로 기술한다.

2.2.2.3. 명령법

명령법을 나타내는 형태에는 ᄒᆞ라체 종결 어미 {-(으)라}와 {-(으)
려}, ᄒᆞ소체와 ᄒᆞ옵소체에 쓰이는 종결 어미 {-소}, ᄒᆞ쇼셔체 종결 어
미 {-(으)쇼셔}가 있다. {-소}는 문체법과 청자 대우법을 다 나타내는
종결 어미이다.

17세기 자료에서 동사 '달-'에 {-고-}만이 통합하여 문장이 종결되는
경우가 확인되고,10) 이것이 현대 국어에 이르기까지 이어지고 있는데,
이 사실은 두 가지 가능성을 시사한다. 첫째는 '-고라'가 {-고-}와 {-(으)
라}의 통합으로 이루어진 종결 형식일 가능성이고, 둘째는 {-고-}가 명령
법과 관련되는 요소일 가능성이다.

명령법 종결 어미 {-(으)라}를 선어말 위치의 {-(으)ㄹ-}과 종결 어
미 {-아}로 분석해 볼 수도 있지만,11) 이렇게 분석할 경우에는 {-(으)
라} 앞에 올 수 있는 {-고-}, {-거-}, {-어-}, {-나}나 {-수-} 등과
{-(으)ㄹ-}의 통합 관계를 설명하여야 한다는 부담을 안게 된다.

{-(으)려}는 ᄒᆞ라체 명령법을 나타내는 종결 어미이다. 명령법 종결
어미 {-(으)려} 앞에는 항상 {-고-}가 온다. 그러나 '-고라'에서 {-고-}
를 분석할 수 있으므로, '-고려'에서도 {-고-}와 {-(으)려}를 분석할 수
있다. {-(으)려}는 더 이상 분석하기 어렵다.12)

---

10) 다음 예를 참조할 것.
　　예: 사발 잇거든 ᄒᆞ나 다고(老諺 上:38ㄱ)
11) '선어말 위치'란 용어는 徐泰龍(1997:142)에서 처음 사용되었다. 徐泰龍(1997
　　:142)은 통합 위치에 따라 범주를 구별하여 선어말 어미, 어말 어미, 첨사로 기술하
　　는 방식을 지양할 것을 제안하였다.
12) 중세 국어나 근대 국어의 {-(으)려}는 ᄒᆞ라체로 쓰였다. 그러므로 {-(으)려}에서
　　{-(으)이-}를 분석하기는 어렵다. 현대 국어에서는 거리의 상인들에게서 '… 사려'라는
　　말을 확인할 수 있는데, 이 경우는 해라체라고 보기 어렵다. 그러나 '-(으)려므나'의

2.2.2.4. 청유법

청유법을 나타내는 형태에는 ᄒᆞ라체의 '-쟈', ᄒᆞᆸ소체의 '-ᄋᆞᆸ새', ᄒᆞ쇼셔체의 '-사이다'가 있었다. 청유법의 종결 형식 '-쟈'는 선어말 형태소 {-지-}와 ᄒᆞ라체 종결 어미 {-아}가 통합한 것이다. 그렇다면 청유법과 관련되는 것은 {-지-}이다. {-지-}는 원래 주체의 내적 〔願望〕을 나타내는 선어말 형태소이다. 평서법의 '-지라'와 '-지이다'에서 그러한 의미를 확인할 수 있다. 주체의 내적 [원망]을 나타내는 {-지-}가 {-아}와 통합하여 화자의 내적 [원망]에 대한 [인지]를 청자에게 요구함과 동시에 청자의 [비언어적 반응]을 요구하게 된 것으로 볼 수 있다. 그러나 이 둘은 공시적으로는 분석하기 어려울 정도로 융합하였다. {-지-}가 청자의 [비언어적 반응] 을 요구한다는 것은 현대 국어 청유문이나 명령문의 종결 위치에 쓰이는 {-지}의 의미에서 확인할 수 있다.

청유법의 ᄒᆞ쇼셔체에 {-다}가 쓰이지만, 그것은 평서문과 청유문이 공통적으로 청자에게 [인지]를 요구하며, 그것이 바로 {-다}의 기본 의미이기 때문이다. 그런데 張京姬(1977:115)는 17세기 국어의 문체법에 대한 분류에서, 설명법, 감탄법, 공동법, 약속법을 모두 평서법으로 포괄하였다.13) 그것은 ᄒᆞ라체에서는 설명법은 {-다}와 {-라}, 감탄법은 '-도다', '-고나', '-괴야', '-(으)ㄹ샤', 공동법은 '-쟈', 약속법은 '-(으)마'로 서로 구별되지만, ᄒᆞ쇼셔체에서는 설명법의 '-이다', 감탄법의 '-소이다', 공동법의 '-사이다', 약속법의 '-(으)리이다'에서 공통적으로 '-(으)이다'가 분석된다는 사실을 근거로 한 것이었다.

{-(으)려}는 해라체로 쓰인다는 것을 고려하면 '… 사려'가 해라체보다 높은 등급을 나타낸다는 사실을 이해하기 어렵다. '-구료'의 '-료'에서 변화한 것이 아닐까 생각한다.

13) 이와 비슷한 태도는 Martin, S. E.(1954:37,39)에서 발견된다. 그는 {-다}, '-쟈', '-에'로 표현되는 청유문(Propositive)을 제안 단정문(Prospective Assertive)이라 하여, 서술문(Declarative)과 함께 단정문(Assertive)의 하위 범주로 기술하였다. 이러한 기술은 ᄒᆞᆸ쇼체 청유문의 {-다}가 서술문 종결 어미와 형태적으로 동일한 사실에 근거를 둔 것으로 보인다. 이기갑(1978:60)과 김정수(1984:26~27)는 서술법, 물음법, 시킴법, 꾀임법 등 4가지 문체법을 분류하였으나, 그 근거를 제시하지 않았다.

〈표-7〉 張京姬(1977)의 문체법 체계[14]

문체법 청자대우법	평 서 법	의 문 법	명 령 법
ㅎ라체	-다/라, -마, -쟈, -야/여 -고나, -괴야, -ㄹ샤/ㄹ셔 -ㄹ돠, -과댜	-고, -뇨, -료 -가, -냐, -랴 -ㄴ다, -ㄹ다 -ㅅ뎌/ㅅ냐	-라
ㅎ오체	-이, -니, -데, -리, -(도)쇠, -새	-ㄴ고, -ㄹ고 -ㄴ가, -ㄹ가	-오/소, -고려
ㅎ읍소체	-ㅅ외/외, -읍니, -읍데 -오리, -읍도쇠, -읍새	-온고, -올고 -온가, -ㅅ올가	-읍소, -시소
ㅎ쇼셔체	-이다/ㅇ이다	-잇고, -잇가	-쇼셔

그러나 유독 ㅎ쇼셔체에 나타나는 형태적 공통점이 문체법 분류의 기준이 된다는 것은 이해하기 어렵다. 청유법은 적어도 ㅎ라체에서 고유의 종결 형식을 갖고 있는데, 그것이 더 우선적으로 고려되어야 할 것으로 생각된다.[15] 張京姬(1977)의 태도는 순수하게 형태론적이다. 그런데 '-쟈ㅅ라'의 {-라}는 명령법 종결 형식 '-어ㅅ라'의 {-(으)라}와 같이 명령 종결 어미일 가능성이 큰데, 이것은 청유법의 ㅎ쇼셔체에 {-다}가 쓰인다는 사실만을 근거로 청유법을 평서법의 하위 범주로 기술할 수는 없다는 것을 시사한다. ㅎ라체의 '-쟈'를 고려하여 청유법을 독자적인 문체법으로 인정하는 것이 더 합리적이라 생각된다. 청유법의 화용적 의미는 평서법과도 관련되고 명령법과도 관련된다. ㅎ쇼셔체 청유법에서 평서법 종결 어미 {-다}가 쓰이는 것은 {-다}가 비교적 [화자 중심]의

---

14) 〈표-7〉의 내용은 〈표1〉과 동일하다.

15) ㅎ쇼셔체 청유법의 '-사이다'에 대립하는 ㅎ라체 청유법의 '*-사다'가 없다는 사실이 무엇을 의미하는지 알기 어렵다. {-사}와 {-다}가 직접 통합할 수 없다는 것은 이들의 의미적 이질성을 시사하는 것으로 볼 수 있을 것이다. 즉 [청자 중심]의 {-사}와 [화자 중심]의 {-다} 사이에 존재하는 이질성 때문에 이들이 통합하기 어려운 것이라고 해석하는 것이다. 그러나 그렇게 본다면 [청자 존대]의 {-(으)이-}와 [화자 중심]의 {-다}의 통합이 불가해한 것으로 되어 버린다.

종결 어미이기 때문이라고 생각된다. [화자 중심]의 종결 어미 {-다}를 통해 청자의 [비언어적 반응]에 대한 요구의 강도를 약화시킴으로써 청자에 대한 [존대]를 나타내는 것으로 해석할 수 있다는 것이다.

청유법의 '-옵새' 및 '-사이다'와 後述할 약속법의 '-옴새'에서 {-사}를 분석할 수 있다. {-사}가 청유법과 약속법에서 공통적으로 쓰이는 것으로 보아 {-사}는 청자의 [同意]를 요구하는 형태소로 보인다. 청자의 [동의]를 요구하는 기능은 문체법의 범주에 속하므로 {-사}를 문체법 표지에 포함시킬 수 있다. 청유법에서는 {-사}가 청자의 [행위 의지]를 요구한다. [행위 의지]는 [동의] 다음에 이루어지는 심리적 작용이거나, [동의]와 동일한 심리적 작용이다. 약속법의 '-옴새'에서는 {-사} 앞에 {-(으)ㅁ-}이 존재한다. 그러므로 약속법의 {-사}는 화자의 행위 의지가 [결정]된 것에 대한 청자의 [동의]를 요구한다.

2.2.2.5. 약속법

약속법을 나타내는 형태에는 ᄒᆞ라체의 '-(으)마'와 ᄒᆞᆸ소체의 '-옴새'가 있다. ᄒᆞ소체의 약속법 형태는 확인되지 않고, ᄒᆞ쇼셔체의 약속법은 평서법 종결 형식인 '-오리이다'가 나타낸다. 약속법은 언표내적 효력에 있어서는 평서법과 공통적인 면이 있으나, 고유의 종결 형식을 지니고 있으므로 평서법에서 독립시킬 수 있다. ᄒᆞᆸ소체의 '-옴새'는 '-(으)마'에서 선어말 위치의 {-(으)ㅁ-}을 분석할 수 있는 가능성을 보여 준다. [약속]의 기능은 {-(으)ㅁ-}이 지닌 [決定] 또는 [旣定]의 의미에서 파생된 것으로 보인다. 前述한 바와 같이 '-옴새'에서는 {-사}를 분석할 수 있는데, 여기서는 {-(으)ㅁ-}과 {-사}가 약속을 나타낸다. {-사}는 청자의 [동의]를 요구하므로 약속법과 관련된다.

3. 17세기 국어의 문장 종결 형식

이 장에서는 문체법과 청자 대우법을 기준으로 17세기 국어의 문장 종결 형식을 기술하기로 한다. 우선 17세기 국어 문장 종결 형식을 〈표-8〉에 제시한다. 다양한 문장 종결 형식을 여기에 다 제시하기는 어렵다. 원칙적으로는 종결 어미와 그에 직접 선행하는 요소까지만 제시하기로 하되, 비교적 심한 융합을 겪은 종결 형식, 이 연구에서 종래의 연구와 문체법적 인식을 달리하는 종결 형식, {-습-}, {-(으)시-}, '-습시-' 등의 통합에 의해 등급이 변화한 종결 형식 등에서는 그 이상의 단계까지도 제시할 것이다.

〈표-8〉 17세기 국어의 문장 종결 형식1)

문체법 / 청자대우법	평서법	의문법	명령법	청유법	약속법
ᄒᆞ라체	-ᄂᆞ다, -ㄴ다 -을다/을돠 -으롸, -거다, -엇다 -도다, -아다, -ㅅ다 -시다, -으롸, -아/어 -을샤, -고나/괴야 -과댜, -ᄯᆞ냐 -오라 -지라, -더라 -으리라 -과라, -아라 -애라 -게라, -괘라 -소라 -으니, -으리	-으냐, -으랴 -으뇨 -으리오 -은다 -을다, -이여 (체언)+가 -은가 -을가, -은고 -을고 -으니, -으리	-아 -으라 -고려 -고라 -과댜	-쟈	-으마 -오마
ᄒᆞ소체	-으이, -니, -데, 쇠		-소/오		

---

1) 〈표-8〉에는 ᄒᆞ소체의 의문법, 청유법, 약속법을 나타내는 종결 형식이 없다. 이 공백의 의미에 대해서는 2.1.2.에서 논의하였다. 〈표-8〉에서는 시각적인 혼란을 피하기 위하여 매개 모음을 ( ) 속에 넣지 않는다.

ᄒᆞᆸ소체	-스외/외, -ᄋᆸ너 -ᄋᆸ시너 -으시ᄋᆸ너, -ᄋᆸ데 -ᄋᆸ시데 -ᄋᆸ게, -올쇠 -ᄋᆸ도쇠 -스오리/오리	-은가, -은고 -을가 -을고, -ᄋᆸ신가 -ᄋᆸ신고 -ᄋᆸ실가 -ᄋᆸ실고 -스오리 -스오시거냐 -ᄋᆸ시거뇨	-습소 -으시소 -으시 과댜	-ᄋᆸ새	-옴새
ᄒᆞ쇼셔체	-으이다, -지이다 -을소이다 -ᄋᆸᄂ이다 -ᄋᆸ거이다 -오니이다 -오이다 -스와이다 -ᄋᆸ도소이다	-으잇가 -으잇고 -(ᄋᆸ시ᄂ)니 잇가 -(ᄋᆸ시ᄂ)니 잇고 -(ᄋᆸ시)리잇가 -(ᄋᆸ시)리잇고	-으쇼셔 -ᄋᆸ쇼셔	-사이 다 -ᄋᆸ새 이다	

3.1. 평서법

평서법 종결 형식은 다른 문체법에 비해 다양하다. ᄒᆞ라체에는 {-다/라/롸}, {-(으)롸}, {-아/어}, {-이}가 구성하는 종결 형식이, ᄒᆞ소체에는 {-(으)이}가 구성하는 종결 형식이, ᄒᆞᆸ소체에는 ᄒᆞ소체 종결 형식 앞에 {-습-}이나 {-(으)시-}가 통합한 '-스외', '-ᄋᆸ너', '-ᄋᆸ시너', '-ᄋᆸ데', '-ᄋᆸ시데', '-ᄋᆸ게', '-올쇠', '-ᄋᆸ도쇠', '-스오리'나 ᄒᆞ라체 종결 형식 '-(으)리' 앞에 {-습-}이 통합한 '-스오리'가, ᄒᆞ쇼셔체에는 {-다} 앞에 {-(으)이-}가 통합한 '-(으)이다'가 구성하는 다양한 종결 형식이 쓰였다. {-아/어}, '-과댜', '-고나', '-고야/괴야', '-ᄯᅥ녀' 등에서는 ᄒᆞ라체 종결 어미 {-아/어}가 분석되고, '-(으)니'와 '-(으)리'에서는 공시적으로 ᄒᆞ라체 종결 어미 {-이}가 분석된다.

{-다}와 {-라}는 평서법 종결 어미 중 비교적 다양한 통합 관계를 보여 준다. 17세기 국어에서 {-다}와 {-라}에 직접 선행하는 요소들을 아래의 (1)에 제시한다. 여기에 제시된 선행 요소들 중에는 단일 형태소도 있고 복합 형태도 있으나, 여기서는 이들을 구별하지 않기로 한다. (1)에서 {-다}와 {-라}의 상보적인 관계를 확인할 수 있다.

> (1) 17세기 {-다/라/롸}의 통합 관계
> ① {-다}에 직접 선행하는 요소
> -습-, -거-, -(으)시-, *-(으)ㄹ-, -ᄂᆞ-, *-ㄴ/는-
> -앗/엇/얏/엿-, -도/로-, -ㅅ-, -(으)이-, 용언 어간
> ② {-라}에 선행하는 요소
> -오/우-, -자-, -더-, -(으)리-, -(으)나-, -과-, -노-, *-아/어-,
> -애/에-, -게-, -괘-, 계사[2]
> ③ {-롸}에 선행하는 요소
> *-(으)ㄹ-
> ※ *표한 것은 15세기 국어에서는 {-다}와 {-라} 앞에 직접 통합하지 않던 것들이다.

{-다}가 구성하는 ᄒᆞ라체 평서법 종결 형식 중 {-다} 앞에 용언 어간, {-ㄴ-}, {-(으)ㄹ-}, {-도-}, {-ㅅ-}이 직접 통합한 종결 형식에 대해서만 논의하기로 한다. 이들은 융합의 결과로 형성된 문장 종결 형식이다. 그러므로 이들을 형태론적으로 기술하기 위해서는 통시적 사실과 형태소의 통합 관계에 대한 정확한 인식이 필요하다. '-(으)ㄹ다'는 '-(으)ㄹ'로도 실현되는데, 이들의 의미 차이가 없으므로 {-롸}를 {-다}의 변이형으로 기술한다. 이 밖에 ᄒᆞ라체 평서법에서 {-다} 앞에 직접 통합하는 요소에는 {-습-}, {-(으)시-}, {-(으)이-}, {-거-}, {-ᄂᆞ-}, '-앗/엇/얏/엿-'도 있으나, 이들과 {-다}가 통합한 형식은 15세기 국어로부터

---

2) 현대 국어에서 계사의 통합 관계는 변화하였다. 의고적인 어법이나 내포문에서는 계사 뒤에 {-라}가 쓰이지만, 계사 뒤에도 {-다}가 통합하는 현상이 오히려 보편화된 것이다. 이것은 상태 동사 어간에 {-다}가 통합하는 현상에 유추된 것이 아닐까 생각한다.

특별히 달라진 점이 없기 때문에 상론하지 않기로 한다.

{-라}는 {-다}의 변이형이다. {-아/어}가 {-라} 앞에 통합할 수 있다는 것이 중세 국어와 다른 점인데, 이 {-아/어}는 종결 어미로 생각된다. {-라}가 구성하는 ᄒᆞ라체 평서법 종결 형식도 다양하지만, 중세 국어와 차이를 보이지 않는 것은 가급적이면 제외하고, 이 연구에서는 계사 어간 뒤에 직접 쓰이는 {-라}, '-지라', '-(으)ㄹ러라', '-아라/어라'에 대해서만 논의하기로 한다. '-오라'에서 변화한 {-(으)롸}의 공시태는 이 형태소가 {-다}의 변이형으로 기술될 수 없음을 보여 준다. 그러므로 {-(으)롸}는 따로 기술한다. 종래에 청유법이나 의문법 종결 형식으로 기술되어 온 '-지라'와 '-ᄯᆞᆫ녀'를 모두 ᄒᆞ라체 평서법 종결 형식으로 보아 여기서 기술한다.

3.1.1. ᄒᆞ라체

3.1.1.1. 어간+{-다}

{-다}는 '잇-'과 '겨시-'나 상태 동사 어간 바로 뒤에 쓰인다.

(2) 가. 글월 보고 闕內無事 방의셔도 됴히 잇다 翁主 證은 ᄀᆞ장 順ᄒᆞ고 거의 다 부러 잇다 書啓 二張 보내노라(李朝諺簡 23)
나. 덕동이ᄂᆞᆫ 보낸가 부듸 ᄎᆞᆺ도록 ᄒᆞ여라 연고이나 잠간 박셔방 집은 히산은 아낫고 가슴을 알타가 됴하 잇다(李朝諺簡 34)
다. ᄀᆞᆯᄋᆞ샤ᄃᆡ 엇디 君子ㅣ 終身喪이 잇다 ᄒᆞᆷ을 듯디 아년ᄂᆞᆫ다 (家禮 10ㄱ)
라. 날이 ᄑᆞᄃᆞ록 아마도 섭섭ᄒᆞ기 ᄀᆞ이 업서 ᄒᆞ노라 졍승은 샹한을 ᄒᆞ여 겨시다 ᄒᆞ니 년고ᄒᆞᆫ 사ᄅᆞᆷ이 뎌적의 날마다 문안 ᄃᆞ니시기예 샹ᄒᆞ신가 념녀ᄒᆞ며 안심티 아녀ᄒᆞ노라(李朝諺簡 63)

(3) 가. 애 貴人을 보기 어렵다(朴諺 上:34ㄴ)
나. 東陽尉 글시ᄂᆞᆫ 영노ᄒᆞᆫ 샹겨지비 남진 여러ᄒᆞ니 ᄌᆞᆮ고 錦陽尉 글시ᄂᆞᆫ 쳥년 과뷔 사ᄒᆞᆯ 굼고 병ᄒᆞ니 ᄌᆞᆮ다 이 마ᄅᆞᆯ 보면 글시 품ᄃᆞᆯᄒᆞᆯ 알리라 (李朝諺簡 25)

　　다. 애 <u>셟다 셟다</u>(朴諺 下:43ㄴ)
　　라. 늘근 정승 안흘 싱각ᄒᆞ니 더옥 ᄀᆞ이 <u>업다</u>(李朝諺簡 48)
　　마. 나는 대단티 아니ᄒᆞ나 감모쯰로 티도 알프고 거북ᄒᆞ여 약 먹
　　　　노라ᄏᆞ니와 관겨티 <u>아니ᄒᆞ다</u>(李朝諺簡 65)
　　바. 信使ㅣ 가시게 ᄒᆞ면 됴홀짜 <u>시프다</u> ᄒᆞ니(捷新 7:20ㄴ)

(2가~라)는 동사 '잇-'과 '겨시-'의 어간에 {-다}가 직접 통합한 경우이
다. 이 중 (2다, 라)는 내포문에 {-다}가 쓰인 경우이다. 동작 동사 어
간에 {-다}가 직접 통합하면 과거의 사건을 나타낸다. '잇-'과 '겨시-'에
{-다}가 직접 통합하여 현재의 사건을 나타내는 것은 '잇-'과 '겨시-'
가 비교적 상태성이 강한 동사이기 때문이다. (3가~바)는 일반적인 상
태 동사 어간에 {-다}가 직접 통합한 경우를 보여 준다.

3.1.1.2. '-ㄴ다/는다'

'-ㄴ다'와 '-는다'는 모두 중세 국어 '-ᄂᆞ다'의 변화형이다. {-다}에 선
행하는 {-ᄂᆞ-}가 {-ㄴ-} 또는 '-는-'으로 교체되는 현상이 17세기에 활
발하게 일어났다. '-ㄴ다'와 '-는다'는 대개 어간에 직접 통합하지만,
'-ㄴ다'는 {-(으)시-}, '-ᅌᆞᆸ시-' 뒤에 쓰이기도 한다. 먼저 '-ㄴ다'에 대하
여 살펴보기로 한다. {-ㄴ-}의 출현은 16세기에 이미 이루어진 것이지
만, 16세기에는 내포문에서 어간이 모음 또는 /ㄹ/로 끝나는 경우에 한
정되어 있었다. 다음 (4가~라)는 16세기 자료인데, 모두 내포문에서
「-ᄂᆞ다 〉-ㄴ다」의 변화가 일어난 것을 보여 주고 있다.[3]

---

3) 17세기 자료에서도 '-ᄂᆞ다'가 쓰였다. (ㄹ)은 1602년의 자료이다.
　　　예: (ㄱ) 이 비단이 밋 짜 치가 어딋 치고 네 니ᄅᆞ되 내 貨物 아노라 ᄒᆞ되 ᄯᅩ <u>모로</u>
　　　　　　<u>ᄂᆞ다</u>(老諺 下:26ㄴ)
　　　　(ㄴ) 도ᄅᆞ혀 江漢앳 客의 넉스로 ᄒᆞ여 술에 <u>ᄒᆞᄂᆞ다</u>(杜重 5:22ㄴ)
　　　　(ㄷ) 翁主 證은 順ᄒᆞ고 밥도 <u>먹ᄂᆞ다</u>(李朝諺簡 16)
　　　　(ㄹ) 글월 보고 됴히 이시니 깃거ᄒᆞ노라 翁主 證은 順ᄒᆞ고 밥도 <u>먹ᄂᆞ다</u>
　　　　　　　　　　　　　　　　　　　　　　　　　　　　　(李朝諺簡 16)

(4) 가. 거즛말 잘 <u>호닷</u> 마리아 니르려(飜朴 上:35ㄴ)
　　나. 萬石君의 가문이 효도ᄒ며 <u>조심호다</u> ᄒ여(飜小 9:84ㄴ)
　　다. 君子ᄂᆞᆫ 黨티 <u>아니호다</u> ᄒ니(論語 2:26ㄴ)
　　라. 經에 니르샤디 無常 브리 한 世間을 <u>ᄉᆞ다</u> ᄒ시며(禪家 下:50ㄴ)
　　마. 녯 사ᄅᆞ미 닐오디 ᄌᆞ셕 나하ᅀᅡ ᄀᆞᆺ 부모의 은혜를 <u>안다</u> 하ᄂ
　　　　니라(飜朴 上:58ㄱ)

(4가~다)는 내포문에서 어간이 모음으로 끝난 경우이고, (4라, 마)는
내포문에서 어간이 /ㄹ/로 끝난 경우이다. 내포문에서 이 변화가 먼저
일어난 것은 내포문이 주문장에 비해 약화 또는 축약이 일어나기 쉬운
환경이기 때문이다(金完鎭 1975a:22). 다음 (5가~라)는 16세기 자료
인데, 변화의 조건을 갖추지 못하여 변화가 일어나지 않은 상태를 보여
준다.

(5) 가.네 <u>모르ᄂᆞ다</u>(飜朴 上:33ㄴ)
　　나. 이 쟉되 드디 <u>아니ᄒᆞᄂᆞ다</u>(飜老 上:19ㄱ)
　　다. 유무 가지고 늡 뵈며 나ᄅᆞᆯ 하 <u>구짓ᄂᆞ다</u> ᄒ니…(淸州簡札 66)
　　라. 니브실 이리 하 ᄀᆞ이 업스니 그 공이 <u>내돋ᄂᆞ다</u>
　　　　　　　　　　　　　　　　　　　　　　　　　(淸州簡札 157)

(5가, 나)는 주문장에서 어간 말음이 모음인 경우이고, (5다)는 내포문
에서 어간 말음이 자음인 경우이며, (5라)는 주문장에서 어간 말음이
자음인 경우이다.
　다음의 (6가~다)는 16세기에는 이 변화가 완전히 정착되지 않았음을
보여 준다. (6가~다)는 모두 내포문에서 어간이 모음으로 끝났음에도
불구하고 변화가 일어나지 않았다.

(6) 가. 父母ㅣ ᄀᆞᆯᄋᆞ샤디 이 날올 잘 <u>셤기ᄂᆞ다</u> ᄒ거시든(飜小 2:17ㄴ)
　　나. 네 사ᄅᆞ미 다 <u>글ᄒᆞᄂᆞ다</u> ᄒᄂᆞᆫ 소리 나(飜小 10:11ㄱ)
　　다. 대예셔 <u>나ᄂᆞ다</u> ᄒ면(七大:7ㄱ~ㄴ)

  그러나 16세기의 諺簡에서는 다음 (7가~라)와 같이 주문장의 종결 형식에서도 이 변화가 나타난 경우를 확인할 수 있다. 이러한 사실은 諺簡 자료가 보수성이 비교적 약하다는 사실, 즉 그 시대 언어의 실상을 비교적 정확하게 보여 준다는 사실을 시사하는 것이 아닌가 생각한다.

  (7) 가. 싱일 디내고 여두래날 본여그로 <u>가신다</u>(淸州簡札 124)
      나. 수위도 보름끠 <u>간다</u>(淸州簡札 32)
      다. 나 도로 용심이 <u>난다</u>(淸州簡札 79)
      라. 네 아바님도…대귀 왓다 <u>흐다</u>(淸州簡札 57)

  다음의 (8가~바)를 보면 17세기에는 주문장의 문장 종결 위치에서도 변화가 거의 정착된 것을 알 수 있다.4) 특히 (8바)는 '-ㄴ다'가 어간 뒤에 직접 쓰일 뿐만 아니라, 선어말 형태소 {-(으)시-} 뒤에도 쓰일 수 있음을 보여 주는데,5) 이것은 {-(으)시-}가 '이시-'에서 문법화한 사실과 관련되는 것으로 보인다.

  (8) 가. 月暈ᄒ면 비 <u>온다</u>(譯語 上:1ㄴ)
      나. 이 믈은 믈 먹기 쟉게 <u>흐다</u>(老諺 上:31ㄴ)
      다. 네 아디 <u>못흐다</u>(朴諺 上:31ㄱ)6)
      라. 진 나는 이롤 허준의게 무르니 … 약을 ᄒ야 수이 통ᄒ게 ᄒ
          라 <u>흐다</u>(李朝諺簡 30)
      마. 음식 가지 수롤 손고바 혜며 내라 ᄒ고 <u>보챈다</u>(李朝諺簡 77)

---

4) 〈玄風郭氏諺簡〉에서는 '-ᄂᆞ다'가 보인다.
    예: 훙뎌 디바회 바툴 솟쟉동이 지서 <u>먹ᄂᆞ다</u> 흐다 받자리 쉬 굴미 실도리라 <u>ᄒᄂᆞ다</u>
    바치 크다 흐더 마수지기롤 <u>모르ᄂᆞ다</u> 광쳐리라 ᄒ는 노미 <u>아ᄂᆞ다</u> ᄒᄂᆞ라
                                                        (郭氏諺簡 113)
5) 다음 예문은 내포문에서 '-ㄴ다' 앞에 '-옵시-'가 쓰인 것이다.
    예: 슉졍 즈겨 니르옵시거눌 듯ᄌᆞ오니 진지롤 두서 술은 계유 <u>자옵신다</u> ᄒ오니 아
    므리 셟습셔도 두로 싱각ᄒ옵쇼셔(李朝諺簡 129)
6) 이 부분이 〈飜譯朴通事〉(上:33ㄴ)에는 '네 모르ᄂᆞ다'로 되어 있다.

바. 우흐로겨으오샤 어제 복샹을 ᄒ되 신 복샹이 업스니 졍승이
　　혼자 와 ᄒ시니 아녀 겨신가 부마ᄒ여 아라 보라 <u>ᄒ으오신다</u>
　　회화 오나돈 즉시 보내여라(李朝諺簡 82)
사. 구즌비 개단 말가 흐리던 구룸 걷단 말가 압내희 기픈 소히
　　다 ᄆᆰ앗다 <u>ᄒᄂ손다</u> 眞實로 ᄆᆰ디옼 ᄆᆰ아시면 갇긴 시서 오리
　　라(孤山遺稿 6別 下:17ㄴ)

다음으로는 '-ᄂ다'에 대하여 살펴보기로 한다. 17세기 자료인 (9가
~마)에서는 자음 뒤에 통합하는 '-ᄂ다'를 확인할 수 있는데, 16세기에
는 보이지 않던 현상이다.

(9) 가. 常言에 닐오디 말을 니르디 아니면 아디 못ᄒ고 남글 ᄯᅳ디
　　　　아니면 스뭇디 <u>아닌ᄂ다</u> ᄒ니라(朴諺 上:14ㄱ)
　　나. 疏애 ᄀᆯ오디 童子ㅣ 杖티 <u>아니ᄂ다</u> ᄒ니 이ᄂ 庶童子ㅣ라
　　　　　　　　　　　　　　　　　　　　　　　　(家禮 6:12ㄴ)
　　다.믈을 ᄀᆞ옴알면 믈엣 거슬 <u>먹ᄂ다</u> ᄒ니라(朴諺 下:37ㄴ)
　　라.이 몰이 쇠 거름 ᄀᆞ티 즈늑즈늑 <u>것ᄂ다</u>(老諺 下:8ㄴ)
　　마. 얼굴은 복을 조차 <u>옴ᄂ다</u>(譯語 下:53ㄱ)

(9가)는 '아니ᄒ-'의 축약형 '아닣-'에 '-ᄂ다'가 통합한 것이다. (9나)는
표면상 모음 뒤에 '-ᄂ다'가 통합한 것으로 나타나 있으나, '아닌ᄂ다'의
異表記로 간주해야 할 것이다. (9다~마)는 자음 /ㄱ, ㄷ, ㅁ/ 뒤에
'-ᄂ다'가 쓰인 것이다.[7]

---

7) 의문법에 쓰이는 '-(으)ㄴ다, -ᄂ다'는 언제나 청자 주어와 호응한다. 그러나 청자가
　주어라고 하여 이 종결 형식이 언제나 의문법으로 쓰이는 것은 아니다. 다음의 (ㄱ)은
　의문문이고, (ㄴ)은 평서문인데, 모두 청자가 주어이다. 그런데 '-엇ᄂ다'는 의문문에
　서만 쓰이는 것으로 보인다. 이 사실을 본다면 의문법의 '-(으)ㄴ다, -(으)ᇙ다/(으)ㄹ
　다'와 평서법의 '-ㄴ다/ᄂ다, -(으)ㄹ다(後述)'의 통합 관계에 어떤 차이가 있는지 정밀
　하게 조사할 필요가 있음을 알 수 있다.
　　예: (ㄱ) 이 네 마음으로 <u>비호ᄂ다</u> 네 어버이 널로 ᄒ여 비호라 ᄒᄂ냐(老諺 上:5ㄴ)
　　　　(ㄴ) 슉졍 즈겨 니ᄅᆞ옵시거눌 듯ᄌᆞ오니 진지롤 두서 술은 계유 <u>자옵신다</u> ᄒ오

'-는다'의 형성 과정을 설명하는 방법에는 두 가지가 있을 수 있다. 하나는 허웅(1979:12)과 같이 유추 현상으로 설명하는 것이다. 즉 모음 뒤에 쓰이는 '-ㄴ다'와의 동형성을 유지하기 위해 자음 뒤의 '-ᄂ다'가 '-는다'로 변화하였다는 것이다.

(10) '-는다'의 형성 과정
　　　V-ᄂ다 〉 V-ㄴ다
　　　　　　↓
　　　C-ᄂ다 〉 C-는다

이것은 결과적으로 자음 뒤에서는 {-ㄴ-} 앞에 다시 {-ᄂ-}가 중가되어 '-는-'이 형성되었다고 기술하는 것이다. 이 설명에 따르면 중가는 인정하되 모음의 탈락을 설정할 필요가 없다. 그런데 金完鎭(1975b:11~12)은 현대 국어의 '-는-'이 중가형 '-ᄂᄂ-'에서 마지막 모음이 탈락하여 형성된 것이라고 기술하였다. 이것은 중가와 탈락이라는 과정을 다 인정하는 것이다. 두 견해 중 어느 것이 더 정확한 설명인지는 신중하게 검토해 보아야 할 문제이다.

{-ᄂ-}와 {-ㄴ-}은 의미적으로 구별되지 않으므로 모두 한 형태소의 변이형이다. {-ᄂ-}와 {-ㄴ-}이 변이형의 짝이라는 것은 「-ㄴ다:-니:-ᄂ이다」가 「ᄒ라체:ᄒ소체:ᄒ쇼셔체」로 대립하는 사실에서도 확인된다. '-는-'은 의미적으로는 {-ᄂ-}와 구별되지 않지만, 중가형이다.

3.1.1.3. '-(으)ㄹ다/(으)ㄹ돠'

여기서 기술하고자 하는 것은 세 가지이다. 첫째는 '-(으)ㄹ다/(으)ㄹ돠'이고, 둘째는 "(으)ㄹ로다'이며, 셋째는 '-(으)로다'이다. 이들은 모두 하나의 종결 형식 '-(으)리로다'에서 변화한 것이다.8) '-(으)리-'가 통합된 종결 형식이 대부분 심한 축약 현

니 아ᄆ리 셟습셔도 두로 싱각ᄒᆞ옵쇼셔(李朝諺簡 129)

상을 보이는데, 그것은 /ㄹ/의 변이음 [r]이 지닌 음성적 불안정성 때문인 것으로 보인다.

> (11) 가. 또 닐오디 길매 업스니 가히 튿디 <u>몯홀다</u> ᄒ니(東國新 烈 5:27ㄴ)
>   나. 對馬島主의 힘으로도 도로 보낼 일이 못 <u>될다</u> 니르시면(捷新 8:8ㄴ)
>   다. 詔書 開讀ᄒ 후의 高麗 ᄯ히 <u>갈다</u>(朴諺 上:9ㄱ)

'-(으)ㄹ다'의 형성 과정을 허웅(1977:442, 482)과 허웅(1979:25), 김정수(1979:9)에서는 다음과 같이 기술하였다.

> (12) '-(으)ㄹ다'의 형성 과정에 대한 종래의 기술
>   ① ᄒ리로다 〉 ② 홀로다 〉 ③ ᄒ로다 〉 ④ 홀다(홀돠)

여기서 ①〉② 단계와 ③〉④단계의 모음 탈락은 이해할 수 있는 현상이다. 그러나 ②〉③의 단계와 같이 설측음이 舌顫音으로 변화하는 것은 음운론적으로 설명하기 어렵다. 「-(으)리랏다〉-(으)ㄹ랏다」, 「-(으)리러라〉-(으)ㄹ러라」, 「-(으)리로소이다〉-(으)ㄹ송이다」, 「-(으)로고나〉-(으)ㄹ로고나」의 변화나 현대 국어의 「-(으)려고→(으)ㄹ려고」에서 확인할 수 있듯이 설측음화는 일반적 현상이지만, 舌顫音化는 유례를 찾기 어렵다. 李賢熙(1982a:83)에서는 「①-리로다 〉 ②-ㄹ로다 〉 ③-ㄹ다 (-로다)」로 기술하였는데, 여기서도 ③의 '-(으)로다'를 '-(으)ㄹ로다'의 발달형으로 파악한 점에서 앞의 견해와 동일한 문제점이 나타난다. 두 견해에서 드러나는 공통점은 변천의 과정을 음소 수의 감소로 이해하고 있다는 것이다. 그러나 자료의 검토를 통해 이러한 기술을 검증할 필요가 있다. '-(으)리로다'에서 '-(으)리-'가 생략된 '-(으)로다'는 16세기 전기 자료에서 나타나기 시작하여 17세기 전기까지 쓰이고, '-(으)ㄹ로

---

8) '-(으)리로다'의 {-로-}를 {-도-}의 변이형으로 파악한다. {-로-}는 계사 뒤에 쓰이는데, '-(으)리-'는 계사를 마지막 요소로 포함하고 있다. 계사 뒤의 {-로-}가 {-도-}의 변이형이라는 것은 계사 뒤에 {-도-}가 안 쓰이는 사실에서 확인된다고 본다.

된다.9)

> (13) 가. 네 그리도록 츤츤혼 양을 혜언든 무롤 사디 <u>몯ᄒ로다</u>
>
> (飜朴 上:64ㄱ)
>
> 나. 이제는 주거도 혼자셔 <u>주그로다</u>(淸州簡札 36)
>
> 다. 다 늘그니 병드론 니어 나고 ᄌ식근 흐텃고 다시 보미 뎡
> 티 <u>몯ᄒ로다</u>(淸州簡札 148)
>
> 라. 동섯쏠로 ᄂ리 무거 쏘 ᄌ식 <u>주그로다</u> ᄒ니
>
> (郭氏諺簡 146)
>
> 마. 아무려 몯홀 이롤 시겨도 평싱애 항것드려 <u>몯ᄒ로다</u> ᄒ여
>
> (郭氏諺簡 20)
>
> (14) 가. 이 四端을 두더 스스로 能히 <u>몯홀로다</u> 닐ᄋ는 者는(孟子 3:32ㄴ)
>
> 나. 이 相 ᄀ장 됴ᄒ니 夫人 <u>될로다</u>(李朝諺簡 26)
>
> 다. 네 아익 이론 하 블샹ᄒ니 더려셔 <u>주글노다</u>(淸州簡札 145)

(13가~다)와 (13라, 마)는 각각 16세기 전기와 17세기 전기의 자료
인데, '-(으)리-'가 결여된 '-(으)로다'를 보여 준다. '-(으)ㄹ로다'가 쓰
인 (14가~다)는 모두 16세기 후기의 자료이다.10)

---

9) 허웅(1979:25)에서는 '-(으)리-'가 결여된 '-(으)로다'가 16세기 전기의 자료에서만
발견된다고 하였다. 그러나 이러한 기술은 〈玄風郭氏諺簡〉이 발견됨으로써 수정이 불
가피하게 되었다.

10) 다음 (ㄱ)의 '-(으)로다'와 (ㄴ, ㄷ)의 '-로다'는 모두 허웅(1989:408)에서 '-(으)리
로다'의 발달형으로 기술된 것이다. (ㄱ)의 '-(으)로다'는 '-(으)리로다'의 축약형임이
분명하다. 이 편지의 어느 부분에도 실제로 필자가 병을 앓았거나 앓고 있다는 내용
이 나타나 있지 않기 때문에 적어도 기원적으로는 [추측]의 '-(으)리-'가 존재하는
것이다. 그런데 (ㄴ, ㄷ)의 '-(으)로다'는 '-(으)리로다'에서 변화한 것으로 단정하기
가 어려워 보인다. 과거의 사건을 말하고 있는 것으로 보이기 때문이다. 그러나
'-(으)리'가 결여된 '-도다'가 계사 외의 어간 뒤에서 '-로다'로 나타나는 것은 설명할
수 없는 현상이므로, (ㄴ, ㄷ)의 '몯ᄒ로다, 보로다'에도 '-(으)리로다'에서 변화한
'-(으)로다'기 들어 있는 것일 가능성이 있다. '(으)리-'가 반드시 미래의 사건에서만
쓰이는 것이 아니라는 것은 '-(으)ㄹ러라'에서도 확인된다(後述).
예: (ㄱ) 왼디 ᄌ식드리 근심 이 ᄌ식 이러구니 무슴 둘 티 업서 내 큰 병이 <u>나로</u>
다(淸州簡札 187)

다음의 (15가~사)와 (16가~라)는 각각 17세기와 18세기의 '-(으)ㄹ로다'를 보여 주고 있다.11)

   (15) 가. 내 뎌를 디기디 <u>못홀로다</u>(朴諺 下:6ㄴ)
      나. 당시롱 저기 머믈미 <u>의실로다</u>(老諺 下:19ㄱ)
      다. 밤이니 감히 먹기룰 만히 <u>못홀로다</u>(朴通 下:45ㄱ)
      라. 슈고 당혼 시졀애는 이 모믈 ㄹ디 <u>몯홀로다</u>(勸念:11ㄱ)
      마. 내 스촌님이시니 어려운 줄을 씨둣디 <u>몯홀로다</u>
                          (丙子日記:丁丑年 11月 2日)
      바. 이 相 ㄹ장 됴ㅎ니 夫人 <u>될로다</u>(李朝諺簡 26)
      사. 옷 우희 서리 오디 치운 줄을 <u>모룰로다</u>(孤山遺稿 6別下:12ㄱ)
  (16) 가. 闞某ㅣ 간다 ㅎ고 슈고ㅎ여 주는 덕을 가지지 <u>못홀로다</u>(三譯 2:13)
      나. 孔明의 신긔혼 꾀 긔특혼 혜아림의 내 밋지 <u>못홀로다</u>
                             (三譯 4:22ㄴ)
      다. 周瑜의게 혼 꾀 이시니 되며 되지 못흠을 아지 <u>못홀로다</u>
                             (三譯 4:24ㄴ)
      라. 闞澤이 니로되 내 江東에셔 혼 번 쩌나심으로 쏘 고쳐 믈
         러가지 <u>못홀로다</u>(三譯 6:18ㄴ)

이상의 사실을 고려하면 다음과 같은 세 가지 변천 과정을 가정할 수 있다.12)

   (ㄴ) 니쇼쇠라 ㅎ논 뎌 노믈 이 두어 날 그 노믈 보디 <u>몯ㅎ로다</u> 네 본다
                             (飜朴 上:33ㄴ)
   (ㄷ) 네 어듸 가 잇던다 이 두어 날 몯 <u>보로다</u>(飜朴 上:37ㄴ)
11) 이기갑(1978:71,84)은 '-(으)ㄹ다'가 18·19세기에도 쓰인다는 사실을 지적하였다.
   다음 (ㄱ,ㄴ)은 18세기 자료이고, (ㄷ)은 19세기 자료이다. 이 중 (ㄱ)의 '-(으)ㄹ
   다'는 분명히 '-(으)리로다'의 축약형이지만, (ㄴ,ㄷ)의 '-(으)ㄹ다'는 '-(으)라-'가 결
   여된 '-로다'의 축약형으로서, 17세기의 '-(으)ㄹ다'와는 형태론적 구조가 다를 가능
   성이 있다.
   예: (ㄱ) 지리룰 의논ㅎ면 부산도곤 낫다 <u>홀다</u>(日東 1:53ㄱ)
      (ㄴ) 슬ㄴ니 사룸이요 쳔홀 슌 <u>음식일다</u>(日東 1:44ㄱ)
      (ㄷ) 그 집이 내 <u>집일다</u>(Scott:134)

(17) '-(으)리로다'의 변천 과정
  a. ①-(으)리로다 〉②-(으)로다   〉③-(으)ㄹ로다
       〉④-(으)ㄹ다
  b. ①-(으)리로다 〉②-(으)로다   〉③ -(으)ㄹ다
              ②′-(으)ㄹ로다
  c. ①-(으)리로다 〉   ②-(으)ㄹ로다   〉③-(으)ㄹ다
              ②′-(으)로다

a에서는 ①〉② 단계에서 탈락한 '-(으)리-'가 ②〉③의 단계에서 {-(으)ㄹ-}
의 형태로 다시 등장하는 현상을 설명하기 어렵다. a-②의 '-(으)로다'가
변화할 수 있는 상식적인 방향은 '-(으)ㄹ다'(모음 탈락)일 것이다. b와
c는 '-(으)로다'와 '-(으)ㄹ로다'가 통시적 선후 관계에 놓이는 것이 아
니라, 둘 다 '-(으)리로다'로부터 직접 발달한 것이라고 보는 점에서는
동일하다. b와 c의 차이점은 '-(으)로다'와 '-(으)ㄹ로다' 중 어느 것이
'-(으)ㄹ다'로 변화하였는가에 관한 것이다. 앞에서 밝힌 바와 같이 '-(으)
로다'는 16세기 전기 자료에서만 확인되고, '-(으)ㄹ로다'는 16세기 후기
의 자료에서부터 18세기 자료에서까지 확인된다는 사실을 고려하면 c
가 b보다 사실에 가깝다고 생각한다. '-(으)로다'가 후대형으로 변화하
지 못하고 소멸한 것은 문맥적으로는 분명히 존재하는 [예정]이나 [추
측]의 '-(으)리-'가 표면적으로 전혀 실현되지 않는 모순 때문이었을 것
이다. c의 ②〉③ 단계에서 일어난 {-도-}의 탈락은 {-도-}가 구어체에
서 생산적으로 쓰이지 않기 때문에 가능한 현상이라고 해석할 수 있다.
그 결과 선어말 형태소의 통합 관계에도 변화가 일어나게 된다. 선어말
위치의 {-(으)ㄹ-}과 종결 어미 {-다}가 직접 통합할 수 있게 된 것이
다.13) '-(으)ㄹ로-'의 {-(으)ㄹ-}도 선어말 위치에 나타난 것이다.

---

12) 이기갑(1978:50)에서는 '-(으)ㄹ다'의 발생을 유추 현상에 의한 것으로 파악하였다.
   즉 의문법의 대립항 「-(으)ㄴ가:-(으)ㄹ가」와 「-(으)ㄴ다:-(으)ㄹ다」에 유추되어 평
   서법 '-(으)ㄴ다'의 대립항 '-(으)ㄹ다'가 발생한 것으로 파악한 것이다.
13) 필자의 고향은 경남 합천인데, 이 지역에서는 '-(으)ㄹ다'와 '-(으)ㄹ르다'('-(으)ㄹ로
   다'가 아님.)가 공존한다. 이 두 종결 형식은 의미적으로 완전히 동일하게 인식되는

'-(으)리-'가 표면적으로 전혀 나타나지 않은 '-(으)로다'의 공시적 기술은 '-(으)ㄹ로다'나 '-(으)ㄹ다'의 경우보다 더 어렵다. '-(으)로다'에는 [추측]과 [예정]의 의미도 분명히 있으므로, '-(으)로다'에는 복합 형태 '-(으)리-'의 교체형 '-∅∅-'가 들어 있는 것으로 기술해야 할 것으로 보이지만,14) 나타나지 않은 형태소를 상정하는 데에는 어려운 문제가 따른다. 그러나 '-(으)로-'를 {-도-}의 변이형으로 기술하는 데에 그칠 수도 없다. {-도-}는 매개 모음을 갖지 않기 때문이다. '-(으)로-'를 {-(으)ㄹ-}과 {-오-}가 통합한 것으로 기술할 수도 없다. {-오-} 뒤에 오는 종결 어미는 {-다}가 아니라, {-라}이기 때문이다. '-(으)로-'를 {-(으)ㄹ-}과 {-오-}({-도-}의 변이형)으로 분석하는 방안을 고려할 수 있으나, {-도-}의 변이형 {-오-}를 인정하기도 어렵다. 결국 '-(으)로다'는 통합 관계로 설명하기 어려운 예외적인 종결 형식이라고 보아야 할 것 같다. 이 종결 형식이 비교적 단기간에 쓰이다가 소멸한 것은 이러한 예외성 때문일 것이다.

'-(으)ㄹ다'는 '-(으)ㄹ돠'로 나타나기도 한다.

> (18) 가. ᄀ장 밥 먹디 <u>못ᄒᆞᆯ돠</u>(朴諺 下:45ㄱ)
>   나. 진실로 나도 日本말을 니겨 시작ᄒᆞ여 이제 불셔 十年 나마
>   되야시되 진실로 이만ᄒᆞ면 <u>ᄒᆞ되</u> 싱각ᄒᆞᄂᆞᆫ 일 죠곰도 업서…
>   (捷新 9:19ㄴ~20ㄱ)15)

데, 여기에는 감탄의 {-도-}가 들어 있지 않은 것으로 생각된다. 이러한 사실을 고려하면, 17세기의 '-을다'에서 {-도-} 변이형 {-∅-}를 분석하려는 시도도 무의미한 것일 가능성이 크다.

14) 허웅(1979:25)은 「ᄒᆞ리로다〉ᄒᆞᆯ로다〉ᄒᆞ로다」의 변천 순서를 주장하면서 '-로다'를 '-도다'의 변이형으로 볼 수 없다고 하였다.

15) 이 예문의 'ᄒᆞ되'는 동일한 원문을 번역한 〈捷解新語〉(改修1次本)의 다음 예문으로 보아 'ᄒᆞᆯ돠'의 誤記일 가능성이 크다. {-도-}와 ᄒᆞ소체 종결 어미 {-(으)이}가 통합하는 것도 유례를 찾을 수 없고, 화자의 사유 행위를 표현하는 간접 인용문에서 ᄒᆞ소체를 사용하였다고 볼 수도 없기 때문이다.
   예: 진실로 나도 日本말을 시작ᄒᆞ여 이제 불셔 十年 나마 되야시되 진실로 이만ᄒᆞ면 <u>ᄒᆞᆯ돠</u> 싱각ᄒᆞᄂᆞᆫ 일 죠곰도 업서…(改捷 1次 9:28ㄱ~ㄴ)

다. 오래 못 볼돠(譯語 下:44ㄱ)

  '-(으)ㄹ돠'는 (18가~다)에서 보는 바와 같이 1인칭 주어와 호응하는 것으로 보이기는 하지만, 예가 너무 적다. 그런데 (11다)에서 나타난 바와 같이 '-(으)ㄹ다'도 1인칭 주어와 호응하기 때문에 {-돠}를 {-다}와 다른 형태소로 기술하기는 어렵다.16)

  '-(으)ㄹ돠'도 '-(으)ㄹ다'와 같이 '-(으)ㄹ로다'에서 변화한 것으로 생각된다. 비록 '?-(으)ㄹ로돠'가 확인되지는 않지만, '-(으)ㄹ돠'는 '-(으)ㄹ로다'에서 동화 현상에 의해 '?-(으)ㄹ로돠'가 형성된 다음 {-도-}가 생략된 것이거나, 이 두 가지 변화가 동시에 발생하여 형성되었을 것이다. 그렇다면 後述하게 될 {-(으)롸}가 「-오라〉-오롸〉-(으)롸」의 과정을 통해 형성된 것과 비례한다.17) '-(으)ㄹ돠'는 {-(으)롸}만큼은 많이 쓰이지 않았다. 비록 '-(으)ㄹ돠'가 18세기 자료인 〈捷解新語〉(改修1次本)에서도 나타나기는 하지만, 그것은 초간본의 영향으로 간주할 수도 있는 것이다. '-(으)ㄹ돠' 자체가 「-(으)ㄹ로다〉-(으)ㄹ다」의 변화의 중간 단계에서 나타난 과도기적 표기일 가능성도 배제할 수 없다.

  {-(으)롸}는 18세기 이후에도 비교적 많이 쓰였으나, '-(으)ㄹ돠'는 그렇지 않은 것은 무슨 까닭일까? {-(으)롸}가 비교적 오랜 기간에 걸쳐 {-라}에 흡수되지 않고 쓰일 수 있었던 것은 화자 주어와 호응하는 통사적 특징 때문이라고 생각된다. 이와 달리 {-돠}는 통사적인 면에서 {-다}와 구별된다고 보기 어려운데, 이것이 {-돠}가 {-(으)롸}에 비해 단기간에 쓰이다가 소멸한 원인이라 생각된다.

---

16) {-돠}에서 {-도-}와 {-아}를 분석할 수는 없다. {-도-}와 {-아}가 통합하는 일은 없기 때문이다.

17) 이기갑(1978:51)에서는 '-(으)ㄹ돠'가 {-(으)롸}에 유추되어 형성된 것으로 기술하였다.

3.1.1.4. '-눈도다'

'-눈도다'는 17세기에 출현하는 문장 종결 형식이다. '-눈쏘다'로 표기되는 경우가 더 많고, '-눈또다'도 보인다.

> (19) 가. 아즈마넘이 이대드록 (나룰) 밋디 아니ᄒᆞ옵셔 외오 <u>녀기옵시눈</u>
> <u>도다</u> 혜오니…(李朝諺簡 122)
> 나. 四時룰 조차 <u>노눈쏘다</u>(朴諺 上:18ㄱ)
> 다. 그러면 너희 伴當들히 실로 <u>受苦ᄒᆞ눈쏘다</u>(朴諺 下:14ㄴ)
> 라. 샹을 조차 샹을 뵈야 苦惱룰 三塗에 <u>救ᄒᆞ눈쏘다</u>(朴諺 中:22ㄱ)
> 마. 塵喧을 <u>막눈또다</u>(孤山遺稿 6別 下:14ㄱ)

15세기에는 {-도-} 앞에 {-습-}, {-(으)시-}, '-(으)리-', '-놋-', '-앳/앗-'이 통합할 수 있었는데, 16세기에 {-ᄂᆞ-}가 앞에 통합한 '-ᄂᆞ쏘다'가 등장한다.[18] 16세기의 '-ᄂᆞ쏘다'는 15세기의 '-놋도다'에서 {-오-}가 탈락한 것이고,[19] 17세기의 '-눈도다/눈쏘다'는 '-ᄂᆞ쏘다'의 {-ᄂᆞ-}가 '-눈-'으로 교체된 것이다. 이 변화의 과정은 「ᄂᆞ+오+ㅅ+도+다 〉 ᄂᆞ+쏘+다 〉 눈+쏘+다」로 기술할 수 있을 것이다. '-ㄴ다'와 '-눈다'가 선행하는 음소에 따라서 구별되는 것과는 달리 자음 뒤에서나 모음 뒤에서나 구별없이 '-눈도다/눈쏘다'만이 쓰이는데, 이 점은 '-눈고나'와 동일하다.

3.1.1.5. '-(으)ㄹ랏다'

중세 국어의 '-닷다'는 어간이나 '-(으)리-' 뒤에 쓰였다(허웅 1975: 950~952, 1989:412). 그런데 17세기에는 '-(으)리랏다'의 축약형

---

18) '-ᄂᆞ쏘다'는 16세기 〈淸州簡札〉에서 확인된다.
　　　예: 내 미양 누너 불이고 닛디 몯ᄒᆞ니 이려셔 어버이 근즈시글 몯 <u>닛ᄂᆞ쏘다</u>(淸州
　　　簡札 135)
19) 「-놋도다〉ᄂᆞ쏘다」의 변천은 16세기의 '-ᄂᆞ고나'에 유추된 것일 가능성이 있다.

'-(으)ㄹ랏다'가 쓰인다.

> (20) 가. 뎌긔 가 석둘을 머믈면 房錢 드리논 거슬 쇽졀업시 <u>허비홀낫다</u>
>
> (朴諺 上:48ㄴ)
>
> 가'. 뎨 가 셕둘이나 묵노라 ᄒᆞ야 집 삭 무러 쇽졀업시 <u>허비ᄒᆞ리</u>
> <u>랏다</u>(飜朴 上:54ㄱ)
>
> 나. 네 ᄒᆞ마 날을 <u>소길랏다</u>(朴諺 下:25ㄴ)

17세기 자료인 (20가)와 16세기 자료인 (20가')의 대비를 통해 '-(으)ㄹ랏다'가 '-(으)리랏다'의 축약형임을 알 수 있다. 축약의 결과 통합 관계에도 변화가 일어났다. {-(으)ㄹ-}이 {-라}와 직접 통합하게 된 것이다. '-랏다'는 종결 어미 {-라}에 {-ㅅ-}과 {-다}가 통합한 것이다. 만약 '-랏-'을 「더+오+ㅅ」으로 간주하면 '-(으)리랏다'나 '-(으)ㄹ랏다'에서 ''-(으)리-{-오-}의 서열이 뒤바뀐 것을 설명하기 어렵다.20) 「-(으)리랏다〉-(으)ㄹ랏다」의 변천은 前述한 「-(으)리로다〉-(으)ㄹ다」와 동일한 설측음화의 과정을 보여 준다. (20나)에 해당하는 16세기 자료는 확인할 수 없다.21)

3.1.1.6. '-이라'

{-라}가 계사 어간 뒤에 직접 쓰이는 경우는 내포문, 접속문, 주문장에서 두루 확인할 수 있다. (21가)는 내포문, (21나)는 접속문, (21다, 라)는 주문장에서 쓰인 것이다.

> (21) 가. 알폰 디는 죠곰도 낫는 이리 업서 <u>ᄒᆞ가지라</u> ᄒᆞ니 아마도
> 민망민망ᄒᆞ기 아ᄆᆞ라타 업서 ᄒᆞ노라(李朝諺簡 112)

---

20) 다음 예문은 체언 뒤에 '-이랏다'가 쓰인 것인데, 이 형식은 '-(으)리-'를 구성 요소로서 포함하고 있지 않기 때문에 '-일랏다'로 축약될 수 없었다. 이 '-랏다'도 종결어미 {-라}에 {-ㅅ-}과 {-다}가 통합한 것이다.

   예: 네 므서슬 위ᄒᆞ야 사 오디 아니ᄒᆞᆫ다 진실로 됴혼 <u>몰이랏다</u>(朴諺 上:56ㄱ~ㄴ)

21) '-닷다' 앞에 '-엇-'이 통합하는 경우도 있다.

   예: 나믄 興이 無窮ᄒᆞ니 갈 길흘 <u>니젓땃다</u>(孤山遺稿 6別下:8ㄱ)

　　나. 그리 듀야롤 떠날 스이 업시 디내다가 어제는 미양 잇디
　　　　못홀 <u>거시라</u> 내여 보내나 호젓호고 섭섭 무류호기롤 어이 다
　　　　덕으리(李朝諺簡 59)
　　다. 千里엣 나그내를 됴히 보와 보내미 萬里예 일홈을 던코져 <u>홈이라</u>
　　　　　　　　　　　　　　　　　　　　　　(老諺 上:39ㄴ-40ㄱ)
　　라. 잇거져 흔 거시 <u>의라</u>(朴諺 中:58ㄴ)

　'-애라/에라', '-게라', '-노매라' 등에서도 계사를 분석할 수 있다.22)
'-노매라'를 당시의 생산적인 구어체로 보기는 어려울 것이다. 그 밖에
'-(으)ㄹ셰라'에서도 계사를 분석할 수 있겠지만, 17세기 자료에서 확인
하기 어렵다.

　　(22) 가. 오늘 아춤에 굿 죽 먹으니 져기 <u>됴해라</u>(老諺 下:37ㄱ)
　　　　나. 저 쉰 다리예 ᄀ장 氣力이 <u>업세라</u>(朴諺 上:35ㄴ)
　　　　다. 내 敢히 그 補호미 이시믈 아디 <u>몯호예라</u>(女訓 上:29ㄴ)
　　　　라. 극열의 ᄂ려가니 셔증으로 분별호더니 무양히 가시니 <u>깃게</u>
　　　　　　라 나도 됴히 잇노라(李朝諺簡 33)
　　　　마. 아디 <u>몯게라</u>(丙子日記:丁丑年 1月 17日)
　　　　바. ᄇ람 소리 맑다 ᄒ나 그칠 적이 <u>하노매라</u>(孤山筆 五友歌)

---

22) '-애라/에라', '-게라'에서 계사가 분석되므로 {-아/어}와 {-거}는 어말 위치에 쓰인
　　것이다. 李賢熙(1995:421)는 고려 시대 구결 자료에서 어말 어미 '-去'보다 '-去是'
　　가 더 후대에 나타나는 사실을 들어 어말 어미 {-거}가 존재했을 가능성이 크다고 보
　　았는데, '-去'의 존재도 선어말 형태소와 어말 어미가 뚜렷이 구별되는 범주가 아님을
　　시사한다. 다음 예문의 {-거/가}도 모두 어말 위치에 쓰인 것이다.
　　예: (ㄱ) 그 어미 … 닐오더 … 내 아드리 僧齋예 쓰고라 혼 도ᄂ로 도티며 羊이며
　　　　　 … 둙 가히롤 만히 사오라 ᄒ야 됴히 쳐 <u>살찌거</u> ᄒ야 두고(月釋 23:73ㄱ)
　　　(ㄴ) 슬프다 대강 불법을 아도록 언문으로써 <u>알거</u> ᄒ뇌다(普勸, 桐華寺本:33ㄱ)
　　　(ㄷ) 봆 興에 아디 <u>몯게라</u> 믈읫 몃 마릿 그를 지스니오=春興不知凡幾首
　　　　　　　　　　　　　　　　　　　　　　　　　　　　(杜初 22:16ㄴ)
　　　(ㄹ) 摯롤 자바 뻐 서르 보논 둔 恭敬ᄒ야 有別호몰 <u>볼기개니라</u>=執摯ᄒ야
　　　　　 以相見은 敬章別也ㅣ 니라(內訓 1:69ㄴ~70ㄱ)

'-쾌라'가 17세기에 등장하는데, '-쾌라'에서도 계사를 분석할 수 있을 것으로 생각된다.

> (23) 가. (우리) 여긔 <u>널이쾌라</u>(老諺 上:53ㄱ)
> 가′. …널이쾌이다(飜老 上:59ㄱ)
> 나. 일즙 비호디 아니ᄒᆡ엿더니 오늘븟터 <u>알쾌라</u>(老諺 上:32ㄴ)
> 나′. …알와라(飜老 上34ㄱ)

(23가, 나)의 '-쾌라'는 '-과라'가 광범위하게 쓰인 것에 비하면 예외적인 것이다.23) (23가, 나)는 16세기 자료인 (23가′, 나′)에서 각각 '널이쾌이다', '알와라'로 되어 있는데, (23가′)에서 확인되는 「-과이다〉-쾌이다」의 변화가 「-과라〉-쾌라」의 변화를 초래한 것으로 보인다. 즉 '-쾌라'는 '-과이다'에서 umlaut화한 '-쾌이다'에 유추되어 형성된 것일 가능성이 있는 것이다. 「과이다〉-쾌이다」는 순수하게 음운론적인 현상이지만, 그에 유추된 「-과라〉-쾌라」는 음운론적인 현상으로 볼 수 없다. 후자에서는 umlaut의 조건을 찾을 수 없기 때문이다. 그러므로 '-과이다'에서 umlaut화한 '-쾌이다'에서는 공시적으로 계사를 분석할 수 없지만, 여기에 유추되어 형성된 '-쾌라'에서는 계사를 분석할 수 있다.24)

「-과이다〉-쾌이다」의 변화 외에 '-애라/에라'와 '-게라'나 16세기 자료에서 발견되는 '-(으)ㄹ셰라'와 '-ᄂᆞ매라'도 '-쾌라'의 형성에 영향을 미쳤을 가능성이 있다.

> (24) 가. 다믄 됴히 됴히 잇거라 가며기셔 가슴 알패라 ᄒᆞ더라 ᄒᆞ니
>   이제는 엇더니 가슴 <u>샹ᄒᆞ셰라</u> 너를 미더 ᄇᆞ라노라 올ᄒᆞ로

---

23) '-과라'의 용례는 풍부하다.
　　예: (ㄱ) 내 명이 됴티 아니믈 위ᄒᆞ여 너를 <u>만나과라</u>(朴諺 下:25ㄴ)
　　　　(ㄴ) 내 <u>알과라</u> 너를 ᄃᆞ려 가마(朴諺 上:19ㄱ)
　　　　(ㄷ) 내 이 혼 글월 <u>쓰과라</u> 내 닐거든 네 드르라(老諺 下:14ㄴ)
　　　　(ㄹ) 우리 네게 만히 <u>해자ᄒᆞ과라</u>(老諺 下:65ㄴ)
24) '-쾅이다'도 17세기 자료에서 확인된다.
　　예: 이제 쟝ᄎᆞᆫ 죽게 되어시니 쁘데 원을 <u>얼쾅이다</u>(東新 烈 5:5ㄴ)

　　　　　너룰 몯 볼 거시니 미양 그리는 줄 모르는다(淸州簡札 55)
　　나. 樂只쟈 오늘이여 즐거온쟈 今日이야 즐거온 오늘이 힝혀
　　　　아니 져믈셰라 每日에 오늘 フ트면 므슴 시룸 이시리
　　　　　　　　　　　　　　　　　　　　　　(靑丘 原:12)25)
　　다. 내 졀다모리 누네 치 나셔 머므디 아녀 누어 구을오 흔 숨
　　　　도 딥 먹디 아니ᄒᆞᄂᆞ매라(飜朴 上:42ㄴ)
　　다'.내 졀짜물이 눈에 치 알하 … ᄒᆞ룻밤을 여믈을 먹디 아니
　　　　ᄒᆞ니…(朴諺 上:38ㄴ)

(24가)는 16세기 자료이고, (24나)는 18세기, (24다)는 16세기 자료
이다. '-(으)ㄹ셰라', '-ᄂᆞ매라', '-애라/에라', '-게라' 등은 계사가 결여된
'*-(으)ㄹ셔라', '*-ᄂᆞ마라', '*-아라/어라', '*-거라' 등과 공존하지 않은 데
에 비해, '-괘라'는 '-과라'와 공존하였다는 차이점이 있다. 그러나 이 사
실을 근거로 '-괘라'가 이들에 유추된 것일 가능성을 부정할 수는 없
다.26)

3.1.1.7. '-지라'

'-지라' 앞에는 언제나 선어말 형태소 {-아-}, {-거-}가 통합한다.

　　(25) 가. 내 시험ᄒᆞ여 믈 깃기 비화지라(老諺 上:32ㄱ)

---

25) '樂只쟈'의 '-쟈/자'를 김민수 외 공편(1991)에서는 '-로다, -도다'로 풀이하였는데,
　　'只'는 '기'를 표기한 것으로 보아, '樂只쟈'를 '즐기쟈'로 풀이해야 할 것이다.
26) '-ᄂᆞ매라'의 분석은 어려운 과제이다. 18세기 시조집에서는 '-ᄂᆞ매라, -노매라, -노미
　　라, -노믜라, -노매, -노미'가 빈번하게 쓰였다. '-노매라'의 존재는 이 종결 형식들에
　　기원적으로 선어말 위치의 {-(으)ㅁ-}이 들어 있을 것이라는 것과 '-노매라'가 '-ᄂᆞ매
　　라'보다 시기적으로 앞선 형태일 것이라는 점을 시사한다. {-(으)ㅁ-}의 의미는 [사태
　　의 확정성]으로 파악된다. 다음은 18세기 예문이다.
　　예: (ㄱ) 막대로 흰 구롬 フ르치고 도라 아니 보고 가노매라(松江 星州本 下:16ㄴ)
　　　　(ㄴ) 盤中 早紅 감이 고와도 븨노믜라(海東 77ㄱ)
　　　　(ㄷ) 둘이 조차 오노매(靑丘 41ㄴ)

　　　나. 拜揖ᄒ노라 主人형아 나는 나그내러니 오늘이 졈그러시니
　　　　　네 집의 잘 디를 <u>어더지라</u>(老諺 上:42ㄴ)
　　　다. 使者ㅣ 믈러셔 命을 <u>기ᄃᆞ워지라</u> 請ᄒ고 나와 막次의 나아
　　　　　가라(家禮 4:5ㄱ)
　　　라. 니시 몸으로써 ᄀᆞ리와 브르지져 울고 슬피 비러 ᄀᆞ로되 원
　　　　　컨대 더ᄒ여 <u>죽거지라</u> ᄒᆞᆫ대(東國新 孝 3:42ㄴ)
　　　마, 아ᄒᆡ 막의 이시니 쳥컨댄 어버 <u>나거지라</u> ᄒᆞ여늘 도적이 미
　　　　　더 그르니(東國新 烈 2:86ㄴ)

　'-지라'를 李崇寧(1981:240)과 金忠會(1972:69, 1977:61)는 명령
법의 하위범주인 懇望法 또는 원망법 종결 어미로 기술하였고, 張京姬
(1977:115)는 설명법 종결 어미로 기술하였다. '-지라'를 {-지-}와
{-라}로 분석하면, 문제의 초점은 '-지라'의 {-라}가 평서법 종결 어미
이냐 명령법 종결 어미이냐 하는 것이다.

　{-지-} 뒤에 통합되는 {-라}는 평서법 종결 어미이다. 그 근거는 다
음과 같다. 첫째, (25가~마)의 주어는 모두 화자이기 때문에 {-라}가
명령 종결 어미일 수 없다. 둘째, ᄒ라체의 '-지라'에 대립하는 ᄒᆞ쇼셔체
종결 형식이 '-지이다'로 나타난다는 사실도 '-지라'의 {-라}가 '-지이다'
의 {-다}와 같이 평서법 종결 어미라는 사실을 의심할 수 없게 한다. 그러
므로 '-지라'를 명령법 또는 청유법 종결 형식으로 기술할 수 없다. {-지-}
의 의미와 관련하여, 현대 중앙어의 '-자'에 대응되는 제주도 방언의 '-저',
'-주'가 청유법을 나타내지 않고, 화자의 의도만을 나타낸다는 사실(玄
平孝 1974:100~102)도 음미할 필요가 있다. 그것은 청유법의 '-져/
쟈'조차도 평서법 종결 형식으로서 형성된 것일 가능성을 시사하는 것이
다.

　{-지-}는 보조 용언이 아니라 선어말 형태소일 가능성이 크다. 이에
대하여는 李有基(1995)에서 이미 상세하게 논의하였으나, 이에 대한
의문이 아직 석연하게 풀리지 못한 것으로 생각되어 여기서 간략하게
재론하기로 한다. {-지-}를 보조 용언으로 파악한다면, {-지-}가 {-고},
{-(으)나}, '-(으)니', '-(으)며', '-거늘', '-거든' 등의 접속 어미 앞에 나

타나지 않는 현상을 설명하기 어렵다. 부분적으로 {-지-}와 유사한 의미를 지니는 보조 용언 '식브-'는 다음과 같이 다양한 활용형을 지닌다.

(26) '식브-'의 활용형

식브거늘(救簡6:16ㄱ), 식브거든(三綱 烈:13ㄴ), 식브녀(月曲 132)27)

식브니(杜初10:28ㄴ), 식브도다(杜初16:46ㄱ), 식브도소니(杜初16:46ㄱ)

시프나(家禮5:6ㄱ), 시프외(捷新7:12ㄴ), 시브다(捷新6:13ㄴ)

시브고(痘瘡 上:46ㄱ), 시브오니(捷新 5:11ㄱ), 시븐(救荒補 9ㄴ)

시버(捷新 3:5ㄴ)

그러나 {-지-} 뒤에 통합하는 요소들은 이와 아주 다르다. {-지-} 뒤에 통합할 수 있는 것은 {-라}, {-아/어}, {-고}, '-어라', '-엇', '-이다' 등 문장 종결 형식 또는 종결 어미밖에 없다.28) '-고져'가 'ᄒ-'와 '식브-'

---

27) 원문에는 '-고져'와 보조 용언 '식브-'가 이어서 나타난다. 이는 '-고져'의 {-지-}가 보조 용언이 아니기 때문에 가능한 것이다.

예: <u>나고져 식브녀</u> 阿難일 브리신대 오샤ᅀᅡ 내 나리이다(月曲 132)

16세기 자료인 다음 예에서도 마찬가지다. (ㄷ)에서는 '-고라쟈'와 '식브-'가 이어서 나타나고 있다.

예: (ㄱ) 안즉 놀애매 춤과룰 <u>ᄀᄅ치고져 식브니라</u>(飜小6:7)

(ㄴ) 힝뎍은 모 나 <u>말오져 싣븐</u> 거시라(飜小8:1)

(ㄷ) <u>죽고라쟈 싁베라</u>(淸州簡札 68)

28) 종결 어미 {-고}는 예외적인 존재이다. 대개 문학 작품에서 '-고지고'로 나타나는데, 다음의 (ㄱ-ㅁ)에서 보이는 {-고}도 종결 어미인 것으로 생각된다. 그러나 이 종결 어미는 생산성이 극히 약하여 이 연구에서 적극적으로 기술하지 않는다. 한편 (ㄱ~ㅂ)의 '-굣고', '-겟고', '-괫고', '-곳', '-곳디'에는 {-지-}의 변이형 {-ᄌ-}이 들어있다고 생각된다. (ㅂ)의 '-ㅅ디'는 일반적인 {-지-}의 분포와는 다르게 보이나, 이는 '-져 ᄒ디'가 축약된 것으로 생각된다. 梁柱東(1947/1954:246)은 {-지-}의 원형을 {-ᄌ-}로 보았다.

예: (ㄱ) 사ᄅᆷ마다 수비 아라 三寶애 나ᅀᅡ가 <u>븓곳고</u> 브라노라 = 庶幾人人이 易
　　　曉ᄒ야 而歸依三寶焉이니라(釋詳 序:6ㄴ)

(ㄴ) 庶幾ᄂᆞᆫ <u>그러ᄒ곳고</u> 브라노라 ᄒᄂᆞᆫ 뜨디라(釋詳 序:6ㄱ)

(ㄷ) 迷惑ᄒᆞᆫ 고대 나ᅀᅡ가 <u>알엣고</u> ᄒ시니라 = 欲其卽迷處而悟也ㅣ시니라
　　　　　　　　　　　　　　　　　　　　　　　　　　(楞嚴 1:113ㄱ

(ㄹ) 長史ᄂᆞᆫ 이리 ᄒᆞ집 ᄀᄐ니 달이 너기디 <u>아니켓고</u> 브라노라 = 長史ᄂᆞᆫ 事

앞에 쓰일 수도 있으나, '호-', '식브-' 앞에 쓰이는 것은 문장 종결 형식으로 볼 수 있다. 이러한 사실은 {-지-}가 보조 용언이 아니라, 선어말 형태소임을 시사한다. 또 보조 용언 '식브-'는 어간에 직접 통합하지 못하지만, {-지-}는 청유법의 '-져'에서 보듯이 어간에 직접 통합할 수 있다. 보조 용언이 어간에 직접 통합하는 경우는 없으므로, {-지-}를 보조 용언으로 보기는 어렵다.

만약 {-지-}가 보조 용언이라면 보조적 기능을 가진 동작 동사이거나 상태 동사일 것이다. 그러나 {-지-}는 화자의 내적 [원망]을 나타내기 때문에 동작 동사일 수 없다. 그렇다면 {-지-}는 상태 동사인가? 그러나 상태 동사라면 {-지-} 뒤에 평서법 종결 어미 {-다}가 통합하지 못하는 이유를 설명할 수 없다. 일반적인 상태 동사와 달리 {-지-} 뒤에 통합하는 평서법 종결 어미는 {-라}이다.

{-지-}를 선어말 형태소로 단정하기 어렵게 하는 것은 '-아지-'와 '-고져/고쟈/고쟈'이다. 이를 근거로 {-지-}를 선어말 형태소와 보조 용언으로 나누어 기술할 수도 있을 것이다. 그러나 {-지-}를 환경에 따라 선어말 형태소 또는 보조 용언의 어간으로 기술하기보다는, {-아(-)}와 {-고(-)}가 선어말 위치와 어말 위치에 다 쓰일 수 있는 것으로 기술하는 것이 더 합리적이 아닐까 생각한다.29)

同 一家ᄒ니 望不爲異ᄒ노라(內訓1:67ㄱ)
(ㅁ) 너희돌흔 吉흔 사ᄅ미 <u>도외옷</u> ᄒ녀 凶흔 사ᄅ미 <u>도외옷</u> ᄒ녀 = 汝等은 欲爲吉人乎아 欲爲凶人乎아(內訓1:25ㄴ)
(ㅂ) 오술 주거시든 비록 <u>닙곳디</u> 아니ᄒ나 모로매 니버 기드리며 = 加之衣服이시어든 雖不欲이나 必服而待ᄒ며(內訓1:51ㄱ~ㄴ)
29) {-아-}가 선어말 형태소로 쓰인 경우는 다음 예문에서도 확인할 수 있다.
예: (ㄱ) ᄒ믈며 그듸 ᄒ마 位ㅣ 노ᄑ니 ᄀ올ᄒ요믈 시러곰 구디 마라리아(杜初 22:23)
(ㄴ) 竹枝 놀애 됴티 아니ᄒ니 그른 비 투고 머므러리아(杜初 21:19)
(ㄷ) 구틔여 녯 수프렛 님자히로라 ᄒ야리아(杜初 18:14)

3.1.1.8. '-(으)ㄹ러라'

17세기에는 '-(으)리러라'가 축약된 '-(으)ㄹ러라'가 나타나는데, 이 종결 형식은 현대 국어에까지 쓰이고 있다.

> (27) 가. 아직 일럿더라 田禾를 다 가다 거두어 븨면 八月 初生에
>   긔동ᄒ올러라(朴諺 上:48ㄱ)
>   나. 오늘브터 시작ᄒ여 모뢰면 罷散ᄒ올러라(朴諺 上:66ㄱ)
>   다. 오늘 上墳ᄒ라 갈러라(朴諺 上:57ㄱ)
>   라. 져제는 됴흔 물을 엇디 못ᄒ올러라(朴諺 上:55ㄴ)

'-(으)ㄹ러라'는 축약의 결과 통합 관계가 달라진 것을 보여 준다. {-(으)ㄹ-}과 {-더-}가 직접 통합한 것이다. '-(으)ㄹ러라'는 과거에 추측한 사실을 서술하는 종결 형식이다. 축약의 결과 설측음화가 일어났다는 점에서 「-(으)리러라〉-(으)ㄹ러라」는 「-(으)리로다〉 -(으)ㄹ로다」와 비례한다. 그러나 「-(으)리로다〉-(으)ㄹ로다〉-(으)ㄹ다」에서 {-도-}가 생략된 것과 같이 '-(으)ㄹ러라'에서 {-더-}가 생략된 '-(으)ㄹ라'가 쓰일 수 없었던 것은 {-도-}가 구어체에서 생산적이지 않았던 것에 비해 {-더-}는 구어체에서 생산적이었기 때문이었다고도 볼 수 있고, '-(으)리라'의 축약형 '-(으)ㄹ라'가 따로 있었기 때문이었다고도 볼 수 있다. 〈念佛普勸文〉(龍門寺本 1704)에서 '-(으)ㄹ라'가 발견되는데, 이 '-(으)ㄹ라'는 '-(으)리라'에서 발달한 것이다.[30]

---

30) 다음 예문의 '-(으)ㄹ라'는 '-(으)리라'가 축약된 것이다.
　　예: (ㄱ) ᄯ 십뉵관경에 닐오샤디 아모 사름미라도 비록 큰 죄을 만만히 지어셔도 그 사름이 유복ᄒ샤 새배마동 념불 열번을 ᄒ면 셔방의 갈라 ᄒ시고
　　　　　　　　　　　　　　　　　　　　　　(普勸龍門寺本 3ㄴ)
　　　　(ㄴ) 내사 고기을 먹지 아니ᄒ올라 ᄒ고(普勸 龍門寺本 19ㄴ)
　　다음 예문의 '-(으)릴라'는 '-(으)ㄹ라'의 誤記이거나 異表記일 가능성이 있다. '-(으)릴-'을 '-(으)리로-'의 축약형으로 볼 수는 없다. '-(으)리로-' 뒤에는 {-라}가 아니라 {-다}가 통합하기 때문이다.
　　예: 경에 닐오샤디 …비록 큰 죄를 만만히 ᄒ야셔도 반드시 디옥을 면ᄒ고 극낙

3.1.1.9. '-어라'

평서법 종결 형식 '-어라'의 존재는 종래에 거의 주목을 받지 못하였
다.31) 張京姬(1977:125)만이 '-ᄒᆞ다'류 동사가32) 평서법 종결 어미
'-어라'와 직접 통합할 수 있다고 하여 평서법 종결 형식 '-어라'의 존재
를 밝혔다. 그러나 '-ᄒᆞ다'류 외의 동작 동사나 상태 동사가 평서법 종
결 형식 '-어라'와 통합한 예도 확인할 수 있다.

(28) 가. 내 밋디 <u>못ᄒᆞ여라</u>(老諺 上:45ㄱ)
　　　나. 우리 高麗ㅅ 사롬은 즌 국슈 먹기 닉디 <u>못ᄒᆞ여라</u>(老諺 上:54ㄴ)
　　　다. 진실로 올히 <u>가난ᄒᆞ여라</u>(老諺 上:49ㄱ)
　　　라. 二十兩도 유여티 <u>못ᄒᆞ여라</u>(朴諺 上:20ㄱ)
　　　마. <u>不致ᄒᆞ여라</u> 相公아 이제 다 됴한ᄂᆞᆫ가 못ᄒᆞ엿ᄂᆞᆫ가(朴諺 上:34ㄴ)
　　　바. 경의 글월 긋틔 뎌긴 것 보고 <u>션악ᄒᆞ여라</u>(李朝諺簡 60)
　　　사. 이런 젼ᄎᆞ로 오미 <u>더듸여라</u>(老諺 上:1ㄴ)
　　　아. 네 비록 遼東 사롬이로라 ᄒᆞ나 내 밋디 <u>못ᄒᆞ여라</u>(老諺 上:45ㄱ)
　　　자. 그 女子ᄂᆞᆫ 엇디 그러커뇨 이 藥 <u>보내여라</u>(李朝諺簡 22)

평서법 종결 형식 '-어라'는 명령법 종결 형식 '-어라'와 공존하였는
데, 대체로 '-어라'는 동작 동사에 쓰이면 명령법을, 상태 동사에 쓰이면
평서법을 나타낸 것으로 보인다. 그러나 (28자)의 '-어라'는 예외적이
다. (28자)는 宣祖大王이 貞淑翁主에게 보낸 서간문인데, 평서문으로

세계 가셔 다 부톄 <u>되릴라</u> ᄒᆞ시니(普勸 龍門寺本 2ㄴ)
31) 16세기의 〈淸州簡札〉, 17세기의 〈杜詩諺解〉(重刊本), 18세기 말의 〈五倫行實圖〉에
　　서도 평서법의 '-어라'가 확인된다.
　　예: (ㄱ) 믈기 이푸니 ᄆᆞᅀᆞ미 <u>횅ᄒᆞ야라</u> = 朗永劃昭蘇(杜重 2:29ㄴ)
　　　　(ㄴ) 네 병이 듕ᄒᆞ니 셔방님곳 나가면 더옥 이리 안자셔 <u>민망ᄒᆞ여라</u>(淸州簡札 13)
　　　　(ㄷ) 도적을 만나 혹 졉벅ᄒᆞ여 잡아 가려 ᄒᆞ면 믄득 울며 비되 노믜 <u>이셔라</u>
　　　　　　ᄒᆞ고 … (五倫 1:9ㄱ)
32) 張京姬(1977:125)는 소위 형용사 파생 접미사 '-ᄒᆞ다'를 동사(상태 동사)로 기술하
　　고, 종결 형식 '-어라'를 종결 어미 {-라}의 변이형으로 파악하였다.

보이기 때문이다.33) '-어라'에서 종결 어미 {-라}가 분석된다. {-어}는
선어말 형태소 {-거-}의 변이형이 아니고 종결 어미로 생각된다. 그렇
다면 '-어라'는 종결 어미에 종결 어미가 통합한 것이다. 다음에서 보는
바와 같이 '-어라'는 16세기에는 대체로 '-에라'로 나타나는데, 이 사실
은 {-어}를 선어말 형태소로 기술할 수 없음을 시사한다. 계사가 선어
말 형태소 뒤에 직접 통합할 수는 없기 때문이다.

    (29) 가. 미양 닛디 몯 히여 니즌 나리 업서 <u>셜웨라</u>(淸州簡札 13)
        나. 내사 ᄀᆞ술히나 가고져 히여도 살 세 업고 올믤 ᄆᆞᅀᆞ미 업
           <u>세라</u>(淸州 簡札 15)
        다. 기리 집 답 됴히 이시니 <u>깃게라</u>(淸州簡札169)

3.1.1.10. {-(으)롸}

{-(으)롸}는 17세기에 등장한다. 金完鎭(1976:146)은 {-오-}가 원
순성을 잃고 {-라}에 축약됨으로써 {-(으)롸}가 형성되었다고 하였다.
16세기의 〈飜譯老乞大〉와 17세기의 〈老乞大諺解〉를 비교해 보면 {-(으)
롸}의 형성 과정을 이해할 수 있다.34)

---

33) 다음 (ㄱ)은 (28자)보다 며칠 전에 보낸 것으로 보이는데, 역시 宣祖大王이 貞淑翁
   主에게 보낸 편지이다(金一根 1986:166). (ㄴ)의 발신인은 宣祖大王이나, 수신인
   이 분명하지 않은데, 역시 貞淑翁主가 수신인인 것으로 생각된다. 그렇다면 (28자)
   에서 약을 보내는 사람은 발신인인 宣祖大王일 것이다.
      예: (ㄱ) 허준의게셔 이리 셔계ᄒᆞ여시니 淸心元 半"丸을 슉닝의 기여 목 몰라
         홀 제 쓰고 샹당ᄒᆞᆫ 약방으로 ᄒᆞ야 드리라 ᄒᆞ야 급히 쓰라 이쥐도 보내
         논이 달혀 믱건이 ᄒᆞ야 수이 머기라(李朝諺簡 12)
      (ㄴ) 글월 보고 네 증은 담증이로다 調理ᄒᆞ면 아니 됴ᄒᆞ랴 藥은 지여 보내
         노라(李朝諺簡 15)
   또 御醫가 있는 궁궐에서 私家에 약을 보내는 것은 상식적으로 이해할 수 있으나, 그
   반대의 경우는 이해하기 어렵다는 것도 이 연구의 해석을 뒷받침한다.
34) 16세기 종결 형식 '-오라'와 17세기 종결 어미 {-(으)롸}의 대응은 金完鎭(1995)에
   서 자세히 조사되었다.

(30) 가. 論語 孟子 小學을 <u>닐고라</u>(飜老 上:2ㄴ)

　　　가'. 論語 孟子 小學을 <u>닐그롸</u>(老諺 上:2ㄴ)

　　　나. 내 … 져기 니쳔 <u>어두라</u>(飜老 上:13ㄱ)

　　　나'. 내 … 져기 니쳔 <u>어드롸</u>(老諺 上:12ㄴ)

(30)에서 16세기의 '-오라'와 17세기의 {-(으)롸}가 대응됨을 알 수 있다. 그러므로 {-(으)롸}는 화자 주어와 호응하는 특징을 보인다. (31 가~마)에서 보는 바와 같이 {-(으)롸}는 어간과 직접 통합할 수 있다.

(31) 가. 내 高麗 王京으로셔브터 <u>오롸</u>(老諺 上:1ㄱ)

　　　나. (내) 論語 孟子 小學을 <u>닐그롸</u>(老諺 上:2ㄴ)

　　　다. 내 七月 초성애 <u>떠나롸</u>(老諺 下:3ㄱ)

　　　라. 왕랑이 즉제 술와 닐오더 … (내) 이에 다시 친호믈 <u>맛날</u>

　　　　　<u>와</u> ᄒ고(勸念:12ㄱ)

　　　마. 글월 보고 闕內無事 방의셔도 됴히 잇다 翁主 證은 ᄀᆞ장

　　　　　順ᄒ고 거의 다 부러 잇다 書啓 二張 보내노라 朴參判之女

　　　　　ᄂ 可哀也哉 不不祥祥 藥은 도로 보내노니 아므나 救ᄒ라

　　　　　昨日 글월도 <u>보롸</u>(李朝諺簡 23)

　　　바. 眞實로 님군을 니ᄌ면 긔 不孝ㅣ가 <u>너기롸</u>(孤山遺稿 6別下:17ㄱ)

{-(으)롸}는 〈老乞大諺解〉와 〈朴通事諺解〉에서 집중적으로 나타난다.[35] (31마)의 '보롸'는 언간에서 확인된 유일한 예인데, 명령문처럼 보이기도 한다.

{-(으)롸} 앞에 {-오-}가 통합한 (32가~라)의 '-오롸'는 {-(으)롸}의 형성 과정에 있어서 과도기적 존재로 생각된다.

(32) 가. 내 믈 깃기 닉디 <u>못호롸</u>(老諺 上:31ㄱ)

　　　나. 내 이 새로온 향암이 잘 틸 줄을 싱각디 <u>못호롸</u>

　　　　　　　　　　　　　　　　　　　　　　　(朴諺 下:36ㄱ)

---

35) 다음은 18세기의 〈蒙語老乞大諺解〉에 나타난 것이다.

　　예: 오늘부터 ᄀᆞ비 <u>호롸</u>(蒙老 2:23)

다. 됴애 뎐ᄒᆞ야 닐오디 태평고사롤 오늘 다시 <u>보오롸</u> ᄒᆞ더라

(仁祖 16ㄴ)

라. 靑草湖앳 져근 비 내 소내 딜 주를 너기디 <u>아니ᄒᆞ다롸</u>
= 不意靑草湖 扁舟落吾手(杜重 1:40ㄱ)

(32가~라)로 보아 {-(으)롸}는 「-오라〉-오롸〉-(으)롸」의 변화 과정을 겪은 것으로 기술할 수 있다. 동화 현상에 의해 「-오라〉-오롸」의 변천이 일어난 다음, {-오-}의 탈락에 의해 「-오롸〉-(으)롸」의 변화가 일어난 것이다.

{-(으)롸}의 공시적 기술은 어려운 과제이다. 이 연구에서는 {-(으)롸}를 {-다/라}와는 다른 별개의 종결 어미로 기술한다. 그 이유는 첫째, 어간 뒤에서 {-다}와 {-(으)롸}가 다 쓰이는데, {-(으)롸}는 화자 주어와만 호응하기 때문이고,36) 둘째, {-(으)롸}가 {-다}나 {-라}와 달리 매개 모음을 지닌다는 사실 때문이다.37)

17세기에도 '-노라' 등에서 {-오-}가 분석되는 사실에 근거하여, {-(으)롸}에서 {-오-}를 분석해야 한다는 견해도 있을 수 있다. 그러나 {-(으)롸}에서 공시적으로 {-오-}를 분석하고 나면, 종결 어미는 불연속 형태소 {을…아}로 기술하지 않을 수 없는데, 국어에 불연속 형태소가 존재한다고 보기는 어렵다. (32가~라)의 '-오롸'도 {-(으)롸}에서 {-오-}를 분석할 수 없다는 것을 시사한다. '-오롸'의 '롸'에 {-오-}가 들어 있다고 보게 되면, {-오-}의 중복을 인정하는 셈이 되는데, 그것은 설명하기 어려운 문제인 것이다.

3.1.1.11. 어간+{-아/어}

다음 (33가, 나)에서 평서법 종결 어미 {-아/어}가 확인된다.

---

36) {-(으)롸}에서 '으'를 선어말 형태소 {-오/우-}의 변이형으로, '롸'를 {-라}의 변이형으로 기술하는 방안도 고려해 볼 수 있다.

37) 통시적으로 본다면 「-오라〉-오롸〉-(으)롸」의 변화 과정에서 {-(으)롸}가 매개 모음을 갖게 된 원인을 찾을 수 없다.

(33) 가. 어와 어와 어히업시 <u>니르심이야</u>(捷新 4:11ㄱ)

　　　　나. -주식 기르기 フ장 어렵더라

　　　　　　-<u>그리어</u> 이 어려오니 비아 열 둘이오 젓 머겨 三年이오…

(朴諺 上:51ㄴ)

　어간에 직접 통합하는 평서법 종결 어미 {-아/어}는 종래에 별로 주목을 받지 못하였다. 張京姬(1977:127)만이 (33가)에서 평서법 종결 어미 {-야}를 분석하였다. (33가)에서는 계사 어간에 {-아}가 통합하였고, (33나)에서는 상태 동사 어간에 {-어}가 통합하였다. '그리-'는 명사나 부사일 수는 없고, 상태 동사 어간으로 쓰인 것이라 생각된다.38)

　'-(으)ㄹ샤'도 계사 어간에 {-아}가 통합한 것으로 기술할 수 있다.

(34) 가. 애 내 일즙 아디 <u>못호샤</u>(朴諺 上:34ㄴ)

　　　　나. 마치 됴히 네 <u>올샤</u>(老諺 下:59ㄴ)

　중세 국어에서는 '-(으)ㄹ셔'로 나타나던 것이 17세기 국어에서는 '-(으)ㄹ샤'로 나타난다. 종결 어미 {-어}가 양성 모음으로 변화한 것이다. '-이야'에서는 평서법을 나타내는 표지를 찾을 수 없다.39)

3.1.1.12. '-과댜'

　'-과댜'는 '-과뎌'나 '-과쟈'로도 나타난다. 15세기에는 주로 '-과뎌'나 '-과디여'로 나타나던 종결 어미이다. 16세기 이후에는 '-과댜, -과뎌, -과쟈'가 공존하였는데, 이 중 '-과댜'가 일반적으로 쓰였고, '-과쟈'는 드물게 쓰였다. 17세기를 기준으로 한다면 '-과댜'를 대표형으로 간주할 수 있을 것이다. '-과댜'에서 ㅎ라체 종결 어미 {-아}가 분석되는 것으로

―――――――――――――――――

38) '그리-'가 상태 동사 어간이라는 것은 다음 예문에서도 확인된다.

　　　예: 나그내너 네 이 물을 풀고져 ㅎ느냐 <u>그리어니</u> 내 풀고져 ㅎ노라(老諺 上:62ㄴ)

39) 계사 뒤에 {-어}가 쓰여 의문문이 되는 경우도 있다. '-이야'와 '-이여'의 공존에 대한 해석은 3.2.1.9.를 참조할 것.

보이지만, {-아}를 제외한 나머지 요소는 분석하기가 어렵다. '-과쟈'는 安秉禧(1967:230)에 의해 '-과댜'와 '-고쟈'의 混成(混肴, blending)을 통해 형성된 것으로 기술되었다.40) '-과댜'는 평서법과 명령법에 다 쓰였는데, 여기서는 평서법의 '-과댜'에 대해서만 기술하고, 명령법의 '-과댜'에 대해서는 3.3.1.2.에서 기술하기로 한다. 하나의 문장 종결 형식이 두 가지 문체법에 두루 쓰일 수 있는 것은 이례적인 현상이다. '-과댜'가 평서법과 명령법에 다 쓰일 수 있었던 것은 종결 어미 {-아}가 문체법과는 관련이 없는 종결 어미이기 때문에 가능하였을 것이다.

17세기 '-과댜' 구문의 문체법적 기능과 관련하여 16세기 '-과댜' 구문의 통사적 성격을 검토할 필요가 있다.

(35) 가. 너 다룬 뎜에 의론ᄒᆞ야 보라 : <u>가듸여</u>(飜老 上:18ㄴ)

나. 우리룰 ᄒᆞᄅᆞᆺ밤만 자게 <u>호뎌여</u>(飜老 上:49ㄴ)

다. 즐기거든 즐기고 슬커든 <u>마로뎌여</u>(飜老 下:23)

(35가~다)는 '-오뎌여'가 16세기에 이미 ᄒᆞ라체 명령법 종결 형식으로 쓰이기 시작하였음을 보여 준다(이기갑 1978:34). '-오뎌여'는 '-과댜'와 동일한 기능을 가진 종결 형식일 가능성이 크다. 그러나 16세기의 '-과댜' 구문 중에도 15세기와 동일한 성격을 보이는 경우가 있다.

(36) 가. 뼈곰 글 닐거 비호며 무러ᄒᆞ몬 본디 ᄆᆞᄋᆞᆷ올 열며 눈을 발겨 힝ᄒᆞ요매 <u>리콰댜</u> ᄒᆞ예니라(飜小 8:25ㄱ)

가'. 그 뼈 글 닐거 비호며 묻는 바는 본디 ᄆᆞᄋᆞᆷ올 열며 눈을 볼켜 行ᄒᆞ욤애 <u>利케코쟈</u> 홈이니라 = 夫所以讀書學問은 本欲開心明目ᄒᆞ야 利於行耳니라(小諺 5:104ㄱ)

나. 어버ᅀᅵ 효양ᄒᆞ기를 아디 몯ᄒᆞᆫ 이는 … 흥기ᄒᆞ야 <u>行ᄒᆞ과</u> 뎌 홈이니라(小諺 5:104ㄴ)41)

---

40) 다음 예문의 '-고쟈'는 '-과댜와 동일한 의미로 해석된다. '-고쟈가 '-과댜의 기능을 흡수한 것으로 해석할 수 있을 것이다.

예: 棺이 <u>두텁고쟈</u> 시프나 그러나 너모 두터오면(家禮 5:6ㄱ)

이기갑(1978:34)은 16세기의 모든 '-과댜' 구문을 명령문으로 기술하였으나, (36가, 나)의 '-과댜' 구문은 명령문이 아니다. 李賢熙(1988:367)는 〈飜譯小學〉의 (36가)와 이에 바로 이어지는 〈小學諺解〉의 (36나)에서는 상위문의 주어와 하위문의 주어가 동일하다고 보아, 15세기의 일반적인 '-과뎌'의 성격이 변하였다고 주장하였다.42) 그러나 (36가)에서 하위문 동사 어간 '리ᄒᆞ-'의 주어는 '열린 ᄆᆞ옴과 볼근 눈'이고, 상위문 동사 'ᄒᆞ여'의 주어는 '글 닐거 비호며 무러홈(묻ᄂᆞᆫ 이)'라고 보아야 할 것이다. (36나)에서도 상위문의 주어와 하위문의 주어는 일치하지 않는다. 즉 (36나)의 하위문 동사 어간 '行ᄒᆞ-'의 주어는 '…아디 몯ᄒᆞᄂᆞᆫ 이'이고, 상위문 동사 '홈'의 주어는 생략된 '글 닐거 비호며 무러홈'인 것이다. 이로 보아 16세기 '-과뎌' 구문의 성격이 완전히 변하였다고 기술할 수는 없다.

'-과댜'에서 종결 어미 {-아}를 제외한 나머지 요소의 분석 가능성에 대하여 검토하기로 한다. 16세기 자료인 (35가~다)의 '-오디여'를 고려하면 '-과댜'에 '오'가 들어 있음을 알 수 있는데, 이 '오'를 선어말 형태소로 보기도 어렵고, 사동 접미사로 보기도 어렵다. 선어말 형태소로 보게 되면 '오'가 포함된 동사의 주체가 청자라는 사실을 설명하기 어렵고, 사동 접미사로 보게 되면 '-(으)시과댜'에서 접미사가 선어말 형태소 뒤에 놓인 것을 설명할 수 없기 때문이다. '-과댜'는 17세기 자료에서도 확인되는 '-고라댜'와 의미적으로 유사하다.43) '-고라댜'의 '-댜'는

---

41) '行ᄒᆞ과뎌 홈이니라'가 〈飜譯小學〉에서는 '힝ᄒᆞ과ᄃᆞ녜니라'(8:25ㄴ)로 되어 있다.

42) 중세 국어의 '-과뎌' 구문에 대하여 李賢熙(1988:357, 369)는 '-과뎌'의 어간 동사의 주어가 상위문 동사의 주어와 다르며 '-과뎌'는 '請ᄒᆞ-'와 호응하지 못한다는 사실을 지적하였고, 허웅(1989:234~235)은 '-과뎌' 구문에서는 '바랄이'와 '움직일이'가 일치하지 않는다고 기술하였다. 前述한 '-굿고, -겟고, -괫고' 구문에서도 행위의 주체와 원망의 주체가 다르다.

43) 다음 예문을 참조할 것.
　　예: 의심된 일도 업고 병도 다 ᄒᆞ렷다 ᄒᆞ니 다 깃브다마는 낙틱ᄒᆞᆫ 일과 태경의 일이 아마도 가디록 애돏고 잔잉 ᄲᆞᆫᄒᆞ니 다 <u>무스ᄒᆞ고라댜</u> 가지가지 그런 시졀이 업서 ᄒᆞ노라(李朝諺簡 91)

기원적으로 평서법 종결 형식이었을 것이다. 그러나 '-과댜'가 명령법 어미 '-고라'에 [원망]의 {-지-}가 붙어 형성된 '-고라쟈'의 축약에 의해 형성된 것이 아닐까 하는 추측은 다음 두 가지 장애에 부딪힌다. 첫째는 '-고라'의 '라'가 '아'로 변화한 원인을 설명하기 어렵다는 사실이고, 둘째는 15세기에 이 어형이 주로 '-과져/과쟈'가 아닌 '-과뎌/과디여'로 나타나기 때문에 음운사적인 측면에서 {-지-}와 관련짓기 어렵다는 사실이다. '-고라쟈'를 '-고라 ᄒᆞ쟈'의 축약형으로 보더라도 마찬가지이다.

'-과댜'는 연결 형식이 아니라 종결 형식이다. 다음의 (37가~라)는 15세기의 예문이고, (38가~다)는 17세기 예문인데, 여기에 쓰인 '-과뎌/과댜'는 모두 문장 종결 형식이다.

(37) 가. 福力으로 苦惱룰 救ᄒᆞ야 <u>ᄲᅡ혀과뎌</u> ᄇᆞᆲ 싸히 업서(月釋 21:95ㄱ)

나. 一切衆生이 다 解脫ᄋᆞᆯ 得<u>과뎌</u> 願ᄒᆞ노이다(月釋 21:8ㄱ)

다. 사ᄅᆞᆷ 戈鋋을 <u>그치시과뎌</u> ᄉᆞ랑ᄒᆞ놋다(杜初 20:4ㄴ)

라. ᄯᅩ 願호ᄃᆡ 地藏菩薩이 큰 慈悲 ᄀᆞ자샤 나룰 기리 <u>擁護ᄒᆞ시과뎌</u> ᄒᆞ면(月釋 21:166ㄴ)

(38) 가. 뎐뎐 듯즈오니 니싱원덕의 당상 가 겨옵셔 됴셕 졔수를 친히 디내옵시고 곡읍을 그칠 ᄉᆞ이 업ᄉᆞ오시다 ᄒᆞ오니 수졍이 비록 그러ᄒᆞ옵시나 업ᄉᆞ신 벗님과 졈은 버듸 쓰디 <u>그러ᄒᆞ시과댜</u> 시브오리잇가(李朝諺簡 34)

나. 자네네 ᄀᆞᆮᄐᆞ신 분 五六人만 <u>계시과댜</u> 다 원ᄒᆞᆫ 兩國의 ᄒᆞ욤이라 니ᄅᆞᄂᆞᆫ 이리옵도쇠(捷新 9:17ㄱ)[44]

다. 이를 받디 아니시면 우리의 그름이라도 ᄒᆞ고 쟝쉬 面目 업시 너길 꺼시니 아므려나 <u>바드시과댜</u> ᄒᆞ야 알외ᄂᆞ니이다

(捷新 7:6ㄱ-ㄴ)

허웅(1975:595)은 15세기의 '-과뎌'를 이음법 맺음씨끝(연결 어미)으로 기술하였다.[45] 그러나 (37가~라)의 '-과댜/과뎌' 구문은 인용 내

---

44) (38나)의 '계시-'는 어휘 자체가 [주체 존대]의 의미를 지니고 있다. 그러므로 이 구문을 ᄒᆞ옵소체로 볼 수 있다.

포문이다. (37가~라)의 '-과뎌'는 각각 인용문을 내포하는 동사 '브라-', '願ᄒ-', '스랑ᄒ-', 'ᄒ-(願ᄒ-)'와 호응하고 있다. 인용문을 종결하는 어미도 종결 어미라는 점에서는 주문장을 종결하는 어미와 다르지 않다. 그러므로 (37가~라)의 '-과뎌'는 문장 종결 형식이고, {-어}는 종결 어미이다. 17세기 자료인 (38가~다)의 '-과댜'도 인용 표지 '시브-', '願ᄒ-', 'ᄒ-' 등과 호응하여 쓰이고 있으므로 문장 종결 형식이다. '시브/시프-'는 종결 어미 뒤에 쓰이기도 하는 특징을 지닌다. '-(으)ㄴ가, -(으)ㄹ가, -(으)ㄴ고, -(으)ㄹ고' 뒤에 '시브/시프-'가 쓰이는 사실에서 이를 확인할 수 있다.46)

   종래에는 17세기의 모든 '-과댜' 구문을 명령문으로 기술하였는데,47) 그것은 17세기의 '-과댜'가 청자 주어와 호응한다는 사실에 근거를 둔 것이다. 그러나 (38가~다)는 명령문으로 볼 수 없다. (38가, 나)에서는 하위문 동사 어간 '그러ᄒ-'와 '받-'이 청자 주어와 호응하지만, 그것만을 근거로 (38가, 나)의 '-과댜'를 명령법 종결 형식으로 볼 수는 없다. (38가)는 宋時烈이 鄭普演의 未亡人 閔氏에게 보낸 간찰인데, '그러ᄒ시과댜'의 발화자는 가상적인 발화자로서, '업스신 벗님과 졈은 벗'이고, 청자는 '됴셕 졔스를 친히 디내ᄋᆞᆸ시고 곡읍을 그칠 스이 업스오신' 未亡人 閔氏이다.48) 이상의 사실만 본다면 (38가)는 명령문인 듯이 보인다. 그러나 여기서 우리는 (38가)의 '-과댜' 다음에 이어지는 '시브-'에 주목해야 한다. '시브-'는 [원망]과 [추측]이라는 두 가지 의미를 지니는데, (38가)의 '시브-'는 심리적 주체가 누구냐에 따라서 그 의미도 달라진다. '업스신 벗님과 졈은 벗'이 '시브-'의 주체라면 [원망]을 의미

---

45) 李基文(1972:214)과 安秉禧(1967:229)도 중세 국어의 '-과뎌'를 부동사 어미로 기술하였다. 그러나 安秉禧(1967:229)는 '-과댜'가 근대 국어에서는 종결 어미로 변화하였음을 지적하였다.

46) '…고 시브댜'의 {-고}는 일반적인 대등적 연결 어미 {-고}와 다른 것으로 생각되는데, 종결 어미일 가능성이 있다.

47) 이기갑(1978:58), 김정수(1984:136), 李賢熙(1988:369)를 참조할 것.

48) [주체 존대]의 {-(으)시-}는 가상적인 화자와 청자의 관계에 대한 기록자의 판단에 의해 개입된 것이다.

하고, 未亡人 閔氏가 '시브-'의 주체라면 [추측]을 나타낸다. 그런데 '시브오리잇가'에서 '-(으)리-'가 쓰인 사실로 보아 '시브-'의 주체는 '업스신 벗님과 졈은 벗'임을 알 수 있다. 未亡人 閔氏가 주체라면 '시브오니잇가'로 썼을 것이다. '-(으)리-'를 쓴 것은 그 주체가 '업스신 벗님과 졈은 벗'으로서, 亡者인 그들의 '뜯'(원망)은 확인할 수 없는 것이기 때문이다. '시브-'의 주체가 '업스신 벗님과 졈은 벗'이고, 그러므로 '시브-'가 가상적인 화자, 즉 '업스신 벗님과 졈은 벗'의 [원망]을 나타내는 것이라면, '-과댜'는 명령법 종결 어미일 수 없다. 화자의 내적 [원망]을 나타내는 '시브-'가 명령법 종결 어미 뒤에 통합할 수는 없기 때문이다. [명령]은 청자에 대한 직접적 요구로서 화용론적 범주에 속하는 것이지만, 화자의 내적 [원망]은 어디까지나 화자의 심리적 상태에 머물러 있는 것이다. 현대 국어에서 [원망]의 '싶다'가 평서법 종결 어미 뒤에는 연결될 수 있지만, 명령법 종결 어미 뒤에는 연결되지 못하는 사실을 참고하면 쉽게 이해된다. (38나)의 하위문 동사 어간 '받-'도 청자 주어와 호응하지만, (38나)의 '-과댜'도 결코 명령법 종결 형식이 아니다. (38나)에서 '-과댜'의 화자와 '알외니이다'의 화자는 일치하는데, 상위문 화자 자신의 [명령]을 '호야'에 의해 인용문으로 구성하고 일종의 수행 동사인 '알외니이다'로 통보하는 것은 이해되지 않는다. 화자 자신의 [명령]을 통보하는 문장에서 인용의 형식을 취한다든지 전달 동사를 사용하는 것은 국어의 일반적 특징에 어긋나는 것이다. '-과댜'가 명령법 종결 형식이라면 '-과댜'의 화자가 '알외니이다'의 화자와 다른 경우에만 인용 표지 '호야'와 '알외니이다'로써 다른 사람의 [명령]을 전달할 수 있는 것이다. 그러나 '-과댜'를 명령법 종결 형식이 아니라 화자의 내적 [원망]을 나타내는 종결 형식으로 보게 되면, 내적 [원망]을 표면화시키는 장치가 '호야'이며, 그것을 전달하는 장치가 '알외니이다'임을 알 수 있다. 내적 [원망]은 화자 자신의 심리 상태일 뿐이므로, 대화에서는 이를 표면화시키고 전달하는 장치가 필요한 것이다. (38다)는 '-과댜'의 어간 동사의 주어가 청자로 제한되는 것이 결코 17세기의 일반적인 현상이 아님을 보여 준다. (38다)에 쓰인 '-과댜'의 어간 동사 '계시-'의 주체인

'분'은 제3의 인물이기 때문이다. 다음 (39)의 '-과댜'도 평서법 종결 형식이다. '그러콰댜'의 주어는 '日吉利'(=좋은 날씨)이기 때문이다.

> (39) 그러면 게셔도 日吉利 이실 둧ᄒ다 니르옵노쇠 아므려나 <u>그러</u>
>   <u>콰댜</u>(捷新 5:14ㄴ)

'-과댜' 앞에 통합할 수 있는 선어말 형태소에는 {-(으)시-}밖에 없다. {-습-}이나 '-습시-'는 통합하지 않는다.

3.1.1.13. '-고나'와 '-고야/괴야'

'-고나'와 '-고야/괴야'에서 ᄒ라체 종결 어미 {-아}를 분석할 수 있다. '-고나'에서 선어말 형태소로 쓰인 {-고-}의 의미는 파악하기 어렵다.49) 그러나 '-고나'와 '-고야/괴야'가 모두 ᄒ라체로 쓰였고, 16세기에는 '-고녀'가 쓰였으며(後述), 현대 국어에 '-군', '-군요', '-구료', '-구먼'이 쓰이는 사실은 {-고-}, {-(으)ㄴ-}, {-아/어}의 분석 가능성을 시사한다.50)

16세기에는 '-고나', '-고녀', '-고야', '괴여'가 등장하였는데, 이 중 '-고나'와 '-고야'만이 17세기에 그대로 계승된 것은 종결 어미 모음의 양성화 경향에 부합한다. '-고나', '-고야', '괴야' 중 '-고나'가 현대 국어 '-구나'로 발달하게 된다.

16세기 자료인 (40)과 17세기 자료인 (41)의 대비를 통해 16세기

---

49) {-고-}는 명제 내용에 대한 화자의 [인식]과 관련되는 양태소로 보인다.
50) 문장 종결 위치에 쓰인 다음 예문의 {-고}도 선어말 위치에 나타난 {-고-}의 분석 가능성을 시사한다.
  예: (ㄱ) 가슴이 금즉ᄒ여 풀덕 뛰여 내둧다가 두험 아래 <u>잣바지거고</u>(靑丘 珍本 520)
    (ㄴ) 夷齊의 노픈 줄을 이렁구러 <u>알괃디고</u> 어즈버 사롬이야 외랴 희운의 타시로
    다(孤山遺稿 6別下:3ㄱ)
  현대 국어의 감탄 종결 형식 '-구려'는 명령법 종결 형식 '-고려'가 변화한 것으로 보인다. 아마 '-고녀'와 '-고려' 사이에 混態 현상이 일어나지 않았을까 생각한다.

의 '-ᄂ고나'와 '-ᄂ고야'가 17세기에는 각각 '-는고나'와 '-는고야/눈괴야'로 변화하였음을 확인할 수 있다. 이는 「'-ᄂ다〉-는다」와 동일한 성격의 변화이다. 그러나 '-ㄴ다'와 '-는다'가 선행하는 음소에 따라서 구별되는 것과는 달리 자음 뒤에서나 모음 뒤에서나 구별없이 '-는고나'와 '-는고야/눈괴야'로만 쓰였다. 이 현상은 '-는도다/는쏘다'의 통합 관계와도 부합하고, 현대 국어 '-구나' 앞에 {-ㄴ-}이 통합하지 못하고 '-는-'만이 통합할 수 있는 현상과도 부합한다.

    (40) 가. 네 <u>모ᄅᄂ고나</u>(飜老 上:50ㄱ)
       나. 도로 누눌 ᄀ모니 눈므리 숩다 <u>디ᄂ고야</u>(清州簡札 73)
    (41) 가. 네 <u>모ᄅ는고나</u>(老諺 上:45ㄱ)
       나. 네 <u>모ᄅ는고야</u>(老諺 下:28ㄴ)
       다. 이 활을 네 쏘 간대로 <u>흔나므라는괴야</u>(老諺 下:28ㄱ)

  '-고나'는 어간 뒤에 직접 통합하거나 '-는-', '-앗-', {-로-}를 앞세우고, '-괴야'는 어간 뒤에 직접 통합하거나 '-는-', {-로-}를 앞세운다.51) '-앗-'은 '-고나'에만 통합하고 '-괴야'에 통합한 예는 확인되지 않는데, 그것은 자료 제약의 탓으로 보인다.

    (42) 가. 당시롱 七八里씔히 <u>잇고나</u>(老諺 上:54ㄱ)
       나. 네 <u>모ᄅ는고나</u>(老諺 上:45ㄱ)
       다. 애 볼셔 年節이 <u>다드랏쏘나</u>(朴諺 中:53ㄴ)
       라. 코 내는 <u>말이로고나</u>(老諺 下:17ㄱ)
    (43) 가. 네 믈 깃기 니근 <u>도ᄒ괴야</u>(老諺 上:31ㄱ)

---

51) 16세기 자료에서는 '-ᄂ고나', '-ᄂ고야', '-더고나', '-거고나', '-으시고녀'가 발견된다.
   예: (ㄱ) 네 독벼리 <u>모ᄅᄂ고나</u>(飜老 上:26ㄴ~27ㄱ)
      (ㄴ) 누눌 뼈 ᄒ니 구홰와 영이와 겨틔 <u>안잣더고나</u> 어지거 거줏 거시로다 도로 누눌 ᄀ모니 눈므리 숩다 <u>디ᄂ고야</u> 내 팔즈 보와ᄉ다 주글 저긔사 이리 <u>되거고나</u>(清州簡札 73)
      (ㄷ) 君이 ᄀ록ᄋ샤ᄃ 三子의게 告ᄒ라 <u>ᄒ시고녀</u>(論語 3:61ㄴ)
  18세기에는 '-앗고나', '-는고나', '-아고나', '-거고나'가 쓰였다(이기갑 1978:72).

　　나. 동산의 둘 오른니 긔 더옥 <u>반갑고야</u>(孤山筆)
　　다. 이 활을 네 쏘 간대로 <u>흔나므라는괴야</u>(老諺 下:28ㄱ)
　　라. 애 쏘 王가든 <u>형이로괴야</u>(老諺 上:15ㄴ)
　　마. 어디 진실로 물 사고져 호눈이고 그저 간대로 혜아리는 <u>의</u>
　　　　<u>로괴야</u>(老諺 下:11ㄱ-ㄴ)

(42라)와 (43라, 마)에 들어 있는 {-로-}의 형태소적 성격은 쉽게 드러나지 않는다. 이 {-로-}가 '-노-'의 異表記일 가능성은 없다. '-노-'에 들어 있는 {-ᄂ-}는 계사 어간 뒤에 통합하지 못하기 때문이다. 그러나 {-로-}가 {-오-}의 변이형인지 {-도-}의 변이형인지는 쉽게 판단하기 어려운 문제이다. 17세기 자료에서 이를 확인해 줄 수 있는 자료가 발견되지 않으므로, 16세기 자료를 참고하기로 한다.

　　(44) 가. 힉 ᄒ마 이리 <u>늣도고나</u>(飜老 上:46ㄱ)
　　　　　나. 당시예 져그나 이시면 <u>머믈로고나</u>(飜老 下:21ㄱ)
　　(45) 가. 속절업시 간대로 갑슬 바도려 <u>ᄒ노괴여</u>(飜老 下:10ㄴ)
　　　　　나. 이러면 네 므르고져 <u>ᄒ노괴여</u>(飜老 下:19ㄱ)

　16세기 자료에서는 (44가, 나)의 '-도고나'와 (45가, 나)의 '-노괴여'를 확인할 수 있는데, '-노괴여'에는 {-오-}가 들어 있다. 그러므로 문제는 여전히 해결되지 않는다. 그러나 16세기 자료에서 {-ᄂ-}가 결여된 '-오괴여'가 보이지 않으므로, '-로고나'와 '-로괴야'의 {-로-}는 {-도-}의 변이형일 가능성이 크다. 安秉禧(1967:218)에서도 {-로-}를 {-도-}의 변이형으로 간주하였다.52)

　前述한 바와 같이 '-고나'와 '-괴야'의 형태적 분석도 16세기 자료를 참고함으로써 가능하다. 16세기에는 '-고나', '-고녀', '-고야', '-괴여'가 공존하였는데, '-고나'와 '-고녀'에서 각각 선어말 위치의 {-(으)ㄴ-}과 동명사 어미 {-(으)ㄴ}을 분석할 수 있을 것이다. 그리고 '-괴여'와 '-괴

────────────────────────────

52) 16세기의 '-고나', '-고녀', '-고야', '-괴여'에 대하여는 허웅(1989:139~141)을 참
　　조할 것.

야' 중 16세기에는 '-괴여'가 많이 쓰이고, 17세기에는 '-괴야'만 확인된다는 사실을 고려한다면, 이들의 형성 및 선후 관계는 다음과 같이 기술할 수 있을 것이다.

> (46) '-고나, -괴야/고야'의 형성 과정
> ① 고+(으)ㄴ+아　→ 고나
> ② 고+(으)ㄴ+이+어 → 고녀 〉 괴여/*고여 〉 괴야/고야

3.1.1.14. '-ᄯᆞ녀'

17세기의 '-ᄯᆞ녀'에서도 ᄒᆞ라체 종결 어미 {-아/어}를 분석할 수 있다. '-ᄯᆞ'과 '-ᄯᆞ니잇가'는 17세기 자료에서 발견되지 않는다. 17세기의 '-ᄯᆞ녀' 구문은 평서문이다. 먼저 15세기 '-ᄯᆞ, -ᄯᆞ녀, -ᄯᆞ니잇가' 구문의53) 문체법과 청자 대우법 및 통사 구조를 검토한 후, 17세기의 '-ᄯᆞ녀' 구문의 문체법과 청자 대우법 및 15세기 '-ᄯᆞ'계 구문과의 관계를 기술하기로 한다. 그 밖에 '-ᄯᆞ'의 형태론적 구조도 밝혀야 할 과제이지만, 이 문제에 대한 천착은 미루어 둔다. 15세기의 '-ᄯᆞ'계 구문 중 '-ᄯᆞ니잇가'가 의문법 종결 형식이라는 것은 의심할 여지가 없다. 그러나 '-ᄯᆞ'과 '-ᄯᆞ녀'의 문체법적 성격은 아직 분명하게 밝혀지지 않았다. 南廣祐(1960)는 '-ᄯᆞ녀'와 '-ᄯᆞ니잇가'를 모두 의문 형식으로, 劉昌惇(1964)은 '-ᄯᆞ'을 서술 형식으로 기술하였다. 安秉禧(1967:220)는 '-잇ᄃᆞ'을 후치사로, 그 뒤에 통합하는 {이-}를 서술격 어미로, {-어}와 {-가}를 의문법 어미로 파악하면서, '-ᄯᆞ, -ᄯᆞ녀, -ᄯᆞ니잇가'를 반어법 형식으로 기술하였다. 허웅(1975:405)은 '-ᄯᆞ녀'에 부름자리 토씨가 들어 있는 것으로 보았고, 김승곤(1975, 1986)은 '-ᄯᆞ'은 가정형 씨끝이고 '-ᄯᆞ녀'는 억양형 씨끝이라 하였다. 이승희(1996:21)와 장윤희(1996:360)는 '-ᄯᆞ녀'에 감탄 조사 '-이여'가 들어 있는 것으로 파악하였는데, 허웅(1975:405)와 유사한 견해로 볼 수 있다. 李崇寧(1981:34)은 문체법에 대하

---

53) '-ᄯᆞ, -ᄯᆞ녀, -ᄯᆞ니잇가' 구문을 '-ᄯᆞ'계 구문이라 부르기로 한다.

여는 명확한 언급을 피한 채, '-쏜', '-쏜녀', '-쏜니잇가'가 각각 ᄒ라체, 반말, ᄒ쇼셔체의 등급을 나타낸다고 기술하였다.

'-쏜' 구문의 문체법을 파악하기 어려운 것은 '-쏜' 구문이 종결 어미를 갖추지 않고 체언 또는 체언 상당 어구로 끝맺는 문장이기 때문일 가능성이 있다. '-쏜녀' 구문의 경우에는 '-쏜녀'의 마지막 요소인 종결 어미 {-어}가 특정 문체법에 국한되지 않는 ᄒ라체 종결 어미이기 때문에 문체법을 파악하기가 어렵다. '-쏜' 구문과 '-쏜녀' 구문의 문체법을 확인할 수 있는 통사적인 근거도 찾기 어렵다. '-쏜'의 형태론적 구성이 밝혀지더라도 문체법의 파악에는 도움이 되지 않을 것이다. 그러므로 객관성이 부족하기는 하지만, 문맥을 정확하게 해석하는 것이 이 문제의 중요한 열쇠가 된다.

먼저 '-쏜니잇가' 구문을 검토하기로 한다. 15세기 '-쏜'계 구문의 용례는 허웅(1975:385~387, 405~406, 527~528)에 풍부하게 제시되어 있으므로 용례는 그 곳으로 미루고, 이 연구에서는 '-쏜'계 구문의 모든 유형을 예시하지는 않기로 한다.

(47) 가. 즐거본 것만 주어도 功德이 그지 업스리어늘 ᄒ몰며 阿羅
　　　漢과롤 得게 호미쏜니잇가(月釋 17:48ㄴ~49ㄱ)
　　나. ᄒ마 命終홇 사ᄅᆞ몰 善惡 묻디 말오 내 이 사ᄅᆞ몰 惡道애
　　　ᄲᅥ러디디 아니케코져 ᄒ노니 ᄒ몰며 제 善根 닷가 내 힘
　　　더으리쏜니잇가(月釋 21:125)
　　다. 世尊하 오직 한 恒河쑨도 오히려 數 업곤 ᄒ몰며 그 몰애
　　　쏜니잇가＝世尊하 但諸恒河도 尚多無數ㅣ온 何況其沙ㅣ잇가
　　　　　　　　　　　　　　　　　　　　　　(金剛 上:62ㄴ)
　　라. 더푸미 滅空ᄒ면 이 本來 업거니 ᄒ몰며 ᄯᅩ 모든 三有ㅣ 쏜
　　　니잇가＝漚공ㅣ 滅ᄒ면 本無ㅣ어니 況復諸三有ㅣ 쏜니잇가
　　　　　　　　　　　　　　　　　　　　　　(楞嚴 6:53ㄱ)

'-쏜니잇가' 앞에 직접 통합하는 것으로는 체언과 계사가 통합한 것, 동사구와 '-(으)리-'가 통합한 것이 있는데, '-(으)리-'는 관형사형 어미

와 의존 명사 및 계사로 구성된 것이라는 전제에서 '-ᄯᆞ니잇가' 구문의 통사 구조를 다음과 같이 정리한다.54)

(48) '-ᄯᆞ니잇가'의 통사 구조
종속절 : ① …늘 ② …곤 ③ …(거)니
주 절 : ᄒᆞ믈며 NP - {이-} - ᄯᆞ니잇가

'-ᄯᆞ니잇가' 앞에 통합되어 있는 {이-}는 계사일 가능성이 크다. 그런데 여기에 다시 계사가 통합한 '-ᄯᆞ니잇가'와 '-ᄯᆞ녀'의 존재는 '-이ᄯᆞᆫ'이 이미 서술어로서의 기능을 상실하였다는 것을 시사하는 것으로 볼 수 있다. 실제로 (47가~라)에서 '-ᄯᆞ니잇가'가 포함된 어절을 서술어로 보기 어렵다. 이에 대한 천착은 미루어 두고, '-ᄯᆞ니잇가' 구문의 통사 구조를 염두에 두면서 '-ᄯᆞ녀' 구문과 '-ᄯᆞᆫ' 구문을 살펴보기로 한다.

(49) 가. 부톄 阿難이와 韋提希ᄃᆞ려 니ᄅᆞ샤ᄃᆡ 至極ᄒᆞᆫ ᄆᆞᅀᆞ므로 西方애 나고져 ᄒᆞᇙ 사ᄅᆞᄆᆞᆫ 몬져 丈六像이 못 우희 겨샤ᄆᆞᆯ 보ᅀᆞᄫᅌᆞᆯ디니 無量壽佛ㅅ 모미 ᄀᆞᆺ 업스샤 凡夫의 心力이 몯 미츠련마ᄅᆞᆫ 뎌 如來ㅅ 本來ㅅ 願力으로 憶想ᄒᆞ리 이시면 모ᄃᆡ 일우ᄂᆞ니 다ᄆᆞᆫ 부텻 像ᄋᆞᆯ 想ᄒᆞᆯ 만ᄒᆞ야도 無量福ᄋᆞᆯ 어드리어니 ᄒᆞ믈며 부텻 ᄀᆞᄌᆞ신 身相ᄋᆞᆯ 보ᅀᆞᄫᅵ미ᄯᆞ녀
(月釋 8:44ㄱ~45ㄱ)
나. 부톄 阿難이ᄃᆞ려 니ᄅᆞ샤ᄃᆡ 觀世音菩薩 보고져 ᄒᆞᇙ 사ᄅᆞᄆᆞᆫ 이 觀ᄋᆞᆯ 지ᅀᅳᇙ디니 … 이런 菩薩ᄋᆞᆫ 일후믈 드러도 그지 업슨 福ᄋᆞᆯ 어드리어니 ᄒᆞ믈며 ᄉᆞ외 보미ᄯᆞ녀(月釋 8:37ㄱ~ㄴ)
다. 世尊이 ᄯᅩ 文殊師利ᄃᆞ려 니ᄅᆞ샤ᄃᆡ 文殊師利여 … 이런 有情ᄃᆞᆯᄒᆞᆫ … 如來ㅅ 일후믈 잠ᄭᆞᆫ ᄉᆡᇰ각ᄒᆞ면 … 貪欲ᄋᆞᆯ 즐기디 아니ᄒᆞ고 布施ᄅᆞᆯ 즐겨 뒷ᄂᆞᆫ 거슬 앗기디 아니ᄒᆞ야 머리며 누니며 손바리며 모맷 고기라도 비ᄂᆞᆫ 사ᄅᆞᄆᆞᆯ 주리어니 ᄒᆞ믈며 쳔라이ᄯᆞ녀(釋詳 2:11ㄴ~13ㄱ)55)

---

54) 종래의 연구 중 李賢熙(1982:54~57)에서 '-ᄯᆞᆫ'계 구문의 유형이 비교적 자세하게 검토되고 정리되었다.

라. 違를 무러 順에 드리면 冤讐ㅣ 本來 이든 버디니라 莊子ㅣ
   닐오디 내게 이대홀 싸른매 내 쏘 이대흐고 내게 구지홀
   싸른매 내 쏘 이대 호리라 흐니 莊子도 오히려 그러콘 흐
   몰며 <u>道人이쓰녀</u> = 徵違納順흐면 怨債이 由來善友矣니라
   莊子ㅣ 云호디 於我善者애 吾亦善之흐고 於我惡者애 吾亦善
   之라 흐니 莊子도 尚爾온 況道人乎여(永嘉 下:121ㄴ~122ㄱ)
마. 흔 사롬 勸흐야 가 法 듣게 혼 功德도 이 곧흐곤 엇데 흐
   몰며 一心으로 드러 니르며 닐그며 외와 大衆의게 늄 爲흐
   야 굴히야 니르며 말다이 <u>修行흐리쓰녀</u> = 勸於一人흐야
   令往聽法게 혼 功德도 如此흐곤 何況一心으로 聽說讀誦흐
   야 而於大衆에 爲人分別흐며 如說修行이쓰녀

(法華 6:15ㄱ~ㄴ)

먼저 '-쓰녀'의 청자 대우 등급에 대하여 간략하게 언급하기로 한다. 종래에는 '-쓴', '-쓰녀', '-쓰니잇가'를 모두 의문법 종결 형식으로 간주하고, 이들이 각각 흐라체, 반말, 흐쇼셔체를 나타내는 것으로 파악한 바 있다. 그러나 '-쓰녀'는 흐라체 종결 형식이다. '-쓰녀'의 {-어}가 흐라체 종결 어미이기 때문이다. 실제로 (49가~다)에서는 화자와 청자의 관계를 고려할 때, (49라)에서는 '버디니라'를 고려할 때 '-쓰녀'가 흐라체 종결 형식이라는 것은 분명하다.56)

그러나 '-쓰녀' 구문의 문체법을 파악하는 문제는 간단하지 않다. '-쓰녀' 구문의 통사 구조는 '-쓰니잇가' 구문과 다르지 않다.

---

55) 世尊과 文殊師利의 상하 관계는 다음 예문에서 확인할 수 있다.
   예: 부톄 文殊師利끠 <u>니르샤디</u> … 믈읫 有情이 求흐논 이룰 다 得긔 호려 <u>흐시니
   라</u> (釋詳 9:2ㄴ~4ㄱ)
56) 다음 예문은 '-쓰녀'가 흐쇼셔체와 함께 쓰이는 것으로 읽힐 가능성이 있다. 그러나
   이 경우의 '-쓰녀'는 간접 인용문으로 보아야 할 것이다.
   예: 地藏이 (普賢菩薩끠) 對答흐샤디 仁者하 … 願흔 둔 仁者ㅣ 이 마롤 잢간 드
   르쇼셔(月釋 21:73ㄴ) … 地藏菩薩이 (普賢菩薩끠) 니르샤디 … 地獄罪報
   等엣 이룰 너비 닐옳덴 —— 獄中에 쏘 百千 가짓 苦楚ㅣ 잇느니 흐몰며 한
   <u>獄이쓰녀</u>(月釋 21:79ㄴ~81ㄴ)

(50) '-ᄯᆞ녀' 구문의 통사 구조
　　　종속절 : ① … 거늘(ᄉᆞ) ② … (거)니 ③ …곤
　　　주　절 : ᄒᆞ물며 NP - {이-} - ᄯᆞ녀

통사 구조만 본다면 '-ᄯᆞ녀' 구문도 '-ᄯᆞ니잇가' 구문과 같이 의문문일 가능성이 있다. 그러나 '-ᄯᆞ녀'의 마지막 요소인 종결 어미 {-어}는 평서법, 의문법, 명령법, 청유법에서 다 확인되므로 '-ᄯᆞ녀'에서 문체법 표지를 분석할 수 없다. 종래의 연구가 혼란에서 벗어나지 못했던 것은 바로 '-ᄯᆞ녀' 자체가 문체법 표지를 갖고 있지 않다는 사실에서 비롯된 것이다. 그러므로 문맥에 대한 정확한 해석이 결코 외면할 수 없는 근거가 된다. (49가~마)의 내용을 간추려 옮기면 다음과 같을 것이다. '-ᄯᆞ' 의 형태론적 구조는 분명치 않으므로 해석에 적극적으로 반영하기 어려우나, '-ᄯᆞ' 앞의 {이-}는 前述한 바와 같이 계사로 옮긴다.

(49′가) … 다만 부처의 像을 생각하기만 하여도 無量福을 얻으리니, 하물며 부처의 구비하신 身相을 <u>뵈옴이여</u>. (당연히 無量福을 얻을 것이다.) (당연히 無量福을 얻지 않겠느냐?)

(49′나) … 이런 菩薩은 이름을 들어도 끝없는 복을 얻을 것이니, 하물며 자세히 <u>봄이야</u>. (당연히 끝없는 복을 얻을 것이다.) (당연히 끝없는 복을 얻지 않겠느냐?)

(49′다) … 이런 有情들은 … 머리며 눈이며 손발이며 자기 몸이라도 비는 사람에게 줄 터인데, 하물며 <u>재산이여</u>. (당연히 줄 것이다.) (당연히 주지 않겠느냐?)

(49′라) 莊子도 그러한데, 하물며 <u>道人이여</u>. (당연히 그러할 것이다.) (당연히 그러하지 않겠느냐?)

(49′마) 한 사람을 권하여 법을 듣게 한 공덕도 이 같은데(이같이 큰데), 어찌 하물며 … 대중에게 남을 위하여 분별하여 이르며 말과 같이 수행하는 <u>것이여</u>. (그 공덕이 당연히 클 것이다.) (그 공덕이 어찌 작겠느냐?)

(49가~마)의 '-ᄯᆞ녀' 구문은 평서문으로 해석되기도 하고 의문문으로

해석되기도 한다. 그러나 '-ᄯᆞ녀' 구문이 이렇게 두 가지로 해석될 수 있는 것은 어디까지나 생략된 부분에 의한 것이다. 전체적인 해석의 결과를 가지고 '-ᄯᆞ녀' 구문 자체의 문체법적 기능을 판단할 수는 없다. 여기서 문제가 되는 것은 후행절에 '엇뎨'가 쓰인 (49마)이다. 그러나 이를 근거로 '-ᄯᆞ녀'를 의문법 종결 형식으로 단정할 수도 없다. (49마)가 의문문이 된 것도 '-ᄯᆞ녀' 자체에 의한 것이 아니라, 생략된 부분에 의한 것일 수 있기 때문이다.

종결 형식 '-ᄯᆞ녀'의 {-어}를 다음 (51가~라)에서 확인되는 의문 종결 어미 {-아/어}와 동일시할 수도 없다.57)

(51) 가. 如來ㅣ 現在ᄒᆞ샤도 오히려 그러콘 ᄒᆞ믈며 機ᄅᆞᆯ ᄀᆞᆯᄒᆡ디 아니호미 올ᄒᆞ려 = 如來ㅣ 現在ᄒᆞ샤도 尙尒온 況滅後惡世예 可不擇機아(法華 4:87가)

나. 彌勒ᄋᆞᆫ 唯識觀을 닷ᄀᆞ시니 觀ᄒᆞ시ᄂᆞᆫ 識이 念念에 生滅ᄒᆞ며 ᄆᆞᅀᆞᄆᆞᆯ 두어 보샤미 ᄒᆞ마 妄이어니 ᄒᆞ믈며 圓通ᄋᆞᆯ 어드시리여 = 彌勒ᄋᆞᆫ 修唯識觀ᄒᆞ시니 而所觀之識이 念念에 生滅ᄒᆞ며 存心觀之ᄒᆞ샤미 已妄커니 況獲圓通耶아(楞嚴 6:63ㄱ)

다. 十方世界예 二乘도 업거니 ᄒᆞ믈며 세히 이시리여 (釋詳 13:56)

라. ᄒᆞᆫ 낟 ᄡᆞᆯᄋᆞᆯ 좌샤 ᄉᆞᆯ히 여위신ᄃᆞᆯ 金色잇ᄃᆞᆫ 가ᄉᆡ시리여(月曲 上 其63)

李賢熙(1982a:58)에서는 (51가~다)를 '-ᄯᆞ녀' 구문의 기저형으로 파악하였다. (51라)도 '-ᄯᆞ녀' 구문의 생성과 관련이 있는 것으로 생각된다. (51가, 나)의 {-어}는 구결의 {-아/어}, 즉 {-가/거}와 대응되고 있어서 의문 종결 어미임을 의심할 수 없다. (51다, 라)가 의문문이라는 사실에 대하여도 긴 설명이 필요 없다고 본다. 그러나 (49가~마)의 '-ᄯᆞ녀' 구문을 이들과 동일시할 수는 없다. (51가~라)의 후행절은 「주어+서술어」 구성으로 이루어져 있으나, (49가~마)의 후행절은 이와는 다른 통사 구조를 보여 주고 있기 때문이다.

57) 李賢熙(1982a:50)는 이 '-이여'를 감탄 종결 형식으로 보았다.

그렇다고 다음 (52가, 나)와 같이 '-쓰녀' 구문의 후행절이 「주어+서술어」 구성으로 이루어진 「VP+거니쓰녀」류의 경우가 의문문이라는 것은 아니다. 오히려 (52가, 나)는 '-쓰녀' 구문이 평서문임을 시사하는 유력한 증거가 된다.

(52) 가. 이 法塵은 … 處ㅣ 반ᄃ기 어듸 잇ᄂ뇨 ᄒ마 色과 空괏 안해 表ᄒ야 나톨 고디 업고 色과 空괏 밧긔 이슗디 아니어늘ᅀᅡ ᄒ믈며 空이 ᄯᅩ 밧기 잇디 <u>아니커니쓰녀</u> ᄆᄉ미 緣ᄒ논 法處ㅣ ᄆᄎ매 實 업도다 = 此法塵ᄋᆫ … 處ㅣ 當何在오 旣於色空之內에 無所表顯ᄒ고 不應存於色空之外어늘ᅀᅡ 況空이 又非有外也ㅣ 쓰녀 則心緣法處ㅣ 終無實矣로다

(楞嚴 3:34ㄱ)

나. ᄯᅩ 니ᄅ샤ᄃ 神呪ㅅ 히몰 브트니라 ᄒ시니 번드기 法華ㅣ 아니어늘ᅀᅡ ᄒ믈며 道記와 果記와 달오미 <u>잇거니쓰녀</u> 疑心ᄒ오ᄃ 이 經에 니ᄅ샤닌 道記라 法華앳 果記 아닌가 ᄒ노라 = 且曰由神呪力이라 ᄒ시니 灼非法華ㅣ 어늘ᅀᅡ 況有道記와 果記之異쓰녀 疑今經所言ᄋᆫ 道記耳라 非法華果記也ㅣᆫ가 ᄒ노라(楞嚴 1:17ㄱ~ㄴ)

'-쓰녀'의 뒤에 이어지는 문장의 의미를 적극적으로 고려하면, (52가, 나)의 해석은 다음과 같이 될 것이다.

(52'가) 이 法塵은 … 色과 空의 안에 나타날 곳이 없고, 色과 空의 밖에 있는 것이 아니거늘, 하물며 空은 (또한) 밖(外部)이 있지 <u>아니함이여</u>. (그러니) 마음에 인연하는 법처가 마침내 實이 없도다.

(52'나) … 분명히 法華가 아니거늘 하물며 道記와 果記와의 다름이 <u>있음이여</u>. 의심하되 이 경에 이르신 것은 道記라, 法華의 果記가 아닌가 하노라.

만약 '-쓰녀' 구문을 의문문으로 간주한다면 「VP+거니쓰녀」를 다음

두 가지 중 하나로 해석해야 할 것이다.

  (53) 'VP+거니ᄯᄂᆑ'의 해석
      a. VP-겠느냐   b. VP-지 않겠느냐

  그러나 a로 해석한다면 (52가)는 '꽃이 밖이 있다.'는 의미가 되고, (52나)는 '道記와 果記가 다름이 없다.'는 의미가 되어 실제의 의미와는 반대가 되어 버린다. b로 해석한다면 (52가)는 이중 부정이 되는데, '아니커니ᄯᄂᆑ'에서 '아니'를 제외한 나머지 요소에서 [부정]과 관련되는 요소를 찾을 수 없다는 것도 문제이다. (52가, 나)의 '-ᄯᄂᆑ' 구문이 의문문이 아니라면, 평서문일 수밖에 없다. (49가~마)의 '-ᄯᄂᆑ' 구문도 이와 동일하게 파악해야 할 것이다. 「NP+이ᄯᄂᆑ」류와 「VP+거니ᄯᄂᆑ」류의 문체법을 서로 달리 파악할 수는 없을 것이기 때문이다. 물론 ㅎ쇼셔체의 '-ᄯ니잇가'에 대립하는 '-ᄯᄂᆑ'가 평서법이라는 것은 기묘한 것이 사실이다. 여기서 이런 추측이 가능하다. 즉 '-ᄯᄂᆑ'는 평서법이면서도 '-ᄯ니잇가'와의 대우법적 대립 관계와 종결 어미 {-어} 자체가 의문법에도 쓰인다는 사실 때문에 그 문체법적 성격이 당시의 언중들에게 모호하게 인식되었을 가능성이 있다는 것이다. 16·17세기에 '-ᄯ니잇가'가 더 이상 쓰이지 않게 된 동기도 이러한 대우법적 대립 관계의 불완전함에서 찾을 수 있을 것이다.

  다음의 (54가~다)와 같이 16세기의 '-ᄯᄂᆑ/ᄯ나/ᄯ니' 구문이 분명히 평서문이라는 사실도 15세기의 '-ᄯᄂᆑ'의 문체법적 기능을 파악하는 데에 유력한 근거가 된다.

  (54) 가. 힝혀 시러곰 이시면 나는 후에 맛당히 ᄌᆞ식이 <u>의시려니ᄯᄂ</u>녀(小學 6:66)
      나. 새도록 이시면 아니 머겨도 비브르리니 구틔여 콩딥 밧고 디 말 <u>거시어니ᄯ나</u>(飜老 上 56)
      다. 네 ᄆᆞᄉᆞ모로 주미 <u>므던커니ᄯ니</u>(飜老 上 53)

〈飜譯老乞大〉와 〈老乞大諺解〉, 〈飜譯朴通事〉와 〈朴通事諺解〉를 비교하여 보면 동일 원문이 「이시리라:이시려니ᄯᆞᆫ녀」, 「말 거시어니ᄯᆞᆫ나:말라」, 「므던커니ᄯᆞᆫ녀:므던ᄒᆞ니라」로 대응하는 사실을 확인할 수 있는데(李賢熙 1982a:62),[58] 이러한 대응은 '-ᄯᆞᆫ녀' 구문이 평서문이기 때문에 가능한 것이다.

'-ᄯᆞᆫ녀'의 '-여'를 조사로 기술할 수는 없다. '-ᄯᆞᆫ니잇가'를 보아 '-ᄯᆞᆫ녀'에도 계사 {이-}가 포함되어 있는 것이 분명하므로 '-여'는 계사 {이-}와 종결 어미 {-어}가 통합한 것으로 보아야 할 것이다.

이제 '-ᄯᆞᆫ' 구문의 문체법을 확인하기로 한다.

(55) 가. ᄒᆞ다가 虛空애 낧딘댄 虛空이 제 맛보논디라 너의 이비 아로미 아니어니ᄯᆞᆫ ᄯᅩ 空이 제 알어니 엇뎨 네 入에 브트리오 = 若虛空애 出인댄 虛空이 自味라 非汝의 口知어니ᄯᆞᆫ 又空이 自知어니 何關汝入ᄒᆞ리오(楞嚴 3:10ㄴ~11ㄱ)

나. 부톄 阿難ᄃᆞ려 니ᄅᆞ샤ᄃᆡ ᄒᆞ다가 네의 覺了知見ᄒᆞ논 ᄆᆞᅀᆞ미 實로 몸 밧긔 이슗딘댄 몸과 ᄆᆞᅀᆞᆷ괘 서르 밧기라 제 서르 븓디 아니ᄒᆞ야 ᄆᆞᅀᆞ미 아논 ᄃᆡ롤 모미 能히 아디 몯ᄒᆞ리며 아로미 몸 ᄡᆞ시예 이슗딘댄 ᄆᆞᅀᆞ미 能히 아디 몯ᄒᆞ려닛ᄃᆞᆫ = 佛告阿難ᄒᆞ샤ᄃᆡ 若汝의 覺了知見之心이 實在身外ㄴ댄 身과 心괘 相外ᄒᆞ야 自不相干ᄒᆞ야 則心의 所知롤 身이 不能覺ᄒᆞ리며 覺이 在身際ㄴ댄 心이 不能知ᄒᆞ려닛ᄃᆞᆫ(楞嚴 1:54ㄴ~55ㄱ)

다. 드르면 소리 ᄀᆞᆮᄒᆞ야 識이 ᄒᆞ마 드로ᄆᆞᆯ 니버니 뉘 識 드로

58) 다음 예문을 참고할 것. (ㄴ')는 명령문이지만, 그것은 '말-'의 어휘적 의미가 지닌 특수성에 말미암은 것이다.

예: (ㄱ) 이러ᄐᆞ시 보ᅀᆞᆲ피면 ᄯᅩ 형뎨 ᄠᅳ디 이시리라(飜朴 上:25ㄴ)

(ㄱ')이리 보술피면 ᄯᅩ 弟兄의 ᄠᅳᆮ이 이시려니ᄯᆞᆫ녀(朴諺 上:24ㄱ)

(ㄴ) 새도록 이시면 아니 머겨도 비브르리니 구틔여 콩딥 밧고디 말 거시어니ᄯᆞᆫ나(飜老 上:56ㄱ~ㄴ)

(ㄴ')새도록 이사면 아니 머겨도 비브르리니 구틔여 콩딥 밧고디 말라 (老諺 上:50ㄴ)

(ㄷ) 네 ᄆᆞᅀᆞᄆᆞ로 주미 므던커니ᄯᆞᆫ니(飜老 上:53ㄴ)

(ㄷ')네대로 줌이 므던ᄒᆞ니라(老諺 上:48ㄴ)

　　　물 알리오 ᄒ다가 아로미 업슳딘댄 ᄆᆞᄎᆞ매 草木 ᄀᆞ거니ᄯᆫ =
　　　聞ᄒ면 則同聲ᄒ야 識이 已被聞ᄒ야니 誰知聞識ᄒ리오 若無
　　　知者ㄴ댄 終如草木거니ᄯᆫ(楞嚴 3:41ㄴ)
라. ᄒ다가 내이 니ᄅᆞᄂᆞᆫ 法音 分別ᄒ요ᄆᆞ로 네 ᄆᆞᅀᆞᆷ 사ᄆᆞᆲ딘댄 이 ᄆᆞ
　　ᅀᆞ미 제 반ᄃᆞ기 소리 分別ᄒᄂᆞᆫ 것 여희오 分別ᄒᄂᆞᆫ 性이
　　이셔ᅀᅡ ᄒ리어니ᄯᆫ 가쥴비건댄 객이 려졍에 브터 자 갔간 머
　　므렛다가 곧 가 내죵내 댱샹 잇디 아니커든 졍 ᄀᆞᅀᆞ만 사
　　ᄅᆞ믄 갏 고디 다 업슬ᄊᆡ 일후미 亭主ㅣ라 ᄒᆞᆺ ᄒ니 = 若
　　以分別我이 說法音ᄒ요ᄆᆞ로 爲汝心者ㄴ댄 此心이 應離分別
　　音ᄒ고 有分別性ᄒ야ᅀᅡ ᄒ리어니ᄯᆫ 譬如有客이 寄宿旅亭ᄒ
　　야 暫止ᄒ앳다가 便去ᄒ야 終不常住커든 而掌亭人ᄋᆞᆫ 都無
　　所去홀ᄉᆡ 名爲亭主ㅣ라 ᄒᆞᆺᄒ니(楞嚴 2:24ㄱ~ㄴ)

　'-ᄯᆫ' 구문의 통사 구조는 다음과 같이 정리할 수 있다. 여기에서도
'-(으)니-'는 동명사 어미와 계사가 통합한 것임을 전제로 한다.

　　(56) '-ᄯᆫ' 구문의 통사 구조
　　　　종속절 : ᄒ다가 …(으)ᄚ딘댄
　　　　주 　절 : NP - 계사 - ᄯᆫ

　여기서 보다시피 '-ᄯᆫ' 구문의 문체법을 확인할 만한 통사적인 근거를
찾을 수 없다. 그럼에도 불구하고 종래에 '-ᄯᆫ' 구문과 '-ᄯᆫ녀' 구문을 의
문법으로 파악하였던 것은 이들이 '-ᄯᆫ니잇가' 구문과 청자 대우법에서
대립하는 것으로 간주한 결과였다. 그러나 문맥을 정확하게 읽으면 (55
가~라)는 각각 다음과 같이 해석된다.

　　(55′가)　… 허공이 맛을 보는 것이지, 네 입이 (맛을 보아) 아는 것이 아니다.
　　(55′나)　… 몸과 마음이 서로 떨어져 있기 때문에 … 마음이 아는
　　　　　　　곳을 몸이 능히 알지 못할 것이며, 앎이 몸 사이(際)에 있
　　　　　　　으면 마음이 능히 알지 못한다.
　　(55′다)　… 만약 앎이 없다면 草木과 같다.

(55′라) … 만약 (네가) 내가 이르는 바 法音 분별하는 것으로 네
　　　　마음을 삼을 것이라면 이 마음은 반드시 소리를 분별하는
　　　　것을 벗어나서 분별하는 본성이 있어야 할 것이다.

　위에서 보는 바와 같이 '-쯘' 구문은 분명히 평서문으로 해석된다. 그
러나 '-쯘' 구문의 문체법을 규정하려는 시도는 무의미하다. '-쯘녀'와
'-쯘니잇가'에서 계사가 분석되는 것으로 보아 '-쯘'은 체언(구)에 상당
하는 자격을 지닌 것이기 때문이다.

　17세기 자료에서는 '-쯘'과 '-쯘니잇가'가 보이지 않고, '-쯘녀/쯘냐'만
이 쓰인다. '-쯘녀/쯘냐'는 15세기의 용법과 같이 반드시 '-거니-'나
「NP+계사」 뒤에 쓰이는데, '-거니-' 앞에는 용언 어간이나 '-(으)리-'
또는 「NP+계사」가 온다. 종결 어미 {-아}와 {-어} 중 음성 모음인
{-어}가 더 일반적으로 쓰이는 것은 이례적이다.

(56) 가. 개며 물의 니르러도 다 그러ᄒᆞ곤 ᄒᆞ물며 <u>사룸이쯘녀</u>(家禮 2:12ㄴ)
　　나. 官司 災難이 잇거든 곳 氣力을 다ᄒᆞ여 가 <u>救ᄒᆞ쟈</u> 이리 보
　　　　살피면 ᄯᅩ 弟兄의 뜻이 <u>이시려니쯘녀</u>(朴諺 上:24ㄱ)
　　다. 네 은 닷 냥을 벌로 내여 더 폰 남자를 주고 믈러가면 곳 <u>올커니쯘녀</u>
　　　　　　　　　　　　　　　　　　　　　　　　　　(老諺 下:17ㄴ~18ㄱ)
　　라. ᄒᆞ다가 저를 ᄀᆞᄅᆞ쳐도 立身 못ᄒᆞ고 사룸 되디 못ᄒᆞ면 ᄯᅩ 제
　　　　<u>명이어니쯘녀</u>(老諺 下:38ㄴ)
　　마. 만일 이리 조심ᄒᆞ여 ᄃᆞ니면 곳 이 아랫 사룸의 官長 모시는
　　　　<u>道理어니쯘녀</u>(老諺 下:41ㄴ)
　　바. 독별이 내라 외방의 나가디 아니랴 (내) 외방의 나가면 ᄯᅩ
　　　　<u>너와 ᄒᆞ가지어니쯘녀</u>(老諺 上:37ㄴ)
　　사. (밥이) 곳 젹거든 우리 ᄯᅩ 져기 지으면 <u>곳이어니쯘녀</u>
　　　　　　　　　　　　　　　　　　　　　　　　　　(老諺 上:36ㄴ)
　　아. 오늘은 밧브니 ᄂᆡ일 다시 서ᄅᆞ 보와 술 먹어도 늣디 <u>아니커
　　　　니쯘녀</u>(老諺 下:6ㄱ)
　　자. 우리 사룸이 도여셔 四海 다 <u>형뎨어니쯘녀</u>(老諺 下:65ㄴ)
　　차. 네 각별이 五分 됴흔 은을 밧고와 줌이 곳 <u>올커니쯘냐</u>(老諺 上:59)

카. 므서슬 허믈ᄒᆞ리오 우리 ᄒᆞᆫ 짓 사ᄅᆞᆷ이오 ᄯᅩ ᄲᅳᆫ 사ᄅᆞᆷ이 아니어니ᄯᆞ녀
(老諺 下:6ㄴ)[59]

17세기 '-ᄯᆞ녀' 구문의 통사 구조는 다음과 같이 정리할 수 있을 것이다.

(57) 17세기 '-ᄯᆞ녀' 구문의 통사 구조
a형……………………………………………………(56가)
종속절 : …도 …ᄒᆞ곤
주 절 : ᄒᆞ믈며 NP이ᄯᆞ녀
b형……………………………………………………(56나~아)
종속절 : (ᄒᆞ다가) …ᄒᆞ면 〈또는〉 …ᄒᆞ야도
주 절 : (NP이) NP-이어니ᄯᆞ녀
c형……………………………………………………(56자~카)[60]
종속절 : 없음
주 절 : (NP이) NP-이어니ᄯᆞ녀

이 유형을 앞에서 제시한 15세기 '-ᄯᆞᆫ'계 구문의 유형과 비교해 보자. (48), (50), (56)을 각각 (58a), (58b), (58c)로 다시 정리하기로 한다.

(58) a. 15세기 '-ᄯᆞ니잇가' 구문의 통사 구조
종속절 : ①…거늘 ②…곤 ③…(거)니
주 절 : ᄒᆞ믈며 NP - 계사 - ᄯᆞ니잇가
b. 15세기 '-ᄯᆞ녀' 구문의 통사 구조
종속절 : ①…거늘(사) ②…(거)니 ③…곤
주 절 : ᄒᆞ믈며 NP - 계사 - ᄯᆞ녀
c. 15세기 '-ᄯᆞᆫ' 구문의 통사 구조

59) (56아,카)의 '아니커니ᄯᆞ녀'와 '아니어니ᄯᆞ녀'는 16세기의 〈飜譯老乞大〉에서 각각 '아니커니ᄯᆞ나」(6ㄴ)와 '아니어니ᄯᆞ나'(7ㄴ)으로 표기되어 있다.
60) (56자)는 b형으로 볼 수도 있다.

종속절 : ᄒᆞ다가 …(으)ㅭ딘댄
주　절 : NP - 계사 - ᄯᆞᆫ

15세기의 '-ᄯᆞᆫ'계 구문과 17세기의 '-ᄯᆞ녀' 구문의 통시적인 관계는 통사적 구조면에서 다음과 같이 기술할 수 있다. 화살표 왼쪽은 15세기의 것이고, 화살표 오른쪽은 17세기의 것이다.

(59) 15세기의 '-ᄯᆞᆫ'계 구문과 17세기의 '-ᄯᆞ녀' 구문의 관계
(58b) → (57a)
(58b) + (58c) → (57b)
(57c)

17세기의 '-ᄯᆞ녀' 구문에서는 (57b)류가 일반적인 유형이다. (57a)류의 예는 드문데, 보수성이 강한 〈家禮諺解〉에서 발견된다. (57c)류의 통사 구조는 15세기에 보이지 않던 것이다. 그러므로 17세기의 일반적인 '-ᄯᆞ녀' 구문은 통사 구조상으로는 15세기 '-ᄯᆞᆫ' 구문(58c류)을 계승하고, 형태적으로는 '-ᄯᆞ녀' 구문(58b류)을 계승하였음을 알 수 있다. 이것은 15세기에 '-ᄯᆞᆫ' 구문과 '-ᄯᆞ녀' 구문의 문체법이 다르지 않았기 때문에 가능했을 것이라고 생각한다. '-ᄯᆞᆫ'이 쓰이지 않게 된 것은 '-ᄯᆞᆫ' 구문이 체언 상당 어구로 끝나는 문장이었기 때문일 것이고, '-ᄯᆞ니잇가' 구문이 사라진 것은 의문법 안에서 '-ᄯᆞ니잇가'와 대우법의 대립을 이루는 짝이 존재하지 않았기 때문이었을 것이다.

17세기의 '-ᄯᆞ녀' 구문도 ᄒᆞ라체이다. 그것은 (56나, 다, 바, 차, 카)의 '救ᄒᆞ쟈', '네', '너', '네', '허믈ᄒᆞ리오' 등으로 보아 분명히 알 수 있다. 17세기의 '-ᄯᆞ녀' 구문이 의문문이 아니라는 것은 15세기 국어의 경우보다 더 쉽게 드러난다. 만약 '-ᄯᆞ녀' 구문을 의문문으로 간주한다면 (56가~카)의 마지막 어절은 '…지 않겠느냐?'로 해석해야 하겠지만, 그렇다면 (56아, 카)는 이중 부정의 반어적 의문문이 된다. 그러나 '-ᄯᆞ녀'에 보조 용언 '아니ᄒᆞ-'나 명사 '아니' 외에 [부정]을 나타내는 형

태소가 따로 들어 있을 가능성은 없다.

3.1.1.15. '-(으)니'와 '-(으)리'

'-(으)니'와 '-(으)리'에서 종결 어미 {-이}를 분석할 수 있다는 것을
2.1.1.에서 논의한 바 있다. 평서법 종결 형식 '-(으)니'는 모두 {-ᄂᆞ-}
를 앞세우고 있다.

    (60) 가. 산시 어렵거든 ᄂᆞ는 ᄃᆞ라미 겁질이나 혹 히매나 셕연 지나
            산뷔 두 손내 ᄒᆞ나식 쥐면 즉시 <u>난ᄂᆞ니</u>(胎産 31ㄴ)
        나. 삼퇴산은 포의 아니 나거든 머그면 즉시 <u>나ᄂᆞ니</u> = 三退散
            治胞衣不下服之立出(胎産:37ㄱ)
        다. ᄒᆞᆫ 방문의 산후 피기 고티디 납거미 집 세히나 다ᄉᆞ시나
            믈에 달혀 더우니를 마시면 즉시 <u>ᄀᆞᆮᄂᆞ니</u>(胎産:56ㄴ)
        라. 여셩고롤 산부의 뎡바기예 브티면 즉시 <u>걷ᄂᆞ니</u>(胎産:60ㄱ)
        마. 내 보매ᄂᆞᆫ 아ᄆᆞ려도 의심 업ᄉᆞ니 분별 <u>말고라</u> 參議 하 근
            심ᄒᆞᆫ다 ᄒᆞ니 지극 <u>운노라</u> 며ᄂᆞ리롤 그리 듕히 너기니 고마
            올샤 볼셔 누론 기미 드럿고 도돈 터도 각각 도닷디위 ᄒᆞᆫ
            디 착난티 <u>아니ᄒᆞ얀ᄂᆞ니</u> 다믄 나히 ᄒᆞᆫ디로 열ᄒᆞ야 <u>디내연</u>
            <u>ᄂᆞ니</u>(李朝諺簡 31)[61]

   17세기 평서법의 '-(으)니'는 ᄒᆞ라체로 쓰였다. 그러나 평서법의 '-(으)
니'는 주로 〈諺解胎産集要〉에서 발견되고, 그 밖의 문헌에서는 거의 발견
되지 않는다. (60가~라)의 '-니'字는 모두 行末에 적혀 있어 '-라'字를
새겨 넣을 공간이 없고, '-니'字를 끝으로 한 단락이 끝나고 그 다음에
는 다른 내용의 漢文 문장이 이어지고 있다.[62] 〈諺解胎産集要〉에서
'-(으)니라'는 흔히 쓰였으나, 종결 형식 '-(으)니'는 위에 든 것이 전부
이다. 15세기 산문 문헌에서는 '-(으)니'와 '-(으)리' 모두 평서법에는

---

61) 이 부분이 이 편지의 끝이다.
62) 이 사실은 김정수(1984:101)에서 이미 지적되었다.

쓰이지 않고, 16세기 문헌에서는 '-(으)니'가 평서법으로 쓰이지 않는다는 사실을 고려하면, 16·17세기 국어에서 평서법의 '-(으)니' 구문은 생산적인 어법이 아니었을 가능성이 있다.63) 그러나 (60마)는 평서법 종결 형식 '-(으)니'가 아주 쓰이지 않은 것은 아님을 보여 주고 있다. (60마)의 '-(으)니' 구문은 ᄒᆞ라체의 '말고라'나 '운노라'와 함께 쓰인 것으로 보아 ᄒᆞ라체임을 의심할 수 없다.64)

ᄒᆞ라체 평서법 종결 형식 '-(으)리'의 예는 드물지만, {-오-}가 통합한 ᄒᆞᄋᆞᆸ소체 종결 형식 '-오리'는 많이 쓰였다. 다음 (61)은 시조에 나타난 예이다.

(61) 비록 못 머거도 ᄂᆞ미 밥을 비디 <u>마라</u> ᄒᆞᆫ 적곳 ᄢᅥ 시론 휘면 고텨 싯기 <u>어려우리</u>(警民 40ㄴ)

(61)의 '-(으)리'는 ᄒᆞ라체 명령법의 '마라'와 함께 쓰였으므로, ᄒᆞ라체 종결 형식임이 분명하다. 16세기 평서법의 '-(으)리' 구문이 ᄒᆞ소체였다는 사실 때문에 이 자료의 신빙성을 의심할 수도 있으나, 현대 국어에서도 해라체 평서법 종결 형식으로 '-(으)리'가 쓰인다는 사실을 고려하면 그러한 의심은 해소될 수 있을 것이다.

3.1.2. ᄒᆞ소체

ᄒᆞ소체 평서법의 모든 종결 형식에서 종결 어미 {-(으)이}가 분석된다. 종결 어미 {-(으)이}가 구성하는 ᄒᆞ소체 종결 형식으로는 어간에

---

63) 다음 예문의 '-(으)니'는 연결 형식일 가능성이 크다. 주절과 종속절이 도치된 것으로 보이기 때문이다.
   예: 자내 올 제 브더 일 나 과쳔 뎜심ᄒᆞ고 사ᄀᆞ내 디나고 ᄌᆞ골이라 ᄒᆞᆫ ᄃᆡ 와 자소 사긔내ᄂᆞᆫ 방도 업고 도적 <u>므셔오니</u> 꿈의 며ᄂᆞ리가 알ᄑᆞ ᄒᆞ니 아니 ᄌᆞ식 나ᄒᆞᆯ가 (李朝諺簡 補2)
64) 김정수(1984:101~102)는 17세기 평서법의 '-(으)니' 구문을 '예사 높임법'으로 기술하였다.

직접 통합한 {-(으)이}와 '-니', '-데', '-쇠'가 있다. 평서법의 '-게'에서
도 종결 어미 {-(으)이}가 분석되지만, '-게'는 {-옵-}을 앞세운 형식만
확인되므로 ㅎ옵소체에서 기술한다.

3.1.2.1. 어간+{-(으)이}

어간에 바로 통합한 {-(으)이}는 17세기 자료에서 많이 확인되지 않
는다. 모두 상태 동사에 쓰였다.65)

> (62) 가. 가문이 대되 블힝ᄒ니 제 집 뿐일가 인ᄂᆫ 디 이리 머러 긔
>   별도 이후ᄂᆫ 드롤 길히 업스니 지극 <u>섭섭ᄒᆡ</u> 이만
>
> (李朝諺簡 137)
>
> 　　 나. 셔울은 일본 쇼식이 극히 블길ᄒ니 소요ᄒᆞᆫ가 시브니 <u>자내</u>
>   도 게 잇다가 즐리면 이내 소글 거시니 쉽사리 출혀 와야
>   올흘가 <u>시븨</u> 사롬 갈시 잠 뎍ᄂᆡ(李朝諺簡:補5)

(62가, 나)는 모두 諺簡인데, 16세기에도 어간에 직접 통합한 {-(으)
이}가 〈淸州簡札〉에서만 집중적으로 확인된 사실(허웅 1989:143)과
아울러 생각하면 어간에 바로 통합하는 {-(으)이}는 문어체적 성격을
지녔던 것으로 볼 수도 있다. (62나)의 '시븨'는 '자내'와 함께 쓰인 것
으로 보아 ㅎ소체임을 알 수 있다.

3.1.2.2. '-니'

'-니'에서도 종결 어미 {-(으)이}가 분석된다. 이기갑(1978:42)에서
는 '-니'가 17세기에 등장한 것으로 기술하였으나, 16세기 諺簡에서도
많이 쓰였다(허웅 1989:144~145). '-니'는 동사 어간과 선어말 형태
소 {-습-}, {-(으)시-}, '-앗-' 뒤에 쓰였다.66) 그러나 {-습-}, {-(으)시-}

---

65) 16세기의 〈淸州簡札〉에서도 어간에 바로 {-(으)이}가 통합한 경우는 어간이 상태 동
　　사일 경우에 한정되었다(徐泰龍 1996:83).

뒤에 쓰인 경우는 ᄒᆞᆸ소체이다.

> (63) 가. 자네 일홈은 무어신고 싱각ᄒᆞ야 禮ᄒᆞᆯ 제 술오려 ᄒᆞ닉(捷新 7:8)
> 　　나. 가운이 블힝ᄒᆞ여 산소 업순 집이 업스니 그런 일이 어더 이
> 　　　　실고 … 인시 다변ᄒᆞ여 무티인 분묘둘만 보니 … 오래 사랏
> 　　　　기 됴혼 일이 아니로쇠 의외예 조싱원이 멀리 와 보시니 인
> 　　　　ᄒᆞ여 뎍으신 편지 보고 보ᄂᆞᆫ 닷ᄒᆞ여이다 사당 반 두레 보내
> 　　　　니 아기네 약애나 쓸가 ᄒᆞ닉 이만(李朝諺簡 136)
> 　　다. 이 뻬 즉시 아라 회셔 ᄒᆞᆸ쇼셔 다리예 도든 거스로 약 ᄇᆞ
> 　　　　르고 산침 맛기로 너머 못 가ᄂᆞ니 더욱 섭섭ᄒᆞ와 ᄒᆞᆸ닉
>
> 　　　　　　　　　　　　　　　　　　　　　　(李朝諺簡 128)
> 　　라. 오놀은 折節 天氣도 됴하 조용히 말숨ᄒᆞ니 깃거ᄒᆞᆸ닉(捷新 2:4ㄱ)
> 　　마. 녜 일을 싱각ᄒᆞ니 더옥 가지가지 굿버 디내엿닉
>
> 　　　　　　　　　　　　　　　　　　　(李朝諺簡 35)
> 　　바. 그리 ᄒᆞᆸ소 슈고ᄒᆞᆸ시닉(捷新 1:21ㄱ)

(63가)의 ‘-닉’는 ‘자네’와 호응하는 것으로 ‘보아 ᄒᆞ소체에 쓰인 것임을 알 수 있다. (63나)의 ‘-닉’는 ᄒᆞ쇼셔체인 ‘-이다’와 함께 쓰였는데, ᄒᆞ쇼셔체와 ᄒᆞ소체가 통용된 것으로 이해해야 할 것이다. 이처럼 ᄒᆞ소체와 ᄒᆞ쇼셔체가 통용되는 경우는 드물다.

‘-닉’가 한결같이 1인칭 주어와 호응한다고 하여 ‘-노이다’의 발달형으로 본 견해가 있다(김정수 1984:100). 그것은 17세기 자료에서 ‘-뇌’가 잘 발견되지 않는 사실을 근거로 한 견해이다. 그러한 추정은 ‘-닉’가 화자 주어문에 쓰인 (63가~마)로 보아 설득력이 있는 것처럼 보인다. 그러나 (63바)의 ‘-ᄋᆞᆸ시닉’로 보아 그렇게만 볼 수는 없다. (63바)에서 ‘-ᄋᆞᆸ시닉’는 화자 주어

---

66) 17세기 자료에서는 상태 동사에 {-ᄂᆞ-}가 쓰이는 경우가 많이 보인다.
　　예: (ㄱ) 가히 흉년의 비고프디 아닌ᄂᆞ니라(救荒補:18ㄴ)
　　　　(ㄴ) 그 빗치 빗나고 조하 가히 어엿브ᄂᆞ니(煮硝:12ㄴ)
　　　　(ㄷ) 산사ᄌᆞ과 셔셤ᄌᆞᆯ 가ᄒᆞ여 머기면 역질이 드므ᄂᆞ니라(痘瘡 上:13ㄴ)
　　그러나 다음의 ‘맛당ᄒᆞᄂᆞ니라’는 ‘맛당ᄒᆞ니라’의 誤記일 수도 있다.
　　예: 스치산의 션각 가ᄒᆞ여 쓰미 맛당ᄒᆞᄂᆞ니라(痘瘡 上:83)

와 호응하지 않는다. 그런데 〈玄風郭氏諺簡〉에는 '-뇌'의 예가 풍부하다.67)

(64) 가. 자내 긔별혼 말도 올흐니 나도 짐쟉흐뇌(郭氏諺簡 25)

　　나. 혼 집안해 잇다가 힝혀 그러케 되면 더옥 우리 탓만 너겨
　　　　요란홀 거시니 엇디흐려뇨 흐뇌(郭氏諺簡 32)

　　다. 나는 당시 무스히 잇뇌(郭氏諺簡 91)

　　라. 나도 너일이나 침을 더 마텨 보아셔 스므이튼날 스이 다리고 가려
　　　　흐뇌(郭氏諺簡 40)

　비록 〈玄風郭氏諺簡〉에서 '-뇌'가 쓰이지만, 다른 문헌에서는 '-뇌'가
쓰일 환경에서도 '-니'가 나타나는 사실로 보아, 17세기에는 {-오-}의
기능 상실에 따라 '-노이다'와 '-ᄂ이다'의 대립이 소멸하여, '-뇌'가 '-니'
쪽에 합류하기 시작하였다고 볼 수 있을 것이다.68)
　'-노이다'에서 발달한 '-뇌'는 〈玄風郭氏諺簡〉을 제외한 17세기 자료에
서 잘 발견되지 않는다. 그러나 '-노이다/뇽이다/뇌다'는 다음 (65가~
라)에서 확인할 수 있다.

(65) 가. 일 이제 잠깐 와 서르 알외뇌다 흐야눌(勸念 28ㄴ)

　　나. 아즈마님끠 내 죵내 길흐올 도롤 아옵고도 내 ᄆ옴으로 못
　　　　흐와 아즈마님 뜻만 밧줍과뎌 혜옵시니 ᄀ 업시 답답흐와

---

67) 16세기 諺簡에서도 다음 예문에서 보는 바와 같이 '-뇌'가 풍부하다.
　　예: (ㄱ) 지믄 선산 힝츳애 보내려 흐뇌 갈 제 ᄆ리 업스니 민망히 스양의게 편
　　　　　진흐뇌 보기 옷 왓거든 올 제 ᄆ롤 비러 보내소커니와 어려이 녀기거
　　　　　든 마소 비로 감새(淸州簡札 20)
　　　(ㄴ) 나 미양 가기 어려워 아니 가뇌 너일 드딀가 모리 드딀가 즈셰 과부흐
　　　　　소 너일 드딀 양이면 어을메 감새 모리 드딀 양이면 너일 가셔 자고 오
　　　　　리(淸州簡札 129)
　　　(ㄷ) 유무 보고 편안히 뫼ᄋ와 계시니 깃거흐뇌 우리도 더옥 무스히 뫼ᄋ와
　　　　　인뇌 나도 이버니 가려 흐다가 ᄆ죵 천천티 아녀 몯 개 뉴서방 등의 양
　　　　　각 스므 복식 지어 가니 즉시 뎐흐소…밧바 이만 흐뇌(李朝諺簡 4)
68) (63)의 예문들은 모두 17세기 중기 이후의 것들이고, 〈玄風郭氏諺簡〉은 17세기 전
　　기 자료라는 사실도 간과할 수 없을 것이다.

호옵노이다(李朝諺簡 122)
다. 心中에 숨고져 호는 일도 잘 숨디 못호고 알고도 無道히
된 仕合 붓끄러오미 海山フ티 너기놋이다(捷新 9:12ㄴ~13ㄱ)
라. 옵호노이다 큰형아(老諺 下:1ㄱ)

3.1.2.3. '-데'

'-데'에서도 종결 어미 {-(으)이}가 분석된다. 대개 {-습-}이나 {-(으)
시-}가 통합한 호옵소체가 많이 발견되고, 호소체는 많이 확인되지 않는
다.

(66) 오예 안부 사롬은 어제 가 돈녀 오돗데(郭氏諺簡 51)

어간 뒤에 쓰인 '-데'는 확인되지 않는다.[69] 그러나 이는 '-더이다'와
'-데다'가 어간 뒤에 직접 쓰이는 경우가 있으므로[70] 자료적 제약의 탓
임이 분명하다. 16세기 자료에서는 어간 뒤의 '-데'를 쉽게 확인할 수
있다.

(67) 가. 오직 늣데(淸州簡札 130)
나. 손쳡디롤 브디 보고져 호뇌 뉴더기 가 무러 보라 호소 언
제 올고 죵의 병이야 엇딜고 병 훈 날 노만 주디 마오 더뎌
두소 느미 집도 그러호데(淸州簡札 158)
다. 제 미련훈 일란 혜디 몯 호고 자내롤 계워 호데(淸州簡札 161~3)

---

69) 다음 예문의 '호데'는 '호데'로 생각된다.
   예: 자내 팔지 놈의 강긔 드르라 삼겻거니 자내 팔지롤 호홀 만호데(郭氏諺簡 46)
70) 다음 예문을 참조할 것.
   예: (ㄱ) 行者ㅣ 기롬에 지지여 술히 다 업더이다(朴諺 下:23ㄴ)
   (ㄴ) 어젯 밤 꿈에 화호야 간 겨지비 … 닐오디 … 내 셔방을 닷가 이제 왕
   싱을 어드니 덕을 감득호미 혜아림 업다 호데다(勸念 23ㄱ~ㄴ)

3.1.2.4. '-쇠'

'-쇠'는 '-노-', {-도-}를 앞세워서 '-노쇠', '-도쇠'로 나타나는데, 이례적으로 '-(으)ㄹ라쇠'도 보인다.71)

> (68) 가. 그러면 게셔도 日吉利 이실 둣ᄒ다 <u>니르ᄋᆞ노쇠</u>(捷新 5:14ㄴ)
> 　　 나. 니ᄅᆞ시ᄂᆞᆫ 道理 —— 맛당ᄒᆞᆫ <u>일이ᄋᆞ도쇠</u>(捷新5:25ㄱ)
> 　　 다. 어와 아롬다이 <u>오ᄋᆞ시도쇠</u>(捷新 1:2ㄱ)
> 　　 라. 어와 자네ᄂᆞᆫ 우은 <u>사롬이로쇠</u>(捷新 9:19ㄱ)
> 　　 마. 여러 날이 되어 가니 실로 그리ᄋᆞ기 ᄀᆞ이 업서 ᄒᆞ노라 네 아ᄋᆞᆫ
> 　　　　 밤마다 ᄂᆞ려갈 적이면 형님 잇던 ○○ 흠ᄭᅴ <u>갈라쇠</u> ᄒᆞ고
> 　　　　 ᄂᆞ려 가셔 울고 울고 ᄒᆞ니 이튿날 ᄂᆞ려오면 눈이 븟드록
> 　　　　 울고 ᄃᆞ니노라 너도 아ᄋᆞᆯ 싱각이나 ᄒᆞᄂᆞᆫ다(李朝諺簡 100)

'-노쇠'와 '-도쇠'의 구성요소인 {-소-}는 {-ᄉᆞᆸ-}의 발달형이 아니다. 통합의 서열로 볼 때 {-ᄉᆞᆸ-}은 어간 바로 뒤에 통합하기 때문이다. 이 점에서 '-쇠'는 '-ᄉᆞ외/외'(後述)와 구별되어야 한다. '-노쇠'와 '-도쇠'는 각각 중세 국어 '-노소이다'와 '-도소이다'의 발달형이다. '-도쇠'가 상태 동사에 쓰인 것은 확인되지 않으나, 15세기의 '-도소이다'가 상태 동사에도 쓰였고, (68라)와 같이 「체언+계사」에 통합하는 경우가 있는 것으로 보아, 상태 동사에도 '-도쇠'가 쓰였을 가능성을 배제할 수 없다. '-쇠'는 현대 국어에서도 평서법 종결 형식으로 쓰인다. 그러나 대개는 생략되지 않은 어형 '-소이다'와 '-소이까'가 각각 평서법과 의문법 종결 형식으로 쓰이고 있다.

(68마)의 '갈라쇠'는 '가리로쇠'가 축약된 '갈로쇠'의 異表記라 생각된

---

71) 〈玄風郭氏諺簡〉에서는 '-로쇠'가 어간 뒤에 직접 통합한 경우도 보인다. 이 '-로쇠'는
　　 '-리로소이다'의 변화형이다.
　　 예: (ㄱ) 요ᄉᆞ이 이론 아ᄆᆞ라타 <u>몯ᄒᆞ로쇠</u>(郭氏諺簡 33)
　　　　 (ㄴ) 너일은 아ᄆᆞ 이리 이셔도 설워 <u>가로쇠</u>(郭氏諺簡 18)
　　　　 (ㄷ) 나ᄂᆞᆫ 요ᄉᆞ이 여긔 잇다가 닷쇈날로나 <u>가로쇠</u>(郭氏諺簡 84)

다. 그렇다면 ᄒᆞ라체 평서법의 '-(으)ㄹ로다'와 '-(으)ㄹ다'가 공존한 것과 마찬가지로 '-(으)ㄹ로쇠/(으)ㄹ라쇠' 외에 '-(으)ㄹ쇠'도 존재하였을 가능성이 있으나 확인되지 않는다.

3.1.3. ᄒᆞᆸ소체

ᄒᆞᆸ소체 평서법 종결 형식에는 '-ㅅ외', '-((으)시)ᆸ니', '-((으)시)ᆸ데', '-ᆸ게', '-올쇠', '-ᆸ도쇠', '-ㅅ오리/오리' 등이 있다. 이들은 ᄒᆞ소체나 ᄒᆞ라체 종결 어미 앞에 {-ᄉᆞᆸ-}, {-(으)시-}가 통합한 것이다.

3.1.3.1. '-ㅅ외'

{-ㅅ외}는 어간 뒤에 직접 통합한다는 점에서 '-쇠'와 구별된다.

> (69) 가. 어와 어와 ᄀᆞ장 됴쓰외(捷新 9:1-2)
> 나. 一定 그러면 더옥 더옥 아롬답ㅅ외(捷新 8:14ㄱ)
> 다. 예셔 잠깐 보와도 아올쇠 그 안헤도 一束에 자블 公木이
> 　　十端 남즉이 드럿고 나므니는 一端도 자블 公木이 업ㅅ외
>
> 　　　　　　　　　　　　　　　　　　　　　　　(捷新 4:10)
> 라. 다만 冠帶ᄒᆞ시미 됴홀가 시프외(捷新 7:12ㄴ)
> 마. 내 말을 기리시니 깃븝거니와 고디 듧돈 아니ᄒᆞ외(捷新 1:19ㄱ)
> 바. 어와 어와 어히업시 아라 계시외(捷新 4:23ㄱ)

'-ㅅ외'는 음운적 조건에 따라 '-외'와 교체되어 쓰였다. (69가~다)는 '-ㅅ외'를, (69라~바)는 '-외'를 보여 주고 있다. 이 둘은 각각 평서법의 {-소}와 {-오}로 발달하게 된다.[72] '-ㅅ외'는 '-ㅅᄇᆞ이다'의 발달형이

---

72) 任洪彬(1985:446, 451)에서는 현대 국어 평서법의 {-오}는 {-삽-}({-습-})과 관련되는 형식이나, {-소}는 '-소라, -소이다, -수이다'에서 '간접화'의 기능을 가지는 {-소-}나 {-수-}에서 형성된 것으로 파악하였다. 그러나 17세기의 '-ㅅ외'와 '-외'가 음운론적 조건에 따라 교체되는 사실은 현대 국어의 {-소}와 {-오}가 모두 {-습-}에

므로, 「숩+(으)이」로 분석할 수 있다(崔明玉 1976:166). (69바)의 '계시-'는 본래 {-숩-}과 통합하지 않는 동사이다. {-숩-}을 포함하고 있는 '-ᄉ외/외'가 '계시-'와 쓰일 수 있게 된 것은 '-외/ᄉ외'가 공시적으로는 분석하기 어려울 정도로 융합한 종결 형식이기 때문이었을 것이라고 생각된다.

3.1.3.2. '-ᄋᆸ게'

'-게'의 예는 단 하나뿐이다.

> (70) -(主)茶禮ᄂᆞᆫ 明日 ᄒᆞ오니 미리 출혀 겨시다가 나실 양으로 ᄒᆞ
>   쇼셔
>   -(客)<u>아ᄋᆸ게</u> 그리 ᄒᆞ오리(捷新 1:27ㄴ)

허웅(1989:176)은 16세기 자료인 다음 (71)을 근거로 16세기의 '-게'를 명령문 종결 어미로 기술하였다.

> (71) 나ᄂᆞᆫ 셔울 도죽을 텨야 강남 갈 거시니 티면 이사흘 니예도 갈쇠 오
>   직 니월 초싱의 곳 가면 시월로 올 거시니 치위에 오슬 다 가져
>   갈쇠 이리 <u>오게</u> 슌홰 가ᄃᆞ니 엇디ᄒᆞᄂᆞᆫ고 (李朝諺簡 6)

그러나 17세기 자료인 (70)에서는 '-게'가 분명히 평서문 종결 형식으로 쓰이고 있다.[73] (70)의 '아ᄋᆸ게'는 명령문에 대한 응답으로서 '알겠습니다(알겠소)' 정도의 의미를 나타내는 것으로 보인다. '-게'가 평서법 종결 형식이라는 것은 이것이 '-거이다'의 발달형이라는 사실을 고려한다면 당연한 것으로 받아들여진다. 17세기 자료에서도 '-거이다'와 '-겡이다'가 발견된다.

서 발달한 것임을 시사하는 것이라 생각한다.
73) 이기갑(1978:44~45)에서도 17세기의 '-게'를 평서법 종결 어미로 기술하였다.

(72) 가. 아디 몯겜이다(家禮 1:14ㄱ)
　　　나. 아디 몯거이다(家禮 1:21ㄴ)
　　　다. ㅈ셰 아옵거이다(捷新 7:10ㄴ)

명령법의 '-게'는 18세기 중기의 〈靑丘永言〉(大學本)에 나타난다(이
기갑 1978:70).

　　　(73) 十年흐 工夫도 너 갈 듸로 니게(靑丘:144)

'-게'가 평서법 종결 형식에서 명령법 종결 형식으로 변화한 것은 이
해하기 어려운 일이다. 근본적인 문제는 17세기에 명령법 종결 형식으로
쓰이지 않던 종결 어미 {-(으)이}가 18세기에 명령법 종결 형식으로 쓰이
게 된 사실이라고 할 수 있는데, 이것은 유추 현상으로 이해할 수 있다.
즉 평서법, 청유법, 약속법에 쓰이는 {-(으)이}에 이끌려 명령법에도
{-(으)이}가 쓰이게 된 것이라고 볼 수 있는 것이다. 특히 청유법의 '-새'
가 이 변화에 가장 큰 영향을 미쳤을 것이라 생각한다.74) '-게'가 2인칭
대명사 '너'와 호응하는 것은 이해하기 어려운데, 예가 하나밖에 없어서
18세기 종결 형식 '-게'의 대우법적 성격을 판단하기 어렵다.

3.1.3.3. '-올쇠'

'-올쇠'도 ㅎ옵소체 종결 형식으로 쓰였다.

　　　(74) 가. 어제논 술을 ᄀ장 먹고 正根 업서 도라오니 아므리 훈 줄도 모
　　　　　　　로올쇠(捷新 3:28ㄱ)
　　　　　나. 太守 드르셔도 過分타 ᄒ셔 感激히 너기시올쇠(捷新 7:5ㄴ)

'-올쇠'는 '-ᄉ봉리로소이다'가 축약된 것이다. (74가, 나)의 '-올쇠'와
'-(으)시올쇠'는 ㅎ소체 종결 어미 {-(으)이}에 각각 {-오-}와 '-(으)시

---

74) 3장 첫머리의 〈표-8〉을 참조할 것.

오-'가 통합하여 ᄒᆞᆸ소체에 쓰인 것이다. {-오-}는 {-ᄉᆞᆸ-}의 변이형이다.

3.1.3.4. '-ᄉᆞ오리'

'-ᄉᆞ오리'는 음운 조건에 따라 '-오리'나 '-즈오리'와 교체되어 쓰인다. 평서법의 '-ᄉᆞ오리'는 대부분 〈捷解新語〉에서 발견된다.

> (75) 가. 今夜쓴 下人을 番을 ᄒᆞ이시면 니일란 <u>못즈오리</u>(捷新 4:28ㄱ)
> 　　나. 千年이나 가도록 오래 볼 양으로 ᄒᆞ셰야 <u>아롬답ᄉᆞ오리</u>(捷解 初 3:14ㄴ)
> 　　다. 그러커든 몬져 가�…소 나도 미처 그리 <u>가오리</u>(捷新 1:24ㄱ)
> 　　라. -茶禮ᄂᆞᆫ 明日 ᄒᆞ오니 미리 출혀 겨시다가 나실 양으로 ᄒᆞ
> 　　　　쇼셔
> 　　　　-아�…게 그리 <u>ᄒᆞ오리</u>(捷新 1:27ㄴ)
> 　　마. -보낼 짐을 출혀 보와 다시 긔별을 <u>ᄉᆞ오리</u> 아직 公木을 드려
> 　　　　주�…소
> 　　　　-그리 ᄒᆞᆸ소 註進홀 거시니 비 갈 때예 아므 비라 ᄒᆞ여
> 　　　　즈셰 뎌거 보내�…소
> 　　　　-그리 <u>ᄒᆞ오리</u>(捷新 4:8ㄴ-9ㄴ)75)
> 　　바. <u>쟈ᄂᆡ네</u>도 아르심도 <u>겨시리</u>(捷新 4:25ㄴ)

(75가~바)는 모두 '-ᄉᆞ오리'가 ᄒᆞᆸ소체 평서법에 쓰인 경우이다. (75가~마)의 '-(으)리'는 모두 {-ᄉᆞᆸ-}의 변이형인 {-오-}, {-ᄉᆞ오-}, {-즈오-} 뒤에 쓰였고, (75바)의 '-(으)리'는 '겨시-' 뒤에 쓰였다. (75가~바)의 {-(으)이}가 결과적으로 ᄒᆞᆸ소체에 쓰이게 된 것은 {-ᄉᆞᆸ-}과 '겨시-'에 의한 것이다.76)

---

75) (75마) 전체가 〈捷解新語〉(改修1次本 4:12ㄱ~13ㄴ)에 한 사람(客)의 말로 표시되어 있는데, 의심스럽다. 安田章 교수도 安田章·鄭光(1991:27)에서 〈捷解新語〉(改修1次本)의 主客 표시에 의심스러운 부분이 있음을 지적하고 있다.

76) 그 밖에 '-�…니', '-�…시니', '-(으)시�…니', '-�…데', '-�…시데', '-�…도쇠' 등도 ᄒᆞᆸ소체 평서법 종결 형식이다.

3.1.4. ᄒᆞ쇼셔체

ᄒᆞ쇼셔체 평서법 종결 형식에 쓰이는 종결 어미는 {-다}밖에 없다. {-다}가 ᄒᆞ쇼셔체 평서문에서 쓰일 때에는 반드시 {-(으)이-/(으) ᇰ-} 뒤에 나타난다. '-(으)이다' 바로 앞에 나타나는 요소로는 다음과 같은 것이 있다.77)

> (76) '-(으)이다' 앞에 통합하는 요소
> 상태 동사 어간, -거-, -과-, -ᄂ-, -(으)시ᄂ-, -ᄉ오시ᄂ-, -엇ᄂ-
> -리-, -오리-, -(으)시리-, -더-, -(으)시더-, -(으)니-, -오-
> -지-, -거지-, -니-, -ᄂ니-, -(으)시ᄂ니-, -엇ᄂ니-
> -노-, -엇노-, -도소-, -(으)ㄹ소-, -엇다소-78)

예: (ㄱ) 이 뼈 즉시 아라 회셔ᄒᆞᆸ쇼셔 다리예 도든 거스로 약 ᄇᆞᆯ고 산침맛기로 너머 못 가ᄂ니 더욱 섭섭ᄒᆞ와 ᄒᆞᆸᄂᆡ 이삼ᄉ미 일양 보쇼셔

(李朝諺簡 128)

(ㄴ) 그리 ᄒᆞᆸ소 슈고ᄒᆞᆸ시ᄂᆡ(捷新 1:21ㄱ)

(ㄷ) 東萊 니르심은 건너신 날은 마줌 사오나온 ᄇᆞ람의 다 無事히 渡海ᄒᆞ시니 아롬답다 니르시ᄋᆞᆸᄂᆡ(捷新 2:1ㄱ~ㄴ)

(ㄹ) 不自由ᄒᆞᆫ 고디 아므란 쓰실 쩌시나 잇거든 긔별ᄒᆞᆸ소 ᄒᆞ시ᄂ 일이ᄋᆞᆸ데

(捷新 5:7ㄴ)

(ㅁ) 東萊겨셔도 어제ᄂᆞᆫ 일긔 사오나온더 언머 슈고로이 건너시도다 념녀ᄒᆞ시고 問安ᄒᆞᆸ시데(捷新 1:21ㄴ~22ㄱ)

(ㅂ) 더듸여도 十二三日만의ᄂᆞᆫ 올가 다 혜아리ᄋᆞᆸ데 그리 아라 기드리ᄋᆞᆸ소

(捷新 5:9ㄴ)

(ㅅ) 자네네 ᄀᆞᄐᆞᆫ신 분 五六人만 계시과댜 다 원ᄒᆞ몬 兩國의 ᄒᆞ옴이라 니르ᄂ 의리ᄋᆞᆸ도쇠(捷新 9:17ㄱ)

77) '-(으)ㄹ러이다'도 가능한 구성으로 생각되나, 예가 확인되지 않는다.
78) '-엇다소이다'는 〈捷解新語〉에서 단 한 예가 발견된다. 1次改修本과 改修重刊本에는 '니젇다소이다'(1次-3:4ㄱ, 改重-3:4ㄱ)로 적혀 있다. '-다소이다'는 '-도소이다'의 異表記로 보인다.
　예: -ᄂᆞᆺ출 보오니 이제도 병빗치 겨시니 됴리ᄒᆞᆸ소
　　-니젇따소이다 病中의 귀ᄒᆞᆫ 약을 만히 주시매 덕분의 먹습고 … 점점 ᄒᆞ리ᄂᆞᆫ 듯ᄒᆞᆸ건마ᄂᆞᆫ(捷新 3:3ㄱ~ㄴ)

그러나 이들 중 대부분은 15세기 국어와 다름없이 쓰이고 있기 때문에, 이 연구에서는 '-(으)ㄹ소이다'와 '-지이다'에 대해서만 논의하기로 한다. '-(으)ㄹ소이다'는 17세기의 특징적인 종결 형식이기 때문이고, '-지이다'는 종래에 명령법 종결 형식으로 기술한 것과 달리 평서법 종결 형식으로 파악하기 때문이다.

3.1.4.1. '-(으)ㄹ소이다'

'-(으)ㄹ소이다'는 17세기에 등장하는 종결 형식이다.

> (77) 가. 이번 일은 니ᄅ도록 니ᄅ도록 아롬다온 御體 몸애 나마 心底대로
>   논 펴디 <u>못홀송이다</u>(捷新 8:31ㄴ)
>   나. 초의 셰지 태읍ᄒ시고 감히 당티 <u>못홀소이다</u> ᄒ샤 두 번 소쟝을 올
>   리시니(仁祖 52ㄱ)
>   다. 심사 측냥치 <u>못ᄒ올소이다</u>(李朝諺簡 154)[79]

'-(으)ㄹ소이다'는 15세기 '-(으)리로소이다'의 변화형이다. 17세기에 모음 탈락에 의한 설측음화가 광범위하게 일어났음을 보여 준다. 17세기 자료에서도 '-(으)리로소이다'가 드물게나마 발견되고,[80] 의문문에서는 '-(으)ㄹ소냐'와 함께 '-(으)리로소냐'가 공존하였다는 사실을 고려하면 '-(으)ㄹ소-'에서 {-도-}의 변이형 {-∅-}를 인정하는 태도가 있을 수 있다. 만약 ∅형태의 존재를 부정하게 되면, {-(으)ㄹ-}에 {-소-}가 통합한 것으로 기술해야 하는데, 이것은 유례가 없는 현상이다. 그러나 국어 문장 종결 형식의 기술에서는 ∅형태를 설정하기보다 표면적으로 드러난 대로 기술하는 것이 더 합리적이다. 선어말 위치의 {-(으)ㄹ-}에 {-소-}가 통합한 것으로 기술하고, 통합 관계가 변화한 것으로 간주

---

79) (77다)의 '-올소이다'는 '-ᄉ봉리로소이다'의 발달형이다.
80) 다음 예문의 '-소다'는 '-소이다'의 誤記일 것이다. {-소} 뒤에 직접 통합할 수 있는
    것은 {-다}가 아니라 {-라}이다.
      예: 御 對面ᄒ셔야 ᄌ셔히 술오려 ᄒ <u>일이로소다</u>(捷新 7:14ㄱ)

한다. {-도-}의 탈락은 문장체보다 구어체를 표기하는 당시의 기록 태도
를 보여 주는 것으로 보인다.

'-소이다'의 {-소-}를 허웅(1975:954~955)은 기원적으로 {-ㅅ-}
(강조)와 {-오-}가 통합된 것이라 주장하였는데, 그 근거는 {-도-},
'-노-'와 통합하지 않은 15세기의 {-소-}가 {-다}와 {-라} 중 {-라}와
통합하며, {-라}나 {-(으)니} 앞에 쓰이는 경우에는 항상 화자 주어와 호
응한다는 사실 등이었다. 그러나 {-소-} 앞에 {-도-}, '-노-'가 통합한
'-도소-'와 '-노소-'가 주어의 인칭과 관련이 없다는 사실(허웅 1975:946
~949)은 설명하기 어려운 문제로 남는다. 이 사실은 '-노소-'와 '-도소
-'의 {-소-}에서 {-오-}를 분석할 수 없다는 것을 시사하는 것으로 생각
되기도 한다. 安秉禧·李珖鎬(1990:235)는 '-놋-', '-닷-', '-샷-'을 각
각 「ㄴ+옷」, 「더+옷」, 「시+옷」으로 분석하고 '-돗-'과 '-옷-'은 더 이
상 분석하지 않았는데, 만약 이에 따른다면 '-노소-'와 '-도소-'는 각각
「ㄴ+옷+오」와 「돗+오」로 분석하게 된다. 이 연구에서는 {-소-}의 재
분석에 대한 판단은 유보해 두기로 한다.

ᄒᆞ쇼셔체의 '-소이다'에 대응하는 ᄒᆞ라체 종결 형식 '-소라'는 15세기
자료에서만 확인될 뿐, 16세기 이후의 자료에서 확인되지 않는다. 그러
나 '-소라'가 16세기에 소멸한 것으로 생각되지는 않는다. 의문문의
'-소냐'와 ᄒᆞ쇼셔체 평서법 '-소이다/송이다'는 생산적으로 쓰였기 때문
에, ᄒᆞ라체 평서법의 '-소라'가 쓰였을 가능성이 있다.

3.1.4.2. '-지이다'

'-지이다'는 15세기부터 생산적으로 사용되어 온 종결 형식이다. 형태론
적 통합 관계도 15세기에 비해 달라진 것이 없다. 반드시 {-거-}, {-아-}
가 앞에 통합하며, {-거-}, {-아-} 앞에 {-습-}이 통합하기도 한다.

(78) 가. 冠帶 ᄯᅥ 지거든 지롤 무텨 <u>시서징이다</u> 請ᄒᆞ고(女訓 下:3ㄴ)
　　　나. 겨집이 소기되 온 ᄀᆞ라닙고 나아 <u>니거징이다</u> ᄒᆞ고

(東國新 烈:1ㄱ)

　　　다. 셰지 쏘호 쳥호야 스스로 볼뫼 <u>되어지이다</u> 호매 샹이 종샤
　　　　　싱민을 위호샤 톄읍호고 조츠시다(仁祖 48ㄱ)
　　　라. 대신과 밋 녜관이 져근 교즈롤 <u>잡스와지이다</u> 쳥호터 샹이
　　　　　녜 아니라 호오시고 이에 거러 미처 오시다(仁祖 10ㄱ)

　종래에는 '-지이다'의 문체법이 잘못 기술되었다. 金忠會(1972:69, 1977:66)에서는 중세 국어의 '-지이다'를 명령법의 하위 체계인 원망법으로 기술하였으나, 화자 자신의 [원망]을 나타내는 선어말 형태소 {-지-}와 평서법 종결 어미 {-다}가 통합되어 있는 '-지이다'를 명령법으로 기술할 수는 없다. (78가~다)는 화자가 주어이므로 평서문이다. (78라)에서도 '잡스와지이다'의 주체는 화자인 '대신'과 '녜관'이다. 그러므로 '-지이다'의 {-다}와 '-지라'의 {-라}는 모두 평서법 종결 어미이다. '-지이다'가 '-쟈'와 달리 평서법 종결 형식이므로, 호쇼셔체의 '-지이다'와 대립하는 호라체 종결 형식은 '-쟈'가 아니라 평서법의 '-지라'이다.

3.2. 의문법

　의문법은 3등급 체계로 이루어져 있다. 호소체 의문법을 나타내는 고유의 종결 형식이 없었기 때문이다. 이 공백은 자문 형식인 호라체의 '-(으)ㄴ가, -(으)ㄴ고, -(으)ㄹ가, -(으)ㄹ고' 또는 여기에 {-습-}이 통합한 호읍소체의 '-온가, -온고, -올가, -올고' 등에 의해 보충될 수 있었다.[1] 자문 형식은 청자 대우법상 중립적 성격을 지니므로 여러 등급에 두루 쓰일 수 있었고, 호읍소체 종결 형식 역시 호소체와 통용되기도 하는 속성을 지니고 있었기 때문이다.

---

1) 3장 첫머리의 〈표-8〉을 참조할 것.

3.2.1. ᄒᆞ라체

ᄒᆞ라체 의문법 종결 형식에는 '-(으)냐, -(으)뇨/(으)니오, -(으)랴, -(으)리오/으료', '-(으)ㄴ가, -(으)ㄴ고, -(으)ㄹ가, -(으)ㄹ고'와 체언 뒤에 직접 쓰인 것으로 나타나는 {-가}, {-고} 및 '-(으)ㄴ다, -(으)ㄹ다', '-(으)니, -(으)리', {-아/어}가 있었다. '-(으)냐, -(으)랴'의 {-아}와 '-(으)뇨, -(으)료'의 {-오}가 각각 {-가}, {-고}의 변이형이라는 것에 대하여는 2.2.2.에서 이미 지적하였다.

3.2.1.1. '-(으)냐'

'-(으)니-'에 {-가}가 통합한 의문 종결 형식은 15세기에 '-(으)녀, -(으)니여, -(으)니아, -(으)니야'로 쓰였고, 16세기에는 '-(으)녀, -(으)냐'로 나타나는 가운데 '-(으)녀'가 더 우세하였는데, 16세기 후기의 〈小學諺解〉에서 '-(으)냐'로 통일되어, 17세기 이후에는 '-(으)냐'만 쓰였다.2) '-(으)냐'는 어간에 직접 통합하기도 하고, {-ᄂᆞ-}, {-거-}, {-더-}와 '-엇ᄂᆞ-', '-(으)리러/(으)ㄹ러-', '-(으)리로소/(으)ㄹ소' 뒤에 통합하기도 한다.

    (1) 가. (네 형이) 鋪馬로 <u>가냐</u>(朴諺 下:38ㄱ)
        나. 김시 ᄀᆞ로디 네 이믜 내 지애비를 더위고 날조차 므로려 <u>ᄒᆞᄂᆞ냐</u>
                                              (東國新 烈:5ㄴ)
        다. 이틋날 太醫ㅣ 와 무로디 네 져그나 <u>됴커냐</u>(老諺 下:37ㄱ)

---

2) 15세기의 용례에 대하여는 安秉禧(1965:67)와 허웅(1975:500~511)을, 16세기의 용례에 대하여는 허웅(1989:164)과 이기갑(1978:32)을 참조할 것. 〈飜譯朴通事〉와 〈飜譯老乞大〉에서는 '-(으)녀'가 압도적으로 우세하다. 그러나 〈飜譯老乞大〉에는 다음과 같이 '-(으)냐가 쓰이기도 하였다.
  예: (ㄱ) 인슴 쌉 의론ᄒᆞ져 이 심히 <u>됴ᄒᆞ냐</u>(飜老 下:56ㄴ)
      (ㄴ) 네 황호 다 ᄑᆞ냐 <u>몯ᄒᆞ얏ᄂᆞ녀</u>(飜老 下:66ㄱ)

라. 새 각시러냐 <u>니믈리기러냐</u>(朴諺 上:40ㄴ)

마. 쏘 닐ᄋ디 <u>아녓ᄂᆞᆫ냐</u> 사름이 離鄕ᄒ면 쳔ᄒ고 物이 離鄕ᄒ면 貴타
   ᄒᄂ니라(朴諺 中:17ㄴ)

바. (그 官人이) 上墳ᄒ고 <u>도라올러냐</u> 엇딜러뇨(朴諺 上:57ㄱ)

사. 도적의 쟝슈ㅣ … 닐ᄋ디 (네) 길흘 ᄀᆞᄅ치디 <u>몯ᄒ리로소냐</u>
                                              (東國新忠 1:51ㄴ)

사′. ᄒᆞᆫ 말쑥을 박고 미디 <u>몯ᄒᆞᆯ소냐</u>(朴諺 下:5ㄴ)

(1나, 다, 사)는 2인칭 주어문에 '-(으)냐'가 쓰인 경우이다. '-(으)냐'
의 영역이 확대되었음을 보여 준다. (1가~사)는 모두 판정 의문문이
다. 예외적으로 설명 의문문에 '-(으)냐'가 쓰인 다음 (2)와 같은 경우
도 보고되었는데(이기갑 1978:54), (2)의 '언머'는 의문사가 아니라
未定辭이다.

   (2) 언머 모다 우은 거시라 <u>녀기셔냐</u>(捷新 9:4ㄱ)

   설명 의문문에 '-(으)냐'가 쓰이는 현상은 18세기 문헌인 〈朴通事新釋諺
解〉와 〈老乞大諺解〉(重刊本)에서 나타난다(주경미 1996:37~38). 〈五倫
行實圖〉(1797)에서는 '-(으)냐'와 '-(으)뇨'의 구별이 정확하게 유지되고
있으나, 의고적인 것일 가능성이 있다.

   (3) 가. 오늘 난을 당ᄒ니 그디 됴흔 몰이 <u>잇ᄂ냐</u>(五倫 2:22ㄴ)

      나. 너는 오랑캐 삐라 텬하롤 독해ᄒ고 오히려 죡디 못ᄒ여 날
         을 핍박ᄒ고져 <u>ᄒᄂ냐</u>(五倫 3:18ㄱ)

   (4) 가. 므슴 지죄 <u>잇ᄂ뇨</u>(五倫 1:19ㄱ)

      나. 엇디 구ᄐ여 이러ᄐᆞ시 괴롭게 <u>ᄒᄂ뇨</u>(五倫 2:12ㄴ)

      다. 엇디ᄒ여 능히 그 집을 바르디 <u>못ᄒᄂ뇨</u>(五倫 4:12ㄱ)

3.2.1.2. '-(으)뇨/(으)니오'

'-(으)니-'에 {-고}가 통합한 의문 종결 형식은 15·16세기에 '-(으)뇨, -(으)니오'로 쓰이다가(安秉禧 1965:67, 허웅 1989:159~161), 17세기에 거의 '-(으)뇨'로 통일된다.3) 어간에 '-(으)뇨'가 직접 통합한 경우 외에 '-(으)뇨' 앞에 {-ᄂ-}, {-거-}, {-더-}, '-앗ᄂ-', '-(으)리어-', '-(으)리러/(으)ㄹ러-', '-ᄋᆞᆸ시어-'가 통합한 예가 확인된다. '-(으)냐'와 달리 '-(으)리로소/(으)ㄹ소-'가 선행하는 예는 없다.

(5) 가. (네) 엇디 ᄯᅩ 여기 오뇨(老諺 上:1ㄴ)
　　나. 너는 高麗ㅅ 사름이어니 ᄯᅩ 엇디 漢語 니롬ᄋᆞᆯ 잘 ᄒᆞᄂᆞ뇨(老諺 上:2ㄱ)
　　다. 우리 오ᄂᆞᆯ 이바디에 언멋 술을 먹거뇨(老諺 下:35ㄴ)4)
　　라. 언머 은을 ᄢᅴ오더뇨(朴諺 上:56ㄱ)
　　마. 네 갓을 어디셔 믿ᄃᆞ란ᄂᆞ뇨(朴諺中:25ㄱ)
　　바. (우리) 官人이 ᄆᆞᆯ ᄐᆞ면 어드롤 향ᄒᆞ여 갈러뇨(朴諺 上:57ㄱ)
　　사. (그듸) 츤 날의 오래 안자 계셔 언머 슈고ᄒᆞ옵셔뇨(捷新 2:18ㄴ)

(5가, 나, 마, 사)는 2인칭 주어문에 '-(으)뇨'가 쓰인 경우이다. '-(으)뇨'의 영역이 확대되었음을 알 수 있다. (5)는 모두 설명 의문문이다. ᄒᆞ쇼셔체(後述)에서와 달리 ᄒᆞ라체에서는 판정 의문과 설명 의문의 구별이 17세기까지는 이루어지고 있음을 확인할 수 있다.

---

3) '-(으)니오'도 쓰였으나 극히 예외적인 것이다. 다음 예문 중 (ㄴ)의 'ᄒᆞ니오'에 대하여 이기갑(1978:56)은 16세기 어형의 변화의 잔존형이거나 'ᄒᆞ리오'의 誤記일 것으로 보았는데, 誤記임이 분명하다.
　　예: (ㄱ) 네 비환디 언머 오라니오(老諺 上:5ㄴ)
　　　　(ㄴ) 내 혼자 사라셔 엇디 ᄒᆞ니오(東新 烈 4:64ㄴ)
4) 이 예문의 '먹거뇨'가 〈飜譯老乞大〉에는 '머거뇨'(39ㄱ)로 되어 있다.

3.2.1.3. '-(으)랴'

'-(으)리-'에 {-가}가 통합한 의문 종결 형식은 15세기에 '-(으)려, -(으)리여, -(으)리아, -(으)리야'로 쓰였는데(安秉禧 1965:68, 허웅 1975:509~511), 이 중 '-(으)리아, -(으)랴'는 순수 의문문에, '-(으)리여, -(으)려'는 반어적 의문문이나 선정 의문문에 쓰였다. 16세기에는 '-(으)려, -(으)리아, -(으)랴'가 쓰였는데(허웅 1989:164~167), 17세기에는 '-(으)랴'로 통일된다. '-(으)랴'는 어간과 직접 통합하기도 하고, {-아/어-}와 {-(으)시-}, '-어시-', '-습시/오시-' 등을 앞세우기도 한다.

(6) 가. 분별 말라 즈연 아니 됴히 호랴(李朝諺簡 17)

　　 나. 웃뎐으로겨오셔야 더 죽히 싱각ᄒ오시랴 하정이 아ᄆ라타 업서 ᄒ노라 ᄒ업시 섭섭ᄒ야 ᄒ옵ᄂ 졍셩과 ᄠ들 아오시긔 호야랴(李朝諺簡 49)

　　 다. 어제 슈진중으로셔 미 이셕 졍승 딕의 녹도 업고 졔ᄉᄒ고 죽히 군히 <u>지내시랴</u> 블관ᄒ나 보내엿더니 갓던가 ᄒ노라

(李朝諺簡 79)

　　 라. 요ᄉ이 가샹의 형뎨돌히 다 됴히 잇ᄂ가 ᄒ며 고놈돌이 죽히 <u>에엿버시랴</u> ᄒ노라(李朝諺簡 66)

　　 마. 일야 이통 곡읍으로 디내옵시니 격패ᄒ옵신 긔력이 더옥 올 <u>ᄉ시랴</u> 넘녀 ᄀ이 업ᄉ와 ᄒ오며(李朝諺簡 140)

　　 바. 그리 밤나즐(밤나즐) 시위ᄒ옵고 잇ᄉ다가 이리 오ᄅ오시니 온 집이 다 븬 듯ᄒ고 하 섭섭ᄒ오니 웃뎐으로겨오셔야 더 죽히 <u>싱각ᄒ오시랴</u> 하졍이 아ᄆ라타 업서 ᄒ노라

(李朝諺簡 49)

　　 사. 舍人아 니ᄅ라 므슴 밥을 지으료 乾飯을 <u>지으랴</u> 水飯을 <u>지으랴</u>

(朴諺 中:6ㄴ)

　　 아. 내 몬져 뛸 거시니 네 보라 동과 뛰옴 <u>호랴</u> 슈박 뛰옴 <u>호랴</u>

(朴諺 中:56ㄱ)

(6나)의 {-야-}는 {-아/어-}의 변이형이고,5) (6다, 라)의 '-어시-'는

{-어}와 '이시-'로 구성된 것이다. '-(으)랴'는 대부분 (6가~바)와 같이 반어적 의문문에 쓰이는데, (6사, 아)와 같이 선정 의문문일 때에는 순수 의문문으로 쓰인다. 반어적 의문문인 경우는 자문의 성격이 강하고, 순수 의문문인 경우는 모두 [질문]이다.

3.2.1.4. '-(으)리오/으료'

'-(으)리-'에 {-고}가 통합한 의문 종결 형식은 15세기에 '-(으)리오, -(으)료, -(으)류'로 쓰이다가(安秉禧 1965:68, 허웅 1975:506~508), 16세기에는 '-(으)리오, -(으)료'로 나타난다(허웅(1989:159~161). 17세기에도 역시 '-(으)리오'와 '-(으)료'가 다 쓰였는데, '-(으)리오'가 더 우세하다. 「니+가」, 「니+고」, 「리+가」가 완전히 1음절로 축약되었거나 축약의 경향이 강한 것에 비하면, 「리+고」의 경우는 예외적이다. 이 예외성은 현대 국어 문어체에까지 이어지고 있다. '-(으)리오/(으)료'는 '-(으)랴'와 달리 어간 뒤에 직접 통합한 예만 확인된다.

> (7) 가. 그 말을 엇디 <u>니르리오</u>(老諺 上:2ㄱ)
> 나. 엇디 음식 먹키기놀 그 법을 엇디 <u>아니홈이리오</u>(馬經 上:40ㄱ)
> 다. 길희 盤纏이 간난ᄒᆞ니 엇디 <u>가리오</u>(朴諺 中:52ㄱ)
> 라. 므슴 어려온 고디 <u>이시리오</u>(老諺 上:19ㄴ)
> 마. 길원이 닐오디 폴 업슨 사르미 므스 이룰 <u>ᄒᆞ리오</u>(東國新 忠 1:51ㄴ)
> 바. 므슴 슈폐ᄒᆞᆫ 곳이 <u>이시리오</u>(老諺 上:39ㄱ)
> (8) 가. 우리 누를 두워 방 보라 <u>ᄒᆞ료</u>(老諺 上:31ㄱ)
> 나. 우리 오눌 밤의 어듸 자고 <u>가료</u>(老諺 上:9ㄱ)
> 다. 므슴 ᄂᆞ믈을 <u>시므료</u>(朴諺 中:33ㄴ)

---

5) {-아}에 '-으리아'가 통합하는 예는 15세기에서도 확인된다.
   예: (ㄱ) ᄒᆞᆯ며 그듸 ᄒᆞ마 位ㅣ 노ᄑᆞ니 ᄀᆞ올ᄒᆞ요믈 시러곰 구디 <u>마라리아</u>
   (杜初 22:23)
   (ㄴ) 竹枝 놀애 됴티 아니ᄒᆞ니 그름 빈 튼고 <u>머므러리아</u>(杜初 21:19)
   (ㄷ) 구틔여 녯 수프렛 님자히로라 <u>ᄒᆞ야리아</u>(杜初 18:14)

이기갑(1978:31~32)이 15세기 이래로 '-(으)리오'는 반어적으로 쓰이고 '-(으)료'는 정상적인 의문문에 쓰인다고 본 것은 정확한 관찰로 생각되는데, 아울러 '-(으)리오'는 [자문]으로, '-(으)료'는 [질문]으로 기술할 수 있을 것이다. (7가~바)의 '-(으)리오' 구문은 모두 청자의 [응답]을 요구하지 않는 것으로 보이고, (8가~다)의 '-(으)료' 구문은 모두 청자의 [응답]을 요구하는 것으로 이해되기 때문이다. 의문 종결 형식의 음절 축약에 있어서 '-(으)리오'만이 예외성을 지니게 된 것은 이 대립 때문일 가능성이 있다.6)

'-(으)리오'와 前述한 '-(으)랴'가 모두 반어적 의문문에 많이 쓰이는 현상은 동명사 어미 {-(으)ㄹ}이 [예정]이나 [가능]을 나타내는 데에서 비롯된 것으로 보인다. '-(으)리오/으료'와 '-(으)랴'가 반어적 의문을 나타낼 때에 {-(으)ㄹ}의 의미는 [의도]가 아니라 [예정]이나 [가능]으로 해석된다. 그러므로 이 반어적 의문문은 [예정]과 [가능]을 [부정]하는 의미를 띤다. '-(으)니오/(으)뇨'와 '-(으)냐'가 반어적 의문문을 구성하지 못하는 것은 {-(으)ㄴ}이 [결정]이나 [완료]를 나타내기 때문이다. 반어적 의문문은 [자문]인 경우가 많다. '-(으)리오'와 '-(으)랴'가 '-(으)오/(으)뇨'나 '-(으)냐'와 달리 [자문]에 많이 쓰이는 것도 이 때문이다.

'-(으)랴'와 '-(으)료'의 대립은 18세기의 〈朴通事新釋諺解〉와 〈老乞大諺解〉(重刊本)에서 혼란상을 보인다(주경미 1996:40). 그러나 〈五倫行實圖〉에서는 '-(으)랴'와 '-(으)료'의 구별이 유지되고 있다.

(9) 가. 대댱뷔 능히 흉적을 버히디 못ᄒ고 도로혀 그 신해 되랴

(五倫 2:35ㄴ)

　　　나. 쏘호 아롬답디 <u>아니ᄒ랴</u>(五倫 2:20ㄴ)
(10) 가. 내 엇디 <u>조츠리오</u>(五倫 2:21ㄱ)
　　　나. 능히 밋브게 못ᄒ면 엇디 세샹의 <u>셔리오</u>(五倫 1:7ㄴ)
　　　다. 됴흔 믈을 무엇 ᄒ리오 <u>ᄒ더라</u>(五倫 2:22ㄴ)

---

6) 예외적으로 다음 예문의 '-(으)료'는 반어적 의문문이지만, 질문의 성격이 약하다.
　　예: 네 나히 한 둣ᄒ니 엇디 내 <u>슈례ᄒ료</u>(老諺 上:57ㄴ)

「-(으)냐:-(으)뇨」의 대립과 「-(으)랴:-(으)리오/으료」의 대립은 그 성격이 다르다. 현대 중앙어에서 '-(으)뇨'는 거의 쓰이지 않는 데에 비하여, '-(으)리오'는 비록 문어체이기는 하나 '-(으)랴'와 공존하고 있기 때문이다. 그러므로 18세기에 '-(으)랴'와 '-(으)료'의 대립이 혼란상을 보였던 것은 일시적인 현상이라고 할 수 있다.

3.2.1.5. '-(으)ㄴ가'계 의문문

의문법 종결 형식 '-(으)ㄴ가, -(으)ㄴ고, -(으)ㄹ가, -(으)ㄹ고'에서[7] 종결 어미 {-가}와 {-고}를 분석할 수 있다. 여기서는 '-(으)ㄴ가'계 의문문을 중심으로 형태론적 통합 관계, 판정 의문과 설명 의문의 대립, 간접 의문과 직접 의문 및 질문과 자문, 청자 대우 등급 등에 대하여 논의하기로 한다.

가. 통합 관계

'-(으)ㄴ가'계 의문 종결 형식의 형태론적 성격은 17세기에도 근본적으로 달라지지 않았다. '-(으)ㄴ가'와 '-(으)ㄴ고'는 어간에 직접 통합하기도 하고, {-ᄂ-}, {-더-}, {-(으)시-}, {-ᄉ습-}과 '-ᄋᆸᄂ-', '-ᄋᆸ시ᄂ-', '-ᄋᆸ시더-', '-돗더-', '-도더-', '-ᄉ올소-'를 앞세우기도 한다. {-ᄉ습-}이나 {-(으)시-}가 통합한 경우는 ᄒᆞᆸ소체이고, 그렇지 않은 경우는 ᄒᆞ라체이다. '-(으)ㄴ가'계 종결 형식에 {-ᄉ습-}이나 {-(으)시-}가 통합할 수 있는 것은 '-(으)ㄴ다, -(으)ㄹ다'와 다른 점이다.

(11) 가. 그러ᄒᆞᆫ디 술도 내 ᄆᆞ옴을 바다 <u>그러ᄒᆞᆫ가</u> 너기ᄂᆞ이다(捷新 3:17ㄱ)

나. 네 그룻 <u>사ᄂᆞᆫ가</u> 저프거든 다ᄅᆞᆫ 사롬으로 ᄒᆞ여 뵈라 가라

(朴諺 中:27ㄴ)

다. 小人의 계집과 아ᄒᆡ들히 다 이대 <u>잇던가</u>(老諺 下:4ㄱ)

---

7) 이들을 '-(으)ㄴ가'계 종결 형식이라 부르기로 한다.

  라. 이 드리 다 그므려 가되 지금 긔쳐기 업스니 아너 드롤 그릭 혜
      둧던가(郭氏諺簡 28)
  마. 小人이 어제 貴宅에 흔 拜貼을 머므럿더니 <u>보신가</u>
                                                    (朴諺 上:52ㄱ)
  바. 어와 어와 아롬답스외 府中도 <u>無事흐온가</u>(捷新 5:2ㄱ)
  사. 客人이 와야 亭主ㅣ 보디 <u>아니흐옵눈가</u>(捷新 1:32ㄱ)
  아. 져기 아라 <u>듯즈올쏜가</u>(捷新 1:19ㄴ)
(12) 가. 셔울 몰 갑시 <u>엇더흐고</u>(老諺 上:8ㄱ)
  나. 쏘 풍뉴흐눈 사롬은 <u>엇디</u> 상해 블러 들이디 <u>아니흐신고</u>
                                                    (捷新 8:25ㄴ)
  다. 읻 <u>므스</u> 일이옵관더 이대도록 어렵사리 <u>니르옵시눈고</u>
                                                    (捷新 5:21ㄴ)
  라. <u>므슴</u> 빈 몃 쳑이나 <u>가옵눈고</u>(捷新 4:7ㄱ)
  마. <u>언머</u> 지리히 <u>너기옵시눈고</u> 싱각흐ㄴ이다(捷新 3:26ㄴ)
  바. 그러면 엇디 브더 니일 흐실 양으로 <u>니르옵시던고</u>(捷新 1:28ㄴ)
  사. 그런 듕흔 병이 우리게 <u>쳑돗던고</u>(郭氏諺簡 121)
  아. 쏘 엇디 그런 증셔롤 <u>어드시도던고</u>(郭氏諺簡 121)
  자. 신세예 어린 동싱돌 거느리옵셔 긔운 <u>엇더흐옵샨고</u>
                                                    (郭氏諺簡 131)
  차. 엇디 우리 형뎨 글언 즈식을 다 업시 <u>흐연고</u> ᄀᆡ이 업서 흐
      노라(丙子日記 戊寅年 5月 22日)

  '-(으)ㄴ가'계 종결 형식에 {-숩-}이 통합한 경우는 〈捷解新語〉에서만
발견된다. (11아)의 '-즈올쏜가'에서 {-도-}의 변이형 {-∅-}를 인정하
는 태도도 있을 수 있다. '-(으)리로소냐'와 '-(으)ㄹ소냐'의 공존이 ∅형
태의 설정을 지지하는 근거가 될 수 있다. 그러나 이 연구에서는 구어
체에서 비생산적인 {-도-}가 탈락하고 {-(으)ㄹ-}과 {-소-}가 직접 통
합한 것으로 기술한다. (12자, 차)와 같이 〈玄風郭氏諺簡〉과 〈丙子日記〉
에서는 '흐(옵)샨고'와 '흐연고'가 발견되는데, 각각 「흐+샤+아+(으)ㄴ+
고」와 「흐+여+(으)ㄴ+고」로 구성된 것이다.
  '-(으)ㄹ가'와 '-(으)ㄹ고'가 어간에 직접 통합하는 경우와 {-숩-}의

변이형 {-ᄉ오-}와 {-오-}를 앞세운 경우를 확인할 수 있었는데, 후자
의 경우는 〈捷解新語〉에서 나타난다.

    (13) 가. 그 벗이 이제 미처 올가 못 올가(老諺 上:1ㄴ)
        나. 束의셔 굴획쟉시면 이대도록 폐로이 숣ᄉ올가(捷新 4:22ㄴ)
        다. 오늘은 보올가 너기ᄋᆞᆸ늬(捷新 2:17ㄴ)
    (14) 가. 나그내들 므슴 차반 먹을고(老諺 上:55ㄴ)
        나. 원컨대 바드셔 下人의게나 주시미 엇더ᄒᆞ올고(捷新 8:6ㄱ)
        다. 우리도 이런 일을 어이 즈세 아올고(捷新 2:10ㄴ)

   나. 판정 의문과 설명 의문

  17세기의 '-(으)ㄴ가'계 의문문에서는 판정 의문과 설명 의문의 구별
이 유지되고 있었다.8) 이 사실은 앞의 (11)과 (12), (13)과 (14)를
대비함으로써 확인할 수 있다. '-(으)ㄴ가'계 구문에서 판정 의문과 설
명 의문의 구별은 18세기 중엽의 〈捷解新語〉(改修1次本, 1748)와 〈朴
通事新釋諺解〉(1765)에서 무너진 것으로 나타난다.

    (15) 가. 네 엇지 반ᄃᆞ시 ᄯᅩ 일정 가 보고져 ᄒᆞᄂᆞᆫ가(朴新 3:48ㄱ)
        나. 東萊 극진ᄒᆞ시다 듣ᄌᆞᆸ고 언제 건너가 뵈올가 너기ᄋᆞᆸ더니
                            (改捷 1次 2:5ㄴ~6ㄱ)
        다. 束의셔 굴획쟉시면 엇지 이대도록 폐로이 숣ᄉ올가
                            (改捷 1次 4:31ㄴ)

---

8) 16세기 자료에서 다음과 같이 '언메나'와 판정 의문의 '-(으)ㄴ가'가 함께 쓰인 예문이
   있다. 그러나 이 예문이 선정 의문문인 것으로 보아 '언메나'는 의문사가 아니라 未定
   辭일 것이다.
    예: 閣애셔 뿌미 언메나 갓가온가 먼가(飜老 上:48ㄴ)
   '언머'가 未定辭로 쓰인 경우는 다음과 같이 17세기 자료에서도 확인된다.
    예: (ㄱ) 東萊겨셔도 어제ᄂᆞᆫ 일긔 사오나온ᄃᆡ 언머 슈고로이 건너시도다 넘녀ᄒᆞ시
         고 問安ᄒᆞᄋᆞᆸ시데(捷新 1:22ㄱ)
      (ㄴ) 모다 언머 서의ᄒᆞᆫ 거시라 흥보심을 싱각ᄒᆞ면 측ᄒᆞ건마ᄂᆞᆫ(捷新 9:13ㄱ)

라. 다만 니일 出船의 뒤버무릴쟉시면 中官 以下란 올리디 말
     미 얻디ᄒᆞ올가(改捷 1次 6:29ㄴ~30ㄱ)

　이보다 후대의 자료인 〈五倫行實圖〉(1797)에서는 '-(으)ㄴ가, -(으)ㄹ가'와 '-(으)ㄴ고, -(으)ㄹ고'의 구별이 유지되고 있지만, 〈五倫行實圖〉는 의고적 성격을 지닌 자료이다.9)

　　(16) 가. 샹이 ᄯᅩ흔 독이 잇ᄂᆞ가 의심ᄒᆞ여(五倫 4:18ㄱ)
　　　　　나. 그 ᄠᅳᆺ이 혹 다ᄅᆞᆯ가 ᄒᆞ여(五倫 3:21ㄴ)
　　　　　다. 빅셩이 오직 군이 더디 망홀가 두려워ᄒᆞᄂᆞᆫ디라(五倫 2:2ㄱ)
　　(17) 가. 므어시 이샹ᄒᆞᆫ 일이라 ᄒᆞ고 칙에 올렷ᄂᆞ고(五倫 3:28ㄴ)
　　　　　나. 세 놈이 엇디 이런 어딘 형을 두엇ᄂᆞ고(五倫 1:48ㄱ)
　　　　　다. 뇌 그 죄를 담홀고(五倫 1:21ㄱ)

　그런데 〈五倫行實圖〉에서도 ᄒᆞ쇼셔체의 '-(으)잇고' 구문은 쓰이지 않았다. 이 사실은 판정 의문 대 설명 의문의 대립이 ᄒᆞ쇼셔체에서부터 무너지기 시작하였음을 확인시켜 준다.
　'-(으)ㄴ가'계 의문문은 현대 국어에서도 생산적으로 쓰이고 있다. 주경미(1996:56~57, 60~61)는 17세기에 '-(으)ㄴ가'와 '-(으)ㄴ고'가 각각 '-(으)냐'와 '-(으)뇨'로, 2인칭 주어와 공기하는 '-(으)ㄹ가'와 '-(으)ㄹ고'가 각각 '-(으)ㄹ다'와 '-(으)려 … -(으)ㄴ다' 또는 '-(으)ㄹ러뇨'로, 3인칭 주어와 공기하는 '-(으)ㄹ가'와 '-(으)ㄹ고'가 각각 '-(으)랴'와 '-(으)리오/(으)료'로 교체되기도 하는 현상을 지적하였다. 그러나 '-(으)ㄴ가'계 의문문이 현대 국어에서도 생산적으로 쓰이므로, 이런 변화가 '-(으)ㄴ가'계 의문문의 소멸을 의미하는 것이라고 해석할 수는 없다. '-(으)ㄴ가'계 의문문이 迂說的인 〔질문〕의 성격을 띠고 있어서 직접적인 〔질문〕 형식으로 수정한 것이라고 해석하는 것이 온당할 것이다.

――――――――――――――――――

9) 3.2.1.7.을 참조할 것.

다. 간접 의문과 직접 의문

15세기의 '-(으)ㄴ가'계 구문은 1·3인칭 주어문에 쓰이는 간접 의문 또는 자문 형식으로 이해되어 왔다.10) 李承旭(1963:190~191)은 '-(으)ㄴ다'를 질문 또는 직접적 의문이라 하고, '-(으)ㄴ가'를 의문 또는 간접적 의문이라 하였는데, 이것은 직접 의문과 질문, 간접 의문과 자문을 동일시한 것이다. 李賢熙(1982:3~5)에서는 간접 인용된 의문문과 자문문을 모두 간접 의문문이란 용어로 포괄하였다. 그러나 安秉禧(1965 :73~74)와 安秉禧(1967:219)에서는 간접적 의문과 자문이 동일한 것이 아님을 시사한 바 있고, 徐禎穆(1987:24~25)은 이러한 견해를 좀 더 구체화하여, 직접 의문과 간접 의문은 문장 구성의 문제이고, 질문과 자문은 문장 사용의 문제라 하여 구별하였다. 전자는 통사론적인 것이고 후자는 화용론적인 것임을 지적한 것이다.

직접 의문문과 간접 의문문이란 용어는 혼란을 초래할 가능성이 있다. 현대 국어의 기술에서는 '하고', '-라고' 등에 의해 인용되는 문장을 직접 인용문으로, '-고'에 의해 인용되는 인용문을 간접 인용문으로 부르고 있기 때문이다(徐禎穆 1987:60,68).11) 그러나 다른 적절한 용어가 없으므로, 이 연구에서도 직접 의문문과 간접 의문문이란 용어를 그대로 사용하기로 한다. 직접 의문문은 '-(으)ㄴ가'계 구문이 그 뒤에

---

10) 15세기의 '-(으)ㄴ가'계 구문이 1·3인칭 주어문에 쓰인다는 것은 허웅(1975:521)에서 지적되었다.

11) 중세 국어나 근대 국어에서 직접 인용문과 간접 인용문을 구별하는 일은 쉽지 않다. 현대 국어에서는 인용 표지 '-하고', '-라고'와 {-고}를 기준으로 직접 인용문과 간접 인용문을 구별하는 것이 어느 정도 가능하지만, 중세 국어와 근대 국어의 '-은가'계 구문 뒤에 나타나는 사유 동사, 인지 동사, 심리 동사는 그러한 구별에 별로 유효하지 못하다. 청자 대우법을 기준으로 구분하는 것이 비교적 나은 방법이라 할 수 있겠지만, '-(으)ㄴ가'계 구문은 ᄒᆞ라체, ᄒᆞ소체, ᄒᆞᆸ소체, ᄒᆞ쇼셔체에 두루 쓰이기 때문에 청자 대우법도 직접 인용문과 간접 인용문을 구별하는 데에 유효한 기준이 될 수 없다. 현대 국어에서도 {-고}가 직접 인용문에 쓰이는 경우가 있는데, 이에 대하여는 徐禎穆(1987:68)을 참조할 것.

이어지는 문장과 통사론적으로 독립되어 쓰인 것이고, 간접 의문문은 그렇지 못한 것이다. '-(으)ㄴ가'계 구문과 그 뒤에 이어지는 문장이 통사적으로 독립적이지 않은 경우의 상위문 동사는 다음과 같은 두 가지 기능 중 하나를 지닌다. 첫째는 앞의 '-(으)ㄴ가'계 구문을 목적 보문으로 지배하는 것이고, 둘째는 '-(으)ㄴ가'계 구문의 인용 표지로 쓰이는 것이다.

'-(으)ㄴ가'계 구문을 간접 의문과 직접 의문으로 나누어 기술하되, '-(으)ㄴ가, -(으)ㄴ고' 구문과 '-(으)ㄹ가, -(으)ㄹ고' 구문으로 나누어 기술하기로 한다. 왜냐 하면 간접 의문문에서는 '-(으)ㄴ가, -(으)ㄴ고'에 쓰일 수 있는 상위문 동사와 '-(으)ㄹ가, -(으)ㄹ고'에 쓰일 수 있는 상위문 동사에 차이가 있고, 직접 의문문에서도 '-(으)ㄴ가, -(으)ㄴ고' 구문은 '-(으)ㄹ가, -(으)ㄹ고' 구문과 달리 주어 선택의 제약을 가지는 것으로 보이기 때문이다.

A. 간접 의문

(ㄱ) '-(으)ㄴ가, -(으)ㄴ고'

간접 의문의 '-(으)ㄴ가, -(으)ㄴ고' 구문 뒤에 쓰이는 상위문 동사에는 세 가지 부류가 있다. 사유 동사, 인지 동사, 심리 동사가 그것이다. 사유 동사에는 '너기다, 싱각ᄒᆞ다, 분별ᄒᆞ다, 넘녀ᄒᆞ다, 시브다, 일ᄏᆞ다' 등이 있고, 인지 동사에는 '아라 보다, 알고져 ᄒᆞ다, 모ᄅᆞ다, 무러 보다, 보다, 보이다' 등이 있으며, 심리 동사에는 '저프다, 섧다' 등이 있다. '일ᄏᆞ다'를 사유 동사에 포함시킨 것은 '일ᄏᆞ다'와 함께 나타나는 '-(으)ㄴ가'계 구문이 대화라기보다는 화자 자신의 내면적 [의심]을 나타내는 것으로 보이기 때문이다. 15세기의 '-(으)ㄴ가'계 구문에 나타나는 상위문 동사의 목록은 李賢熙(1982:47~48)와 金貞娥(1985)에서 작성된 바 있다. 李賢熙(1982:47~48)는 사유 행위를 나타내는 '모ᄅᆞ다, 너기다, 식브다, ᄉᆞ랑ᄒᆞ다' 등과 의구, 회의를 나타내는 '시름ᄒᆞ다, 의심ᄒᆞ다, 젛다, 저프다, 두리다, 슳다' 등을 제시하였고, 金貞娥(1985:286)

는 '너기다, ᄉᆞ랑ᄒᆞ다, 식브다' 등의 사유 동사와 '저ᄒᆞ다, 두리다, 슳다, 시름ᄒᆞ다, ᄭᅥ리다' 등의 심리 동사를 제시하였다. 이 연구에서 종래의 연구와 달리 인지 동사를 사유 동사로부터 분리한 것은 인지 동사는 다른 사유 동사와 달리 목적어를 필수적으로 요구하는 특징을 지니고 있기 때문이다.12) 다음 (18가~마)와 (19가,나)는 '-(으)ㄴ가, -(으)ㄴ고' 의문문 뒤에 사유 동사가 쓰인 경우이다.

> (18) 가. 언머 지리히 <u>너기오시ᄂᆞᆫ고</u> <u>싱각ᄒᆞᄂᆞ이다</u>(捷新 3:26ㄴ)
> 　　　나. 져도 그론 ᄃᆞ랏치롤 내엿다 ᄒᆞ니 엇디 <u>그러ᄒᆞ고</u> <u>분별ᄒᆞ며</u>
> 　　　　　　　　　　　　　　　　　　　　　　　　　　　(李朝諺簡 71)
> 　　　다. 나갈 적 병셰롤 아랏던 거시매 일뎡 더 알파 <u>ᄒᆞᄂᆞᆫ가</u> <u>일ᄏᆞᆺ고</u> 넘
> 　　　　　ᄒᆞ더니 수이 그만이나 ᄒᆞ야 니일 드러온다(李朝諺簡 36)
> 　　　라. 년고ᄒᆞᆫ 사롬이 뎌젹의 날마다 문안 ᄃᆞ니시기예 <u>샹ᄒᆞ신가</u>
> 　　　　　<u>넘녀ᄒᆞ며</u> 안심티 아녀ᄒᆞ노라(李朝諺簡 63)
> 　　　마. 엇디 <u>그런고</u> <u>넘녀ᄒᆞ노라</u>(李朝諺簡 97)
> (19) 가. 教令이 이실시야 이대도록 <u>니르ᄂᆞᆫ가</u> <u>너기엿ᄂᆞ이다</u>
> 　　　　　　　　　　　　　　　　　　　　　　　　　　(捷新 8:11ㄱ)
> 　　　나. 득죄야 므슴 녀나믄 득죄리 이번의 아니 드러온 <u>죈가</u> <u>시브</u>
> 　　　　　<u>다</u>(李朝諺簡 43)

(18가~마)와 (19가, 나)의 상위문 동사들은 모두 통사론적으로 '-(으)ㄴ가, -(으)ㄴ고' 구문과 독립된 것으로 보이지 않는다. (18가~마)의 '-(으)ㄴ가, -(으)ㄴ고' 구문에 후행하는 상위문 동사는 '-(으)ㄴ가, -(으)ㄴ고' 구문을 목적 보문으로 지배하는 것으로 보이기도 하고, '-(으)ㄴ가, -(으)ㄴ고' 구문의 인용 표지로 보이기도 한다. 그것은 '싱각ᄒᆞ다, 분별ᄒᆞ다, 일ᄏᆞᆺ다, 넘녀ᄒᆞ다'가 목적어를 수의적으로 요구하는 동사이기 때문이라고 생각한다. 이와 달리 (19가, 나)의 '너기다'와 '시브다'는 목적 보문을 지배하는 것으로 볼 수 없다. 이들은 목적어를 필요로 하는 동사가 아

―――――――――――――――――

12) '-(으)ㄴ가'계 간접 의문문의 특성은 '-(으)ㄴ다, -(으)ㄹ다' 의문문과 비교할 때에 잘 드러난다. '-(으)ㄴ다, -(으)ㄹ다' 의문문 뒤에는 어떠한 상위문 동사도 오는 일이 없다.

니기 때문이다.

상위문 동사 중 (19나)의 '시브다'는 특이한 면을 지니고 있다. '-(으)ㄴ가'와 '시브다' 사이에 'ᄒ야'가 개입할 수 없고, 다른 동사들은 피인용문 앞에서 '너기더, 싱각ᄒ더…' 등으로 쓰일 수 있는 데에 비해 '시브다'는 그러한 용법을 갖지 못하는 것이 그것이다. 이 두 가지 현상은 '시브다'가 원래 보조 용언이라는 사실에 기인한다. 이 점에서 '시브다'는 현대 국어 '-(으)ㄴ가 보다' 구문에 쓰이는 보조 용언 '보다'와 동일하다. '… -(으)ㄴ가 시브-' 구문은 사태에 대하여 거의 알고 있는 화자의 확인 [의도]를 나타낸다. 그러므로 '시브다'가 쓰인 '-(으)ㄴ가' 구문의 의미는 [의문]이라기보다는 [진술]에 가깝다. '시브다' 앞에 설명 의문의 '-(으)ㄴ고'가 안 쓰인 것은 이 때문이라 생각한다. 설명 의문의 '-(으)ㄴ고' 구문은 반어적 의문이 아닌 한 화자가 알지 못하는 사태에 대한 [의문]을 나타내기 때문에 화자가 사태를 어느 정도 알고 있는 경우에 쓰이는 '시브다'와 공기하지 못하는 것이다.

다음의 (20가~사)는 인지 동사 '모ᄅ다, 아라 보다, 무러 보다, 알고져 ᄒ다, 보다, 보이다'가 상위문 동사로 쓰인 경우이다. '무러 보다'를 인지 동사에 포함시키는 데에는 의미면에서 적절하지 않다. 그러나 '무러 보다'는 알고자 하는 의도를 (언어)행위로 나타내는 것이고, 통사적 특징 면에서도 나머지인지 동사와 공통점을 보이기 때문에 인지 동사에 포함시킬 수 있다.

(20) 가. 부마는 몸이나 무ᄉ히 잇는가 ᄒ며 죨곡이 디나시니 된 밥이나
　　　　시로이 <u>먹는가</u> 몰라 답답ᄒ여 ᄒ노라(李朝諺簡 73)

　　나. 정승이 혼자 와 ᄒ시니 아녀 <u>겨신가</u> 부마ᄒ여 <u>아라 보라</u>
　　　　ᄒᄋ오신다(李朝諺簡 82)

　　다. 그 집의셔 의관이 뵈여 보고져 ᄒ면 뉴후셩이나 보낼 거시
　　　　니 뵈고져 <u>ᄒ는가</u> 그 집의셔 <u>무러 보와라</u>(李朝諺簡 102)

　　라. 요ᄉ이 긔운이나 무ᄉ히 <u>디내ᄋ시는가</u> <u>아ᄋ고져</u> ᄒ오며
　　　　　　　　　　　　　　　　　　　　　　(李朝諺簡 129)

　　마. 요ᄉ이 긔운이나 <u>엇더ᄒᄋ오신고</u> <u>아ᄋ고져</u> ᄒ오며
　　　　　　　　　　　　　　　　　　　　　　(李朝諺簡 149)

바. 게 가 방이 맛당혼가 못 <u>맛당혼가</u> <u>보고야</u> 내 혼 말을 니ᄅ
려 ᄒ노라(老諺 上:61ㄱ)
사. 이 말이 혼 말이나 <u>그론가</u> 셩셔방을 <u>뵈여 보쇼셔</u>(李朝諺簡 123)

여기에 쓰인 인지 동사의 공통점은 모두 목적어를 요구한다는 점이
다. 그러므로 인지 동사 앞의 '-(으)ㄴ가, -(으)ㄴ고' 구문은 상위문 동
사의 목적 보문으로 해석된다. (20나,다,사)에서는 '-(으)ㄴ가, -(으)ㄴ
고'와 후행하는 인지 동사 사이에 부사어(구) 또는 목적어가 개입하였지
만, 여기에 쓰인 인지 동사들이 '-(으)ㄴ가, -(으)ㄴ고' 구문과 통사적으
로 독립된 것으로 보이지 않는다.

'-(으)ㄴ가'계 의문문 뒤에 'ᄒ다'가 쓰이는 일도 있는데, 'ᄒ다'는 사유
동사와 인지 동사의 대동사로 쓰인다. 다음 (21가)에서는 사유 동사
'너기다', (21나)에서는 인지 동사 '알다', (21다)에서는 인지 동사구
'알고져 ᄒ다' 대신 'ᄒ다'가 쓰였다.

(21) 가. 어룬들히 헐복ᄒ야 <u>그런가</u> ᄒ노라(李朝諺簡 48)
나. 사술통 가져다가 흔드러 그 듕에 ᄒ나흘 ᄲᅢ혀 ᄲᅢ히니 <u>뉜고</u>
<u>ᄒ야</u> 믄득 그 사롬 ᄒ여 글 외오디 외온 이ᄂᆞᆫ 스승이 免帖
ᄒ나흘 주ᄂᆞ니(老諺 上:4ㄱ)
다. 긔운이나 <u>무스혼가</u> ᄒ며 너희 집 일이야 어이 내내 다 뎍
으리(李朝諺簡 48)

다음으로는 심리 동사 '저프다, 셟다' 등이 '-(으)ㄴ가' 구문의 상위문
동사로 쓰인 경우에 대하여 살펴보기로 한다. 예를 많이 찾을 수 없다.

(22) 가. 네 그릇 <u>사노가</u> <u>저프거든</u> 다론 사롬으로 ᄒ여 뵈라 가라
(朴諺 中:27ㄴ)
나. 내 사오나온 타스로 <u>그러ᄒ온가</u> 셜운 듕의 애둛기 아므라타 업스
이다(李朝諺簡 123)

金貞娥(1985:283,286)는 사유 동사, 인지 동사의 경우와 달리 심리 동사 '저프다'와 '-(으)ㄴ가, -(으)ㄴ고' 구문 사이에는 '호야'가 개입할 수 있으므로 '저프다'가 사유나 인지의 결과를 표현한다고 하여 상위문 동사에서 제외하였다. 그러나 '저프다'는 의문 행위 중 [의구]를 나타내는 상태 동사이다. 그뿐 아니라 (22가)에서 '저프거든'은 조건절을 구성하고 있는데, '저프거든'만으로는 조건절로서의 완결성을 갖추었다고 보기 어렵다. 즉 '저프거든'은 앞의 '-(으)ㄴ가' 구문과 통사적으로 독립한다고 보기 어렵다는 것이다. 그러므로 '저프거든'은 '-(으)ㄴ가, -(으)ㄴ고' 구문의 상위문 동사로 기술할 수 있다. (22가, 나)의 '저프다, 섧다'는 모두 '-(으)ㄴ가' 구문에서 나타나는 화자의 심리적 태도를 구체화하는 상위문 동사이다.

'저프다'가 '-(으)ㄴ고' 구문 뒤에 쓰인 예는 찾을 수 없는데, 그것은 '저프다'는 불확실하지만 개연성이 있다고 화자가 판단하고 있는 사태에 대한 [의구]를 나타내는 데에 비해, 설명 의문의 '-(으)ㄴ고' 구문은 반어적 의문이 아닌 한, 화자가 알지 못하는 사태에 대한 [의문]을 나타내기 때문이라고 생각한다.

다음의 (23가~라)와 같이 '-(으)ㄴ가'계 구문 뒤에 '넘녀, 분별' 등의 명사가 직접 통합한 경우는 직접 의문으로 쓰인 것인지 간접 의문으로 쓰인 것인지 판단하기 어렵다.

(23) 가. 여날 긔별 못 드르니 엇디 <u>인눈고</u> <u>분별이</u> 그지 업서 ᄒ며
(李朝諺簡補24)
　　 나. 엇디 <u>그런고</u> <u>분별이</u> 아ᄆ라타 업서 ᄒ노라(李朝諺簡 90)
　　 다. 엇디 <u>그러ᄒ고</u> <u>넘녜</u> ᄀᆞ이 업서 ᄒ노라(李朝諺簡 112)
　　 라. 드르니 비편 되아셔 ᄒ더라 ᄒ니 엇디 <u>ᄃᆞ니던고</u> 넘녀 ᄀᆞ이 업서 ᄒ
　　　　 노라(李朝諺簡 補24)

(23가~라)의 '-(으)ㄴ고' 구문은 뒤에 이어지는 문장과 통사적으로는 독립된 문장으로 볼 수도 있다. 이어지는 문장들이 그 자체로서 통사적

완결성을 지니고 있기 때문이다. 그러나 '-(으)ㄴ가, -(으)ㄴ고'에 이어지는 문장이 통사적 완결성을 갖추었다는 이유로 '-(으)ㄴ고' 뒤에 이어지는 문장을 독립된 문장으로 볼 수는 없다. 다음의 (24)에서 보는 바와 같이 '-(으)ㄴ가'와 '분별, 넘녀' 사이에 'ᄒᆞᄂᆞ'이 쓰인 경우를 고려하여 (23가~라)의 '-(으)ㄴ고' 구문 뒤에서도 'ᄒᆞᄂᆞ'이 생략된 것으로 보고 이 '-(으)ㄴ고' 구문을 간접 의문으로 기술해야 할 것이다.

> (24) 일변으로 혜ᅀᆞᆸ건댄 쇼죵 가묘 읷운이 진티 못ᄒᆞᅀᆞᆸ셔 <u>이런가</u> ᄒᆞ<u>ᅀᅩᄂᆞ</u> 넘도 업디 못ᄒᆞ오니(李朝諺簡 122)13)

(ㄴ) '-(으)ㄹ가, -(으)ㄹ고'

'-(으)ㄹ가, -(으)ㄹ고' 구문이 간접 의문문으로 쓰일 때에 나타나는 상위문 동사에는 사유 동사와 심리 동사 두 가지 부류가 있다. 전자에 해당하는 동사로는 '싱각ᄒᆞ다, 혜다, 넘녀ᄒᆞ다, ᄇᆞ라다, 기다리다, 시브다, 일ᄏᆞ다' 등이 있고, 후자에 해당하는 동사로는 '저프다, 젛다, 깃거ᄒᆞ다' 등이 있다. 인지 동사는 '-(으)ㄹ가, -(으)ㄹ고' 구문의 상위문 동사로 쓰이지 않은 것으로 보인다. 여기서 '-(으)ㄴ가, -(으)ㄴ고' 구문에 비해 사유 동사에 'ᄇᆞ라다, 기다리다'가 추가된 것이 주목된다. 'ᄇᆞ라다, 기다리다'가 '-(으)ㄴ가, -(으)ㄴ고' 구문과는 공기하지 못하고, '-(으)ㄹ가, -(으)ㄹ고' 구문과만 공기하는 것은 'ᄇᆞ라다'나 '기다리다'의 대상이 대체로 미래의 사실이기 때문이다. 그 외의 사유 동사 목록에서 차이가 나는 것은 자료의 제약에 말미암는 것으로 생각한다.14) 먼저 사유 동사가 상위문 동사로 쓰인 경우를 보기로 한다.

---

13) 다른 문헌에서는 '-(으)ㄴ가'계 의문 종결 형식 뒤에 'ᄒᆞᄂᆞ'이 통합한 경우를 찾을 수 없다. 그러나 이 통합이 흔치 않았을 것이라고 볼 수는 없을 것이다.

14) '너기다'가 '-(으)ㄹ가, -(으)ㄹ고'와 공기하는 예를 찾지 못하였으나, 15세기의 다음 예를 참고하면 가능한 구성임을 알 수 있다.

  예: 拘尸城ㅅ 사ᄅᆞ미 녀느 나라해셔 와 <u>아ᅀᆞᆯ가</u> <u>너겨</u>(釋詳 23:51ㄴ)

(25) 가. 대난이 구르시면 님잣끠 <u>샹흐실가도</u> <u>혜와니와</u>

　　　　　　　　　　　　　　　　　　　　(李朝諺簡 123)

　　나. 오던 때롤 싱각고 더옥 섭섭흐니 슈라다 먹어도 마시 <u>업술가 일</u>
　　　　<u>크르며</u> 쏘 수이 볼 일만 기드리고 잇너(李朝諺簡 37)

　　다. 몬내 닐러흐니 나는 언제 볼고 <u>일크르며</u> 날이나 더 덥거든
　　　　다 드려다가 보려 흐노라(李朝諺簡 53)

(26) 가. 이러구러 졈졈 <u>흐릴가</u> <u>브라노라</u>(李朝諺簡 96)

　　나. 드러올 날이 갓가오니 수이 <u>볼가</u> <u>기드리노라</u>(李朝諺簡 67)

　　다. 언제 다시 반가이 <u>뵈올고</u> <u>기드리고</u> 잇숩ᄂ이다

　　　　　　　　　　　　　　　　　　　　(李朝諺簡 146)

　　라. 가지가지 곰곰 싱각흐오면 일쿽도 니치온 쩌 업亽와 인흐
　　　　여 병도 <u>되올가</u> <u>시브오이다</u>(李朝諺簡 129)

(25가~다)의 '-(으)ㄹ가, -(으)ㄹ고' 구문에 후행하는 상위문 동사는 '-(으)ㄹ가, -(으)ㄹ고' 구문을 목적 보문으로 지배하는 것으로 보이기도 하고, '-(으)ㄹ가, -(으)ㄹ고' 구문의 인용 표지로 보이기도 한다. 그것은 '혜다'와 '일쿨다'가 목적어를 수의적으로 요구하는 동사이기 때문이다. 그러나 (26가~라)의 '-(으)ㄹ가, -(으)ㄹ고' 구문은 목적 보문으로 해석되지 않는다. 화자의 [기대]나 [의문] 자체가 '브라다, 기다리다'의 목적어가 될 수 없고, '시브다'는 원래 목적어를 취하지 않는 보조 용언이기 때문이다. 그러나 (26가~라)의 상위문 동사는 모두 '-(으)ㄹ가, -(으)ㄹ고' 구문과 통사적으로 독립된 것으로 볼 수 없다. (26가~라)의 모든 상위문 동사는 '-(으)ㄹ가, -(으)ㄹ고'가 지니는 화자의 심리적 태도를 구체화시키는 인용 표지로서의 기능을 수행하고 있는 것으로 생각된다.

　'-(으)ㄹ가, -(으)ㄹ고' 구문에서도 '흐다'가 상위문 동사로 쓰이는 일이 있는데, 이 '흐다'는 '싱각흐다, 기다리다' 등 사유 동사의 대동사로 쓰인 것으로 볼 수 있다.

(27) 가. 나는 듕병을 어더 두 돌채 누어 디내니 사디 <u>몯흘가</u> 흐니

　　　　　　　　　　　　　　　　　　　　(李朝諺簡 135)

　　　나. 너는 언제 아돌을 나하 뎌 늘근 싀아비롤 싱광을 <u>뵐고</u> 호
　　　　　<u>노라</u>(李朝諺簡 61)

다음 (28가~다)는 심리 동사가 상위문 동사로 쓰인 경우이다.

　　(28) 가. 이 구유 터히 フ장 너르니 쯰워 멀즈시 미라 쏘 노히 <u>얼킬가</u>
　　　　　　<u>저페라</u>(老諺 上:34ㄱ)
　　　　나. 후에 의빙홀 디 <u>업슬가</u> <u>저허</u> 부러 이 문긔를 밍그라 쓰게 호
　　　　　　노라(老諺 下:15ㄴ)
　　　　다. 드라치는 그리 심티 아니타 호니 수이 <u>호릴가</u> <u>깃거호노라</u>
　　　　　　　　　　　　　　　　　　　　　　　　　　(李朝諺簡 67)

심리 동사 '저프다, 젖다, 깃거호다' 앞에 쓰인 '-(으)ㄹ가'는 불확실하
지만 가능성이 있는 사태에 대한 [예견]이나 [기대]를 드러내는 것으로
서 [의문]의 의미는 약한 편이다. 여기에 쓰인 심리 동사들 중 '깃거호
다'를 '-(으)ㄹ가' 구문의 의미를 구체화시키는 인용 표지로 보는 데에
문제가 없는 것은 아니지만, 이 때의 '-(으)ㄹ가'는 소망하는 사태의 실
현에 대한 [예견]을 나타내므로, '깃거호다'의 의미와 상통한다고 생각
된다. '-(으)ㄹ고'는 심리 동사 앞에서 안 쓰인 것으로 생각된다. 그것은
심리 동사는 불확실하지만 개연성이 있음을 화자가 [인지] 또는 [예
견]하고 있는 어떤 사실에 대한 [의구]나 [기대]를 드러내는 데에 비
해, 반어적 의문이 아닌 한 설명 의문의 '-(으)ㄹ고' 구문은 단지 화자
가 알지 못하는 사실에 대한 [의문]만을 나타내기 때문이다.

B. 직접 의문

(ㄱ) '-(으)ㄴ가, -(으)ㄴ고'
다음은 '-(으)ㄴ가, -(으)ㄴ고' 구문이 직접 의문문에 쓰인 경우이다.

　　(29) 가. 편안이 <u>자옵신가</u> 나는 계유 오디 밤의 비 오고 쏘 올가 시브니 민망

ㅎ외(李朝諺簡 補 2)

　나. 금동이 갈 제 유무ㅎ더니 <u>보신가</u> 조심ㅎ여 겨소

(郭氏諺簡 14)

　다. -언제 오뇨 집의셔 다 이대 <u>잇던가</u>

　　-다 이대 잇더라(老諺 下:3ㄱ)

(30) 가. (네) 이제 언머에 <u>ᄑᆞᄂᆞ고</u>(老諺 下:2ㄴ)

　나. 자내는 어늬 경에 먼 발 굴러 말ㅎ여 <u>겨신고</u> 자내 먼 발
　　굴러 마롤 아니흔 둘 이제쓴 자내 가슴 틔올 이롤 내 홀
　　주리 이실가 글란 싱각도 말고 자내 몸애 병이나 삼가 댱슈히 사
　　소(郭氏諺簡 25)

　다. 형은 일즉 아ᄂᆞ니 셔울 몰 갑시 <u>엇더ㅎ고</u>(老諺 上:8ㄱ)

(29가~다)와 (30가~다)는 '-(으)ㄴ가, -(으)ㄴ고' 구문이 직접 의문
으로 쓰일 수 있고, 이 경우에 2인칭 주어와 3인칭 주어가 모두 쓰일
수 있음을 보여 주고 있다. (29가, 나)와 (30가, 나)는 2인칭 주어문
이고, (29다)와 (30다)는 3인칭 주어문이다. 직접 의문의 '-(으)ㄴ가'
계 구문에서 2인칭 주어가 쓰이는 것은 16·17세기 이후에 두드러지게
된 현상이다.15) 이처럼 '-(으)ㄴ가'계 구문이 주문장에서 2인칭 주어와
호응하여 쓰이는 사실은 '-(으)ㄴ다'계 의문문의 소멸의 한 원인이 된다.
(29가~다)와 (30가~다)는 모두 질문이다. 그러나 직접 의문에 쓰인
'-(으)ㄴ가, -(으)ㄴ고' 구문이 모두 [질문]이 된다고 속단할 수는 없다.
이에 대한 논의는 後述하기로 한다.

　'-(으)ㄴ가, -(으)ㄴ고' 구문 중에서 화자 주어문은 확인되지 않는다.
그것은 '-(으)ㄴ가, -(으)ㄴ고'는 '-(으)ㄹ가, -(으)ㄹ고'와 달리 대개 확
정된 사실이나 이미 이루어진 행위에 대한 [의문]을 나타내는데, 이미
확정된 사실이나 이미 이루어진 화자 자신의 행위에 대한 [의문]의 표

---

15) 다음은 16세기 예문으로서 2인칭 주어문에 '-(으)ㄴ가'계 구문이 쓰인 것이다.

　예: (ㄱ) 샹공하 이제 다 됴하 <u>겨신가</u> 몯ㅎ야 <u>겨신가</u>(飜朴 上:38ㄱ)

　　(ㄴ) 네 이 둜 그믐끠 北京의 <u>갈가</u> 가디 <u>몯홀가</u>(飜老 上:2ㄱ)

　　(ㄷ) 형님네 언제 길 <u>나실고</u>(飜朴 上:8ㄴ)

현은 실제 발화에서 생산적이지 않기 때문일 것이다. 허웅(1975:500)
은 15세기의 '-(으)ㄴ가'계 의문법이 1·3인칭 주어문에 쓰인다고 하였
으나, 15세기에도 '-(으)ㄴ가, -(으)ㄴ고' 의문법이 화자 주어문에 쓰이
는 예는 많지 않았던 것으로 보인다.

(ㄴ) '-(으)ㄹ가, -(으)ㄹ고'

'-(으)ㄹ가, -(으)ㄹ고' 구문도 직접 의문문으로 쓰일 수 있었다.

> (31) 가. 束의셔 굴휠쟉시면 이대도록 폐로이 <u>슯스올가</u> 그저 그저
>   우리 슯는 양으로 ᄒ시면 못기 쉬울까 너기옵니
>
>   (捷新 4:22ㄴ)
>
> 가'.우리도 이런 일을 어이 즈세 <u>아올고</u> 일 모로는 것들이 일뎡 닛
>   고 그리 훈 일이옵도쇠(捷新 2:10ㄴ)
> 나. -네 이 둘 그몸끠 北京의 <u>갈가</u> 가디 <u>못ᄒ가</u>16)
>   -모로리로다 그 말을 엇디 니ᄅ리오(老諺 上:1ㄴ-2ㄱ)
> 나'.-나그내들 므슴 차반 <u>먹을고</u>
>   -우리 네 사롬의게 셜혼 낫 돈엣 羊肉을 복고 스므 낫 돈엣
>   燒餠을 가져 오라(老諺 上:55ㄴ)
> 다. -그 벗이 이제 미처 <u>올가</u> 못 <u>올가</u>
>   -이 벗이 곧 긔니 어제 ㅈ 오니라(老諺 上:1ㄴ)
> 다'.가운이 블힝ᄒ여 산수 업슨 집이 업스니 그런 일이 어디
>   <u>이실고</u> 나도 쳔만 넘 밧긔 텬은을 닙ᄌ와 도라오나 인시
>   다변ᄒ여 무티인 분묘돌만 보니… 오래 사랏기 됴흔 일이
>   <u>아니로쇠</u> 의외예 조싱원이 멀리 와 보시니 인ᄒ여 덕으신
>   편지 보고보는 <u>돗ᄒ여이다</u> 사당 반두레 보내니 아기네 약
>   애나 쓸가 <u>ᄒ니</u> 이만(李朝諺簡 136)

(31가, 가'), (31나, 나'), (31다, 다')는 각각 1인칭, 2인칭, 3인칭
주어문이다. '-(으)ㄴ가, -(으)ㄴ고' 구문과 달리 '-(으)ㄹ가, -(으)ㄹ고'

---

16) '-(으)ㄴ가, -(으)ㄹ가'는 선정 의문문으로 쓰일 수 있고, '-(으)ㄴ고, -(으)ㄹ고'는
   선정 의문문으로 쓰이지 않는다. 예문은 주경미(1996:54)를 참조할 것.

구문에서는 화자 주어를 확인할 수 있다. 그것은 '-(으)ㄴ가, -(으)ㄴ고'
는 확정된 사실이나 행위를 나타내기 때문에 화자 주어의 행위나 상태
를 묻는 데에 생산적으로 쓰이지 못하지만, '-(으)ㄹ가, -(으)ㄹ고'는 확
정되지 않은 미래의 사실이나 행위를 나타내기 때문이다. 직접 의문으
로 쓰인 '-(으)ㄹ가, -(으)ㄹ고' 구문은 [질문]이 될 수 있다. 그러나 직
접 의문의 모든 '-(으)ㄹ가, -(으)ㄹ고' 구문이 [질문]이 되는 것은 아니
다. (31다')의 '-(으)ㄹ고'는 직접 의문이면서도 [자문]이다. 그것은
(31다')의 '-(으)ㄹ고'가 ㅎ소체나 ㅎ쇼셔체와 함께 쓰이고 있는 데에서
도 드러난다. 다음 (32가~다)의 '-(으)ㄹ가, -(으)ㄹ고' 구문도 직접 의
문이면서 [자문]이다.

(32) 가. 교리는 쏘 번을 드러시니 이런 서열의 <u>샹홀가</u> 글로 민망훈
　　　둥 ᄀᆞ득 실티 못훈 사룸이 이 쎄면 더옥 음식도 실히 못ᄒ
　　　는 사룸이니 가지가지 넘이 ᄀᆞ이 업서 ᄒ노라
(李朝諺簡 121)

　　나. 무ᄉ히 희산을 ᄒ다 ᄒ니 깃버ᄒ니 나는 일이 이셔 보디
　　　못ᄒ니 ᄀᆞ히 업서 ᄒ니 그 아히 일홈으란 남녀라 ᄒ소 아
　　　돌이나 쏠이나 어니 <u>다룰고</u> 몸조심ᄒ야 됴히 잇소
(李朝諺簡 補3)

　　다. 엇디 일마다 다 됴케야 <u>싱각홀고</u> 자내게 하 셟게 아니커든
　　　삼년으란 견디게 ᄒ고 하곳 셟게 ᄒ거든 다시 긔별 ᄒ소
(郭氏諺簡 25)

(32가~다)의 '-(으)ㄹ가, -(으)ㄹ고' 구문은 그 뒤에 이어지는 문장과
통사적으로 독립되어 있으므로, 직접 의문으로 쓰인 것이다. 그러나 이
'-(으)ㄹ가, -(으)ㄹ고' 구문은 청자(독자)의 [응답]을 요구하지 않고 화
자 자신의 [의구], [탄식], [신념]을 의문 형식으로 나타내고 있는 자문이다.

라. '-(으)ㄴ가'계 의문문의 청자 대우 등급과 그 본질적 성격

종래에는 '-(으)ㄴ가'계 구문이 16세기 이후에 직접 의문의 형식으로도 쓰이며, 그 경우에 청자 대우의 등급이 ᄒᆞ라체에서 ᄒᆞ소체로 상승한 것으로 기술하였다.[17] 그러나 청자 대우 형태소를 분석할 수 없는 '-(으)ㄴ가, -(으)ㄴ고, -(으)ㄹ가, -(으)ㄹ고' 자체를 ᄒᆞ라체보다 높은 등급의 종결 형식으로 기술하기는 어렵다. 직접 의문의 '-(으)ㄴ가'계 구문이 실제로는 ᄒᆞ라체, ᄒᆞ소체, ᄒᆞᅌᅡ소체, ᄒᆞ쇼셔체에 두루 쓰이기 때문에 '-(으)ㄴ가'계 종결 형식의 청자 대우 등급을 '-(으)ㄴ가'계 종결 형식의 본질적 성격과 관련지어 새롭게 검토할 필요가 있다.

(33가~라)에서는 직접 의문의 '-(으)ㄴ가'계 구문이 ᄒᆞ쇼셔체와 함께 쓰였다.

(33) 가. 야간 긔후 엇더ᄒᆞ오신고 아ᅌᅩᆸ고져 ᄒᆞ오며 오ᄂᆞᆯ이 발인이시
　　　　다 ᄒᆞᅌᅥᆸ더니 <u>디나시온가</u> 새로이 망극 톡톡ᄒᆞ오심 뵈ᅌᅩᆸᄂᆞᆫ
　　　　ᄃᆞᆺ 아ᄆᆞ라타 업스오나 일긔ᄂᆞᆫ 춤ᄒᆞ오니 깃브ᅌᅩᆸ기 ᄀᆞ이 업
　　　　<u>스오이다</u>(李朝諺簡 150)
　　나. 어와 어와 ᄀᆞ장 됴쏘외 … 이리 니르시니 우리 心中이 서
　　　　르 뎐ᄒᆞ인가 더옥 <u>아ᄅᆞᆷ다왕이다</u>(捷新 9:1ㄴ~2ㄱ)
　　다. (主)이 비ᄂᆞᆫ 므슴 빈고
　　　　(客)當年條 二番 特送이ᅌᅩ도쇠
　　　　(主)어와 어와 거르기 머흔더 아ᄆᆞ 일 업시 건너시니 아ᄅᆞᆷ
　　　　다와 ᄒᆞᅌᅵᆼ이다(捷新 1:10ㄱ~ㄴ)
　　라. 제후의 묘졔예 … 다 남븍으로 서ᄅᆞ 등텹ᄒᆞ니 아디 몯겟이
　　　　다 당시 예민 묘애 일 <u>실이런가</u> 혹 일 실에 혼더 ᄒᆞ고 각
　　　　각 위롤 <u>ᄒᆞ엿더니잇가</u>(家禮 1:13ㄴ~14ㄱ)

---

17) 허웅(1977:438~439, 1989:156~158, 290~291), 이현규(1978:315), 이기
　　갑(1978:29~30, 45~46), 李賢熙(1982:48,69~70)를 참조할 것. 張京姬(1977
　　:136)와 김정수(1984:106)도 '-(으)ㄴ가'계 종결 형식을 각각 ᄒᆞ오체와 예사 높임으로
　　파악하였다.

(33가)에서는 '-(으)시온가'가 ᄒᆞ쇼셔체의 '-ᄉᆞ오이다'와 함께 쓰였다. 이것은 {-(으)시-}와 {-숩-}에 의한 등급 상승 때문이다.18) 그러나 (33나, 다,라)에서는 {-숩-}이나 {-(으)시-}가 통합하지 않은 '-(으)ㄴ가, -(으)ㄴ고'가 ᄒᆞ쇼셔체의 '-아이다', '-넝이다', '-(으)니잇가'와 함께 쓰였다.

다음 (34가~라)에서는 직접 의문의 '-(으)ㄴ가'계 구문이 ᄒᆞ옵소체와 함께 쓰였다.

(34) 가. ᄌᆞ너의 여러 말을 듯건대 아므리라도 ᄒᆞ고져 ᄒᆞ건마는 우리도 代官의 구실이면 아므려도 ᄀᆞ옴알기 어려올 양이오니 東의셔 ᄌᆞ쾰 쟉시면 이대도록 폐로이 <u>숣ᄉᆞ올가</u> 그저 그저 우리 숣ᄂᆞᆫ 양으로 ᄒᆞ시면 뭇기 쉬올싸 <u>너기옵닉</u>(捷新 4:22ㄱ~ㄴ)

나. 그ᄂᆞᆫ 술오려니와 흠끠 三隻도록 <u>엇더ᄒᆞ올고</u> 자너네 借船으란 미처 보내여도 됴홀가 <u>너기옵닉</u>(捷新 4:8ㄱ~ㄴ)

다. 어ᄃᆡ셔 五十束 드린 公木을 半分도 아니 잡고 나여 가라 ᄒᆞᄂᆞᆫ고 ᄒᆞᆫ갓 내 히만 ᄉᆡᆼ각ᄒᆞ고 일을 그리 <u>ᄒᆞᄂᆞᆫ가</u> … 이번은 ᄇᆞᄃᆡ 時分을 혜아려 됴흠 구즘을 군말 업시 잡습소
(捷新 4:16ㄴ~17ㄱ)

라. 都船主도 요ᄉᆞ이 됴히 <u>겨시던가</u> 젼의ᄂᆞᆫ 처음으로 보옵고 그지업서 ᄒᆞ옵데(捷新 3:4ㄴ)

(34가)에서는 '-ᄉᆞ올가'가 '-옵닉'와, (34나)에서는 '-올고'가 '-옵닉'와 함께 쓰였다. '-ᄉᆞ올가'와 '-올고'는 ᄒᆞ옵소체이므로 이것은 특이한 현상이 아니다. 그러나 (34다, 라)에서는 {-숩-}이나 {-(으)시-}가 통합하지 않은 '-(으)ㄴ가, -(으)ㄴ고'가 ᄒᆞ옵소체와 함께 쓰였다.

다음 (35)에서는 직접 의문의 '-(으)ㄴ가'계 구문이 ᄒᆞ소체와 함께 쓰였다.

---

18) 15세기 문헌에서는 '-(으)ㄴ가' 앞에 {-(으)시-}가 통합하여 ᄒᆞ쇼셔체 문장에 쓰인 예가 확인되지 않는다. 그러나 공시태에 집착하지 않는다면 다음 예문의 '좌시ᄂᆞᆫ가'를 들 수 있을 것이다.

예: 金銀 그르세 담온 種種 차반이러니 비론 바볼 엇디 <u>좌시ᄂᆞᆫ가</u> 法이 마시 ᄃᆞ외야 차반올 니조ᄃᆡ 衆生求호리라 밥 비러 <u>먹노이다</u>(月曲 其122)

(35) 가. 무수히 회산을 ᄒᆞ다 ᄒᆞ니 깃버ᄒᆞ니 나ᄂᆞᆫ 일이 이셔 보디
　　　　　 못ᄒᆞ니 ᄀᆞ히 업서 ᄒᆞᄂᆞ니 그 아히 일홈으란 남녀라 ᄒᆞ소 아
　　　　　 둘이나 ᄯᆞᆯ이나 어니 <u>다룔고</u> 몸조심ᄒᆞ야 됴히 <u>잇소</u>
(李朝諺簡 補3)
　　　나. 가운이 블힝ᄒᆞ여 상ᄉᆞ 업ᄉᆞᆫ 집이 업스니 그런 일이 어ᄃᆡ
　　　　　 <u>의실고</u> 나도 쳔만 넘 밧긔 텬은을 닙ᄌᆞ와 도라오나 … 오
　　　　　 래 사랏기 됴흔 일이 <u>아니로쇠</u>(李朝諺簡 136)

　　그러나 직접 의문의 '-(으)ㄴ가'계 구문이 ᄒᆞ소체로 쓰인다는 일반적
견해와는 달리 ᄒᆞ소체와 함께 쓰인 직접 의문의 '-(으)ㄴ가'계 구문은
의외로 적다. 오히려 다음 (36가~마)에서 보듯이 직접 의문의 '-(으)
ㄴ가'계 구문이 ᄒᆞ라체로 쓰인 예가 가장 풍부하다.

(36) 가. <u>너희</u> 이 뎜 셔편 계요 二十里 ᄯᅡ히 ᄒᆞᆫ 곳 드리 믈ᄒᆞ려 잇
　　　　　 더니 이제 <u>고텻ᄂᆞᆫ가</u> <u>못ᄒᆞ엿ᄂᆞᆫ가</u>(老諺 上:23ㄴ)
　　　나. 네 이 여러 ᄆᆞ쇼둘히 밤마다 먹ᄂᆞᆫ 딥과 콩이 대되 돈이 언
　　　　　 메나 <u>ᄒᆞ고</u>(老諺 上:10ㄴ)
　　　다. (갑) 그 벗이 이제 미처 <u>올가</u> <u>못 올가</u>
　　　　　 (을) 이 벗이 곧 긔니 어제 ᄀᆞᆺ 오니라
　　　　　 (갑) 네 이 둘 그몸ᄭᅴ 北京의 갈가 가디 <u>못ᄒᆞᆯ가</u>
　　　　　 (을) 모로리로다 그 말을 엇디 니르리오 ……
　　　　　 (갑) 너ᄂᆞᆫ 高麗ㅅ 사ᄅᆞᆷ이어니 ᄯᅩ 엇디 漢語 니ᄅᆞᆷ올 잘 ᄒᆞ
　　　　　 <u>ᄂᆞ뇨</u>(老諺 上:1ㄴ~2ㄱ)
　　　라. 덕동이ᄂᆞᆫ <u>보낸가</u> 부듸 ᄎᆞ도록 ᄒᆞ여라(李朝諺簡 34)
　　　마. -쳥ᄒᆞ노니 沈先生아 小人의 문 앏픠 客이 이시니 이 <u>ᄇᆞᆫ고</u>
　　　　　 -葛敎授ㅣ라 ᄒᆞ리 先生을 보라 왓ᄂᆞ니라
　　　　　 -애 <u>惶恐惶恐ᄒᆞ여라</u>(朴諺 下:58)
　　　바. 그 반갑기 <u>엇더ᄒᆞ고</u>(丙子日記:丁丑年 1月 6日)

　　(36가, 나)의 '-(으)ㄴ가, -(으)ㄴ고'는 2인칭 대명사 '너희, 너'와 함께
쓰였고, (36다)의 '-(으)ㄹ가'는 2인칭 대명사 '너' 및 ᄒᆞ라체의 '-(으)

뇨'와 함께 쓰였으며, (36라, 마)의 '-(으)ㄴ가'와 '-(으)ㄴ고'는 ᄒᆞ라체 명령법 또는 평서법 종결 형식 '-여라'와 함께 쓰였으며, (36바)는 ᄒᆞ라체 문헌인 日記文에 '-(으)ㄹ고'가 쓰인 것이다.

이상에서 확인한 바와 같이 직접 의문의 '-(으)ㄴ가'계 의문문은 ᄒᆞ라체, ᄒᆞ소체, ᄒᆞᆸ소체, ᄒᆞ쇼셔체에 두루 쓰인다. 그러므로 직접 의문으로 쓰이는 '-(으)ㄴ가'계 구문이 ᄒᆞ소체를 나타낸다고 기술할 수는 없다.19) 종래의 연구에서 16세기 이후에 직접 의문에 쓰인 '-(으)ㄴ가'계 의문문의 청자 대우 등급이 ᄒᆞ소체로 상승하였다고 본 것은 두 가지 이유에서 비롯된 것으로 보인다. 첫째는 ᄒᆞᆸ소체와 ᄒᆞ소체를 구분하지 않은 것이다. 즉 '-(으)ㄴ가, -(으)ㄴ고, -(으)ㄹ가, -(으)ㄹ고'의 기능과 그 앞에 통합한 {-습-}, {-(으)시-}, '-습시-'의 기능을 구별하지 않은 데에서 혼란이 초래된 것으로 생각된다. 그러나 ᄒᆞᆸ소체를 설정하고, 문장 종결 형식을 구성하는 각 요소의 기능을 정확하게 기술한다면 '-(으)ㄴ가, -(으)ㄴ고, -(으)ㄹ가, -(으)ㄹ고' 자체는 [청자 존대]와는 무관하다는 것을 알 수 있다. 둘째는 현대 국어의 [질문]에 쓰인 '-(으)ㄴ가, -(으)ㄹ까' 구문이 해라체보다 높은 등급을 나타낸다는 사실에 이끌린 것으로 생각된다. 이러한 오해는 '-(으)ㄴ가'계 구문의 고유 기능을 파악함으로써 해소될 수 있을 것이다.

'-(으)ㄴ가'계 의문 종결 형식의 고유한 기능은 무엇인가? 그 해답은 청자 대우 형태소와 통합하지 않은 '-(으)ㄴ가'계 구문이 모든 등급에 두루 쓰일 수 있는 특이한 현상에서 찾을 수 있을 것이다. 직접 의문의 '-(으)ㄴ가'계 구문이 청자 대우 형태소와 통합하지 않고서도 여러 등급에 두루 쓰일 수 있는 것은 '-(으)ㄴ가'계 구문이 대우법상 중립적인 데에서 비롯된 것이라고 볼 수밖에 없다. '-(으)ㄴ가'계 구문이 대우법상 중립적이라는 것은 '-(으)ㄴ가'계 구문이 자문 형식에서 변화한 것이

---

19) 그러나 질문의 '-(으)ㄴ가'계 구문에 {-습-}, {-(으)시-}, '-습시-'가 통합하여 ᄒᆞ소체와 ᄒᆞᆸ소체 의문법의 공백을 보충한 사실은 중요한 의미를 지닌다. '-(으)ㄴ가'계 구문을 제외하면 17세기 의문법에서 ᄒᆞ소체와 ᄒᆞᆸ소체로 쓰이는 종결 형식은 공백으로 남게 되기 때문이다.

라는 사실을 인식한다면 쉽게 이해할 수 있는 현상이다. 16세기 이후
'-(으)ㄴ가'계 의문문이 직접 의문의 형식으로 쓰이면서 질문의 성격이
두드러지게 되지만, 자문의 성격에서 완전히 벗어나지 못하였기 때문에
이런 현상이 빚어지게 된 것으로 이해해야 한다.

　16세기 이후에 '-(으)ㄴ가'계 구문이 직접 의문 또는 [질문]으로도
생산적으로 쓰이는 것은 사실이지만, '-(으)ㄴ가'계 구문에 의한 [질
문]이 '-(으)냐, -(으)뇨/(으)니오', '-(으)랴, -(으)료/(으)리오'나 '-(으)
ㄴ다, -(으)ㄹ다', '-(으)잇가, -(으)잇고' 등과 같이 완전한 [질문]의 자격
을 가졌다고 단정하기는 어렵다. '-(으)냐, -(으)뇨/(으)니오', '-(으)랴,
-(으)료/(으)리오'나 '-(으)ㄴ다, -(으)ㄹ다', '-(으)잇가, -(으)잇고'는
대체로 고유의 등급을 나타내기 때문이다.[20]

　'-(으)ㄴ가'계 구문의 본질적 성격은 현대 국어에도 남아 있다. 현대
국어의 '-(으)ㄴ가'계 의문문은 [질문]으로 쓰이기도 하지만, 다른 의문
종결 형식에 비해 우회적인 [질문]의 속성을 지닌다.

　　　(37) 가. 자네는 졸업하고 나면 뭘 할 <u>건가?</u>
　　　　　가′. 너는 졸업하고 나면 뭘 할 <u>거니(거냐, 거야)</u>?
　　　　　나. 우리 앞으로 뭘 하는 게 <u>좋을까?</u>
　　　　　나′. 우리 앞으로 뭘 하는 게 <u>좋겠니?</u>

(37가, 나)의 '-(으)ㄴ가'계 구문에서는 '자네, 우리' 등의 대명사가 주
어로 쓰였다. '자네, 우리'는 [자문]에서는 쓰일 수 없는 대명사이다. 그
러므로 (37가, 나)가 [자문]이 아니라 [질문]이라는 것에는 의심의 여
지가 없다. 그런데 (37가, 나)는 (37가′, 나′)에 비해 높은 등급으로 받
아들여진다. '-(으)ㄴ가, -(으)ㄹ까'에서 [청자 존대] 형태소를 분석할

---

[20] 질문과 자문의 문제와 관련하여 각 의문 종결 형식의 성격은 좀 더 정밀하게 기술할
　　필요가 있다. '-(으)ㄴ가'계 구문 외에 '-(으)랴, -(으)료/(으)리오'도 자문을 나타낼
　　수 있다. '-(으)녀, -(으)뇨/(으)니오'는 자문으로 잘 안 쓰이는 것 같고, '-(으)ㄴ다,
　　-(으)ㄹ다'와 '-(으)잇가, -(으)잇고'는 자문으로 쓰이는 일이 전혀 없다.

수 없다는 사실을 고려하면, (37가, 나)가 (37가', 나')보다 높은 등급
으로 쓰이는 것은 특별한 원인에서 비롯된 것임을 짐작할 수 있다. 전
자가 후자보다 높은 등급으로 쓰이는 것은 '-(으)ㄴ가'계 의문문이 우회
적인 [질문]의 태도를 나타내는 형식이기 때문이다.21) 즉 (37가, 나)
의 '-(으)ㄴ가, -(으)ㄹ까' 구문은 '나는 … 알고 싶다'와 같은 상위문이
생략된 간접 의문문이라는 것이다. 그런데 '-(으)ㄴ가'계 구문이 간접
의문의 형식으로 쓰인다는 사실 자체가 바로 '-(으)ㄴ가'계 구문이 자문
의 성격을 그대로 유지하고 있음을 뒷받침하는 것이다. 왜 간접 의문법
에 다른 의문 형식이 쓰이지 않고, '-(으)ㄴ가'계 의문문이 쓰이는가?
간접 의문은 청자에게 직접 [질문]하는 것이 아니다. 화자의 [의심]을
나타낼 뿐이다. 그것을 청자에게 전달하는 역할은 상위문 동사가 담당
한다. 화자의 [의심]을 나타낼 뿐, 그 [의심]을 청자에게 전달하는 기
능이 없는 간접 의문에 '-(으)ㄴ가'계 구문이 쓰이는 것은 바로 '-(으)ㄴ
가'계 종결 형식이 본질적으로 [자문]을 나타내기 때문이다.22)

　'-(으)ㄴ가'계 구문이 본질적으로 자문 형식이라는 이 연구의 견해는
15세기의 '-(으)ㄴ가'계 의문문에 1·3인칭 주어만이 쓰였다는 사실에

---

21) 任洪彬·張素媛(1995:377~378)에서는 행동하거나 대답하는 데에 있어서 상대에게
　　처분의 가능성을 많이 주는 것이 높임의 특질이라 하여, 이를 '높임의 반응 비제한
　　원리'라 하였는데, (37가,나)와 같이 자문 형식에 의한 질문이 우회성을 띠는 것은
　　자문 형식의 본질적 속성 때문에 '반응 비제한 원리'가 작용하기 때문이라고 할 수 있
　　을 것이다. 즉 '-(으)ㄴ가, -(으)ㄹ까' 구문은 청자의 응답에 대한 요구의 강도를 약
　　하게 표현함으로써 청자를 높이는 것이다.

22) 徐禎穆(1987:51, 59~60)은 현대 경남 방언에서 '-(으)ㄴ가, -(으)ㄴ고' 구문이 간
　　접 의문, 자문, 하게체 질문에 두루 쓰인다는 사실을 지적하고, 자문으로 쓰인 경우
　　는 간접 의문 형식에서 '나는 … 모르겠다' 등의 상위문 주어와 동사가 화용적 상황
　　보장에 의하여 생략된 것으로 파악하였다. 이 견해는 수행 분석 이론을 부정하는 전
　　제에서 성립한다. '-(으)ㄴ가'계 구문 외의 의문 형식에서는 가상적인 수행문을 설정
　　할 수 없다는 견해인 것이다. 이 연구에서는 '-(으)ㄴ가'계 구문의 본질적 속성을 자문으
　　로 보고, 자문 형식이 간접 의문문에 쓰이는 것으로 파악한다. 그 밖에 간접 의문의 특
　　성을 깊이있게 성찰한 논의에는 '-(으)ㄴ가'계 의문문의 특성을 [-현장성]으로 파악한
　　崔明玉(1976:158~161)이 있다.

의해서도 지지받을 수 있다. '-(으)ㄴ가'계 구문을 자문 형식으로 보지 않고서는 이 사실을 설명하기 어렵다. '-(으)ㄴ가'계 구문을 자문 형식이라고 본다면 화자의 내적 사유 행위를 나타내는 [자문]에서 청자 주어를 사용할 수는 없다는 것은 당연한 사실로 이해할 수 있다.

3.2.1.6. '-이가'와 '-이고'

표면상 체언 뒤에 직접 통합하는 {-가}와 {-고}는 15세기와 다름없이 쓰였다.

(38) 가. 이 비단이 잇 짜 <u>치가</u> 어딋 치고(老諺 下:26ㄴ)
     나. 이 네 <u>권당가</u>(老諺 上:14ㄱ)
     다. 네 이 물이 혼 님자의 <u>것가</u> 이 각각 <u>치가</u>(老諺 下:14ㄱ)
     라. 眛然히 匣의 歸ᄒ니 져컨댄 得홈이 <u>아니가</u> ᄒ노라 ᄒ고(家體 9:26ㄱ)
(39) 가. 나그내 너는 ᄯ 姓이 <u>므섯고</u>(老諺 上:40ㄱ)
     나. 너희 高麗ㅅ 짜헤 우믈이 업스냐 <u>엇디오</u>(老諺 上:32ㄴ)
     다. 네 스승이 엇던 <u>사롬고</u>(老諺 上:6ㄱ)
     라. 누구는 어믜 오라븨게 난 ᄌ식이며 누구는 아븨 누의게 난
         <u>ᄌ식고</u>(老諺 上:14ㄴ)

표면상 체언 뒤에 직접 통합하는 {-가}와 {-고}는 金完鎭(1957:48), 李承旭(1963/1973:253,258), 李基文(1961/1972:169), 安秉禧(1965:65)에서는 첨사(particle)로, 허웅(1975:367~370)에서는 물음 토씨로 기술된 바 있다.

그런데 체언 뒤의 {-가}와 {-고}를 조사로 처리하게 되면 「체언+조사」가 서술어가 된다는 기술을 하게 되어, 서술어 형성 규칙의 불균형을 초래하게 된다(徐禎穆 1987:23). 즉 서술격 조사의 설정이 안고 있는 것과 동일한 문제점을 드러내는 것이다. 첨사로 기술하는 방안도 완전한 문장 뒤에 {-가}나 {-고}가 통합하였다면 가능하겠지만, 여기서는 최선의 선택이라 보기 어렵다.23) 제3의 방안은 {-가}와 {-고}를 종결 어미로

기술하는 것이다. 체언 뒤에 직접 통합하는 {-가}와 {-고}가 보통의 종결 어미 {-가}, {-고}와 분포만 다를 뿐, 형태나 의미면에서 완전히 동일하다는 것은 결코 경시할 수 없는 사실이다. 여기서 현대 경상도 방언에서는 체언과 {-가}, {-고} 사이의 계사가 수의적으로 삭제될 수 있다는 사실이(徐禎穆 1987:23) 문제 해결에 도움이 될 것이다. 종래에 체언 뒤에 직접 통합하는 {-가}와 {-고}를 종결 어미로 기술하지 않은 것은 현대 경상도 방언에서는 「N+가」와 「N+이가」, 「N+고」와 「N+이고」가 공존하지만, 중세 국어와 17세기 국어에서는 「N+이가」와 「N+이고」가 전혀 확인되지 않는다는 사실 때문이었을 것이다. 그러나 중세 국어나 근대 국어에서는 「N+이가」와 「N+이고」에서 계사의 삭제가 필수적이었을 가능성을 배제할 수 없다.

3.2.1.7. '-(으)ㄴ다'와 '-(으)ㄹ다'

'-(으)ㄴ다, -(으)ㄹ다'(이하 '-(으)ㄴ다'계라 칭함.)는 판정 의문과 설명 의문에 다 쓰였다. 이 종결 형식의 소급형인 15세기의 '-(으)ㄴ다, -(으)ᇙ다'의 형태론적 성격에 대한 견해는 크게 보아 다섯 부류로 나눌 수 있다. 첫째는 金完鎭(1957:48), 李基文(1961/1972:169), 李承旭(1963/1973:251~253), 任洪彬(1983:61)과 같이 '-(으)ㄴ다, -(으)ᇙ다'를 「동명사형 어미+의문 첨사」로 기술한 경우인데, 이러한 견해의 시초로 볼 수 있는 것은 현대 국어에서 '-(으)ㄴ, -(으)ㄹ' 뒤에 통합하는 {-가}와 {-고}를 의문의 particle로 처리한 Ramstedt (1939:80)이다.[24]

---

23) 첨사라는 용어를 조사와 어미를 포괄하는 범주로서 설정하는 것도 고려해 봄직하다고 생각한다. 그것은 결국 任洪彬(1997)의 교착소와 동일한 것이 될 것이다.

24) 金完鎭(1957:48)과 李承旭(1963/1973:251~4)은 '-(으)ㄴ다, -(으)ᇙ다'의 '-다'뿐 아니라, 체언 뒤에 직접 통합하는 {-가}와 {-고}와 '-(으)ㄴ가, -(으)ㄴ고, -(으)ᇙ가, -(으)ᇙ고'의 {-가}, {-고}도 첨사로 기술하였고, 李基文(1961/1972:169)은 그 밖에 '-(으)잇가, -(으)잇고'의 {-가}, {-고}까지도 첨사로 파악하였으며, 安秉禧(1965:65,69,73)는 '-(으)ㄴ다, -(으)ᇙ다'의 '-다'와 '-(으)ㄴ가, -(으)ㄴ고, -(으)ᇙ가, -(으)ᇙ고'의 {-가}와 {-고}는 어미로, 체언 뒤에 직접 통합하는 {-가}와 {-고}는 첨사

둘째는 '-(으)ㄴ다, -(으)ㅭ다'를 「관형사형 어미+의문법 어미」로 기술한 安秉禧(1965:69)인데, 관형사형 어미와 종결 어미의 통합을 인정한 것은 국어 형태소 통합 관계의 기술에 있어서 새로운 관점을 보인 것이다. 셋째는 평서법 종결 어미 {-다}가 의문법에 轉用된 것으로 기술한 것인데, 李崇寧(1954:110), 羅珍錫(1958:25), 金炯秀(1981:62), 李賢熙(1982a:37)가 이에 속한다. 넷째는 평서법의 {-다}와 의문법의 '-다'를 동일한 형태소로 파악한 李珖鎬(1983: 162)로서, 이들이 공통적으로 청자의 의도를 요구할 뿐, 화자의 의도를 드러내지 않는다는 사실을 근거로 제시하였다.

다섯째는 '-다'에 의존명사가 들어 있다고 본 것인데, '-다' 자체를 의존 명사로 본 정호완(1987:35~37)과 '-다'에서 의존 명사 'ᄃ'를 분석해 낸 李有基(1992), 李賢熙(1995:4~5)가 이에 속한다. 徐泰龍(1997a:649)에서는 '-다'를 의존 명사 'ᄃ'와 ᄒ라체 정동사 어미 {-아}가 통합한 것으로 기술하고, '-(으)ㄴ다, -(으)ㄹ다'가 19세기 이후에 쓰이지 않게 된 것은 의존 명사 'ᄃ'의 소멸에 따른 것으로 파악하였다.

다섯째 견해 중 李賢熙(1995:4~5)가 제시한 자료는 상당히 시사적이다. 여기에 그대로 인용한다.

(40) 가. 大王 汝年是 幾時良 見恒河水爲隱底(朴東燮本 楞嚴經 2:2ㄱ)

　　가′. 大王阿 汝年是 幾時 見恒河水爲隱底亦(大邱本 楞嚴經 27)

　　　　 cf. 대왕아 네 나히 며친 쁴 恒河ㅅ 므를 본다(楞嚴 2:8ㄴ)

　　나. 汝豈挽見爲良 齊於日面爲乙底(朴東燮本 楞嚴經 2:7ㄱ)

　　나′. 汝豈挽見爲良 齊於日面爲乙地底(大邱本 楞嚴經 35)

　　　　 cf. 네 엇뎨 보물 느리혀 ᄒᆡᆺ ᄀᆞᅀᅢ ᄀᆞᄌᆞ기 홇다(楞嚴 2:43ㄴ)

　　다. 於內 秋察 早隱 風未 此矣 彼矣 浮良落尸 葉如 一等隱 枝良 出
　　　　古去奴隱 處 毛冬乎丁(遺事:祭亡妹歌)

　　라. 此 地肹 捨遣只 於冬是 去於丁(遺事:安民歌)

　　마. 므슴다 錄事니믄 녯나를 닛고신뎌(樂學:動動)

로 기술하였다.

(40가~마)에서 '-(으)ㄴ뎌, -(으)ㄹ뎌'는 모두 의문사와 함께 쓰인 것으로 보아 의문법 종결 형식임을 알 수 있다. 그러므로 중세 국어 의문법의 '-(으)ㄴ다'계는 중세 국어 이전의 의문법 종결 형식 '-(으)ㄴ뎌, -(으)ㄹ뎌'에서 발달한 것으로 기술할 수 있다. 의문법의 '-뎌'가 왜 평서법 종결 어미와 동일한 형태인 '-다'로 변화하였는지에 대하여는 분명한 설명을 할 수 없지만, 적어도 위의 자료는 의문법 종결 형식 '-(으)ㄴ다, -(으)ㄹ다'에 의존 명사 '드'가 들어 있다는 것을 강력히 시사한다고 본다.25)

'-(으)ㄴ다, -(으)ㄹ다'를 공시적으로 어떻게 기술할 것인가? 의문법의 '-(으)ㄴ다, -(으)ㄹ다'가 '-(으)ㄴ뎌, -(으)ㄹ뎌'에서 변화한 것이라는 사실과, '-(으)ㄴ다, -(으)ㄹ다'의 {-(으)ㄴ}과 {-(으)ㄹ}이 관형사형 어미일 가능성이 크다는 것을 고려하면, '-(으)ㄴ다, -(으)ㄹ다'를 「은을(관형사형 어미)+드(의존 명사)+아(의문 종결 어미)」로 기술할 수 있다.26) 그러나 이러한 기술의 근거가 충분하다고 보기는 어렵다. 좀더 연구해 보아야 할 과제이다.

중세 국어의 '-(으)ㄴ다'계 의문법의 화용적 기능에 대한 최초의 논의는 '-(으)ㄴ다'가 2인칭 직접 의문 종결 어미로서 '-(으)녀'와 대립하는 것으로 파악한 李承旭(1963:197)이다. 安秉禧(1965:70~72)는 이 견해를 인정하면서도 대립의 범위를 '-(으)ㄴ다, -(으)ᇙ다'와 '-(으)녀, -(으)뇨, -(으)려, -(으)료'의 대립으로 확대시키고, 2인칭 주어문에도 '-(으)ㄴ다'계 구문이 쓰이지 않는 경우가 있음을 들어서 '-(으)ㄴ다'계 종결 형식을 의도와 관련되는 의문 종결 형식이라 하였다. 즉 상대가 의도를 가지고 판정 또는 설명하기를 요구하는 의문 종결 형식이라는 것이다.27)

---

25) 현대의 일부 방언에서도 '…한디야?'가 의문문으로 쓰인다.

26) 이 때의 종결 어미 {-아}는 첨사 위치에 나타난 것이다. 이 {-아}는 ᄒᆞ라체 종결 어미 {-아}와 동일한 형태소로 보인다.

27) 李崇寧(1961:178~179)과 李賢熙(1982a:90~91)에서는 중세 국어의 '-(으)ㄴ다, -(으)ㄹ다'가 동사(동작 동사)에만 쓰이는 것으로 기술하였으나, 중세 국어 자료

'-(으)ㄴ다'계 구문은 (41가~바), (42가~바)에서 보는 바와 같이 17세기에도 상당히 생산적으로 쓰였다. 17세기의 '-(으)ㄴ다'는 어간에 직접 통합하는 경우도 있고, {-ᄂ-}, {-거-}, {-나-}, '-(엇)ᄂ-', '-던-' 뒤에 쓰이기도 하였다. 통합 관계에 있어서는 15세기와 달라지지 않은 것으로 보인다. '-(으)ㄹ다'는 선어말 형태소를 앞세우지 않고 어간 뒤에 직접 통합한다.

(41) 가. 네 뉘손디 글 <u>비혼다</u>(老諺 上:2ㄱ)

나. 나그너네 네 블 찟기 ᄒᄂ다 블 찟기 <u>못ᄒᄂ다</u>

(老諺 上:18ㄱ)

다. 이 네 마음으로 <u>비호ᄂ다</u> 네 어버이 널로 ᄒ여 비호라 ᄒ

ᄂ냐(老諺 上:5ㄴ)

라. 네 <u>오난다</u> 네 몰들 모라다가 ᄒ 디 잇게 ᄒ라(老諺 上:52ㄱ)[28]

마. 골ᄋ샤디 엇디 君子ㅣ 終身喪이 잇다 홈을 듯디 <u>아년ᄂ다</u>

(家禮 10:43ㄱ)

바. 廳上이 일즙 슈례 두디 아녓다 니ᄅ디 <u>아니ᄒ던다</u>(朴諺 中:46ㄱ)

(42) 가. 이 弟子 孩兒아 네 싱심이나 날을 <u>쑤지즐다</u>(朴諺 中:57ㄴ)

나. 혼 ᄇ롬 구석의 가 골래디 못ᄒᆯ소냐 모로미 맛고 <u>갈다</u>

(朴諺 中:55ㄴ)

다. 너 ᄀ튼 淺學薄識엣 사롬이 어디 내게 <u>抵當ᄒᆯ다</u>(朴諺 上:22ㄱ)

라. 나그내네 더오니 <u>먹을다</u> 추니 <u>먹을다</u>(老諺 上:57ㄱ)

마. 네 즐겨 <u>바들짜</u>(老諺 上:59ㄴ)

바. 너롤 혼 냥 은을 줄 쩌시니 <u>풀짜</u>(朴諺 下:26ㄱ)

(41가~바)와 (42가~바)의 '-(으)ㄴ다'계 구문은 모두 2인칭 주어문에서 ᄒ라체로 쓰였다는 점에서 중세 국어의 경우와 일치한다. 특히 (41

에서 '-(으)ㄴ다'가 「체언+계사」와 통합한 예도 보인다.

예: (ㄱ) 그듸 엇던 <u>사ᄅ민다</u>(月釋 10:29ㄴ)

(ㄴ) 너희 스스이 뉘며 (네) 뉘 <u>弟子ㅣ다</u>(法華 7:135ㄱ)

28) 이 예문에서는 '-(으)ㄴ다'가 의도와 관계없이 쓰였다. '네 오난다'는 응답을 기대하지 않는 인삿말이기 때문이다.

다)에서는 주어에 따라서 '-(으)ㄴ다'와 '-(으)냐'가 구별되어 쓰이고 있
다.

  그러나 17세기의 '-(으)ㄴ다'계 구문은 그 기능이 소실되어 가는 과
도기에 처해 있었다.29) 다음 (43가~라)는 17세기에 '-(으)ㄴ다' 대신
'-(으)냐, -(으)뇨'가 쓰이고, '-(으)ㄹ다' 대신 '-고져 … -느냐(-느
뇨)'나 '-(으)려 … -느냐(-느뇨)'가 쓰인 경우이다.

    (43) 가. 랑아 <u>자노야</u> 아니 <u>자노야</u>(勸念:1ㄴ)
         나. 네 갓을 어더셔 <u>민드란느뇨</u>(朴諺 中:25ㄱ)
         다. 나그내니 네 이 믈을 <u>풀고져</u> <u>호느냐</u>(老諺 上:62ㄴ)
         라. 므슴아라 뿔 <u>밧고려</u> <u>호느뇨</u>(老諺 上:36ㄱ)

  '-(으)ㄴ다'계 구문의 소멸은 의도법 선어말 형태소 {-오-}의 기능 상
실과 평서법 종결 형식 '-느다'가 '-ㄴ다'로 변화한 사실에서 비롯된 것
으로 기술되었다(安秉禧 1965:77~79). 평서법의 '-느다'가 '-ㄴ다'로
변화함으로써 평서법의 '-ㄴ다'와 의문법의 '-(으)ㄴ다'가 형태적으로 충
돌하게 되자 의문법 종결 형식의 인칭 제약이 소멸한 것으로 볼 수 있
다. 이 현상은 인칭 제약을 표시하는 것이 문체법을 표시하는 것에 비
한다면 기능 부담량이 적기 때문에 일어날 수 있었을 것이다. 그러나
의문법의 '-(으)ㄹ다'가 여전히 존재하는 한 이에 대립하는 '-(으)ㄴ다'
도 어느 정도 생산성을 유지할 수 있었다. 그러므로 '-(으)ㄴ다'계 의문
법의 소멸에 또 하나의 큰 영향을 미친 것은 17세기에 평서법의 '-(으)
리로다'가 '-(으)ㄹ다'로 변화한 사실일 것이다. 평서법의 '-(으)ㄹ다'가
등장하여30) 의문법의 '-(으)ㄹ다'조차 위협받게 되자, '-(으)ㄴ다'계 구
문의 기능 상실이 가속화된 것으로 볼 수 있기 때문이다. '-(으)ㄴ다'계

---

29) '-(으)ㄴ다'계 의문문의 기능 소실은 16세기 초의 〈飜譯小學〉에서 시작되었다. 安秉
    禧(1965:78)를 참조할 것.
30) 16세기 자료에서는 '-(으)로다'와 '-(으)ㄹ로다'는 나타나지만 '-(으)ㄹ다'는 확인되지
    않는다.

구문의 소멸 원인은 '-(으)ㄴ가'계 의문문의 변화에서도 찾을 수 있다. 前述한 바와 같이 15세기에 간접 의문문에만 쓰였던 '-(으)ㄴ가'계 의문 문은 16세기 이후 주문장에서 직접 의문문에도 쓰이기 시작하는데, 직 접 의문문의 '-(으)ㄴ가'계 종결 형식이 2인칭 주어와 직접 호응하여 쓰 이게 되자, '-(으)ㄴ다'계 종결 형식의 기능이 위축되게 된 것이다.

'-(으)ㄴ다'계 의문문은 18세기 말의 〈五倫行實圖〉에서 다섯 예가 확 인되나, 의고적인 것으로 생각된다.31)

> (44) 가. 네 아비 디신ᄒ여 죽기를 원ᄒ니 … 능히 <u>죽을다</u>(五倫 1:39ㄴ)
> 　　　나. 무슴 도리로 능히 이러ᄐ시 종족을 화목ᄒ게 <u>ᄒᄂ다</u>(五倫 4:47ㄱ)
> 　　　다. (네) 동오에셔 녯 벗을 <u>본다</u>(五倫 5:19ㄱ)
> 　　　라. 엇디 보리 비롤 아니 <u>준다</u>(五倫 5:19ㄱ)
> 　　　마. 두 사롬이 뫼셔 셧더니 션셩이 씨치고 닐오시더 그더네 그
> 　　　　　<u>잇던다</u>(五倫 5:27ㄱ)

3.2.1.8. '-(으)니'와 '-(으)리'

ᄒ라체 의문법의 '-(으)니'에서 ᄒ라체 종결 어미 {-이}를 분석할 수 있다.

> (45) 가. 진 나ᄂᆞ 이롤 허준의게 무ᄅ니 만ᄒ 듕에 바덧 그러니 업

---

31) 崔世和(1966/1987:289)에서는 '-(으)ㄴ다'계 의문문을 보여 주고 있는 〈五倫行實 圖〉(1797)가 〈三綱行實圖〉와 〈二倫行實圖〉의 合訂 改譯本이어서 의고성이 짙다는 점을 지적하고 있다. 〈朴通事諺解〉와 〈老乞大諺解〉에 부분적으로 남아 있던 의문법 의 '-(으)ㄴ다'계는 〈朴通事新釋諺解〉(1765)나 〈老乞大諺解〉(重刊本, 1795)에서도 그대로 나타나는 경우가 많다(주경미1996:44~52). 이 경우에도 자료의 보수성을 고려해야 할 것이다. 〈闡義昭鑑諺解〉(1756)에서도 '-(으)ㄴ다'계 의문법이 쓰인다.
　　예: (ㄱ) 엇디 <u>쳐티ᄒ다</u>(闡義 4:3ㄴ)
　　　　(ㄴ) 내 만일 나라흘 범ᄒ려 ᄒ면 네 ᄯᅩᄒ 즐겨 <u>동심ᄒ다</u>(闡義 4:2ㄴ)
　　이기갑(1978:84)에서는 19세기 자료 중 다음의 한 예를 제시하였으나, 이 예문 은 평서문일 가능성이 더 크다.
　　예: 기성 아ᄒ들은 철 모르고 즈레 이렁 <u>구ᄂ다</u>(意幽堂)

스링잇가 ᄒᆞ고 오직 여러 날 대변을 몯ᄒᆞ니 열이 업디 아
니ᄒᆞᆯ 거시니 약을 ᄒᆞ야 수이 통ᄒᆞ게 ᄒᆞ라 <u>ᄒᆞ다</u> 이제는 긔
운 <u>엇더ᄒᆞ니</u>(李朝諺簡 30)

나. 판셔 집 병든 아들은 이제는 엇더타 <u>ᄒᆞᄂᆞ니</u> 져기 <u>ᄒᆞ렷닷ᄂᆞ</u>
<u>냐</u>(李朝諺簡 101)

의문법 종결 형식인 (45가, 나)의 '-(으)니'는 '-(으)ㄴ다, -ᄂᆞ냐'와
함께 쓰이고 있어서 ᄒᆞ라체임을 알 수 있다. 의문법의 종결 형식 '-(으)
니'의 예도 평서법의 '-(으)니'와 마찬가지로 많지 않다.32)

의문법의 '-(으)리'에서도 ᄒᆞ라체 종결 형식 {-이}를 분석할 수 있다.

(46) 가. 글월 보고 양ᄌᆞ애 그리 도다시면 ᄀᆞ장 듕ᄒᆞ도다 엇디려뇨
성혼 안닌 ᄌᆞ식이면 내 므스 일 이리 <u>근심ᄒᆞ리</u> 도든 거슬
ᄌᆞ셰보와 <u>닐러라</u>(李朝諺簡 13)

나. 득죄야 므슴 녀나믄 <u>득죄리</u> 이번의 아니 드러온 쥔가 시브
다 이 죄는 오로 심털동의 죄니 보채고 <u>싸화라</u>
(李朝諺簡 43)

다. 아기는 어제야 니각을 ᄒᆞ니 그런 다ᄒᆡᆼ 깃븐 이리 어디 <u>의</u>
<u>시리</u> 나는 발표ᄒᆞ니 오늘은 <u>ᄒᆞ렷노라</u>(李朝諺簡 76)

라. 망극 셜운 듕이나 그리 모다 이시니 든든이 디내더니 ᄆᆞ자
나가니 가지가지 섭섭 톡톡 셟기를 어이 <u>ᄀᆞ올ᄒᆞ리</u> 젼년 이
ᄠᅢ예 모다셔 즐거이 디내던 이리 그 더디 녜 일이 되어 일
마다 아니 셜운 이리 업스니 ᄒᆞᆫ갓 톡톡ᄒᆞ <u>눈믈쑨이로다</u>
(李朝諺簡 87)

마. 엇디 다 <u>긔록ᄒᆞ리</u>(丙子日記:丙子年 12月 26日)

(46가~라)의 '-(으)리'는 각각 ᄒᆞ라체의 '닐러라', '싸화라', 'ᄒᆞ렷노라',
'쑨이로다'와 함께 쓰였고, (46마)는 ᄒᆞ라체 문헌인 日記文이다. 그러므

---

32) 다음 예문에서는 '-(으)ㄹ소니'가 확인된다. 時調에서는 흔히 볼 수 있는 종결 형식이
다.
예: 엇디 先生을 두어 날 보디 <u>못ᄒᆞᆯ소니</u> 내 닐옴을 드르라(朴諺 下:56ㄴ)

로 의문법 종결 형식 '-(으)리'가 ᄒᆞ라체임을 의심할 수 없다.

3.2.1.9. '-이여'

계사 어간 뒤에 통합한 ᄒᆞ라체 종결 어미 {-어}가 〈飜譯朴通事〉와 〈朴通事諺解〉에서 발견된다. 이 '-이여' 구문은 분명하지 않으나 의문문일 가능성이 크다. (47가~라)는 17세기 자료이고, 그에 대당되는 (47가'~라')는 16세기 자료이다.

> (47) 가. -ᄒᆞᆫ 킈 큰 노미 큰 신 ᄭᅳ으고 나준 가고 밤은 오는 <u>거시여</u>
>   -이거슨 이 燈臺로다(朴諺 上:36ㄴ)
>
> 가'. -ᄒᆞᆫ 킈 큰 노미 큰 신 ᄭᅳᅀᅳ고 나ᅎᅵ어든 갓다가 바미어든 오는 <u>거셔</u>
>   -이는 燈檠(飜朴 上:40ㄱ)
>
> 나. -비 오면 곳 픠고 ᄇᆞ람 블면 여름 여는 <u>거시여</u>
>   -이는 우산이로다(朴諺 上:36ㄴ)
>
> 나'. -비 오나든 곳 퓌오 ᄇᆞ롬 갈겨든 여름 뭇는 <u>거셔</u>
>   -이는 우산(飜朴 上:40ㄱ)
>
> 다. -큰형은 山에서 붑 티고 …넷재 형은 ᄒᆞᆫ디 모호고져 ᄒᆞᄂᆞᆫ <u>거시여</u>
>   -내 아노라 큰형은 이 방츄오 …넷재 형은 이 바ᄂᆞ실이로다(朴諺 上:36ㄱ)
>
> 다'. -큰 형은 뫼 우희셔 붑 티고 … 넷잿 형은 ᄒᆞᆫ 더 모도고져 ᄒᆞᄂᆞ니
>   - 큰 형은 방츄오 … 넷잿 형은 바ᄂᆞ실이로다(飜朴 上:39ㄴ)
>
> 라. -형아 네 <u>셩이여</u>
>   -내 셩이 王개로라(老諺 上:7)
>
> 라'. -형님 네 <u>셩은</u>
>   -내 셩이 王개로라(飜老 上:8ㄱ)

(47가, 나, 다)와 (47가', 나', 다')는 각각 수수께끼의 질문과 응답이다. 허웅(1989:170)은 이들을 의문문으로 파악하였고, 張京姬(1977:127)는 '-야'를 평서법 종결 어미로 기술하였다. 수수께끼의 질문항에 평

서법 종결 어미가 쓰일 가능성이 없지는 않다. "이거슨 …이여"라는 평
서문(질문항) 뒤에 그 질문항에 해당하는 사물을 제시하라는 명령문이
생략되어 있을 가능성을 고려하면 後者도 설득력이 있다. 그러나 (47라)
의 '-이여'가 (47라′)의 '-(으)ㄴ'과 대응하는 사실이 이 문제를 해결할 수
있는 유일한 단서라고 생각된다. (47라′)는 '므스것고, 므스거신고' 등이
생략된 일종의 소형문(minor sentence)으로 이해되므로,33) 이에 대
당되는 (47라)의 '-이여'를 의문 종결 형식으로 보아야 할 것이다. 그러
므로 이 연구에서는 이 {-어}가 의문문을 구성하는 것으로 간주한다.
'-이여'의 {-어}는 설명 의문 대 판정 의문의 대립과는 무관하므로 의문
법 종결 어미 {-가}와는 관련이 없는 ᄒᆞ라체 종결 어미 {-아/어}일 것
이다.

　　우리는 앞에서 평서문으로 쓰인 '-이야'를 확인한 바 있는데(cf. 3.1.1.11),
'-이야'와 '-이여'에서 평서법 표지나 의문법 표지를 찾을 수 없다. 그것은
{-아/어}가 ᄒᆞ라체 종결 어미이기 때문이다. 현대 국어에서 '-이야'가
평서법과 의문법에 두루 쓰이는 사실과 동일하다. 결국 '-이야'와 '-이여'
로 구별하여 표기한 것은 {-아/어}가 문체법을 표시하지 못한다는 난점
을 극복하기 위한 조치였다고 생각된다. '-과댜'가 평서문에도 쓰이고
명령문에도 쓰인 사실과는 대조적이다.

3.2.2. ᄒᆞ소체

　　ᄒᆞ소체 의문법을 나타내는 고유의 종결 형식은 없었다. 이 구조적 공
백은 자문 형식인 '-(으)ㄴ가'계 종결 형식이나 後述할 ᄒᆞ옵소체 의문법
종결 형식에 의해 보충될 수 있었다. '-(으)ㄴ가'계 의문법은 자문 형식
으로서 특정 등급에 국한되지 않는 특성을 지니고 있었고, ᄒᆞ옵소체 역

---

33) 다음 예문을 참조할 것.
　　　예: 큰형의 姓이 <u>므스거신고</u>(老諺 上:40ㄱ)
　　　소형문의 개념과 유형에 대하여는 金敏洙(1971:169-172)를 참조할 것.

시 ᄒᆞ소체와 통용되는 특징을 지니고 있었다.

3.2.3. ᄒᆞᆸ소체

ᄒᆞᆸ소체 의문법에는 ᄒᆞ라체 자문 형식인 '-(으)ㄴ가'계 종결 형식이 나 '-거냐', '-거뇨', '-(으)리' 앞에 {-습-}이나 '-습시-'가 통합한 종결 형식이 쓰였다.

(48) 가. 어와 어와 아룸답ᄉᆞ외 府中도 <u>無事ᄒᆞ온가</u>(捷新 5:2ㄱ)
　　　나. 편안이 <u>자옵신가</u> 나는 계유 오디 밤의 비 오고 쏘 올가 시브니 민
　　　　　망ᄒᆞ외(<u>李朝諺簡</u> 補2)
　　　다. ᄆᆞ춤내 구티 못ᄒᆞ오니 하 ᄯᅳᆫᄒᆞᆸ고 특특ᄒᆞ오니 이 엇던 <u>일</u>
　　　　　<u>의온고</u> 아ᄆᆞ리 싱각ᄒᆞ와도 거ᄌᆞ 일 ᄀᆞᆺ줍고(李朝諺簡 129)
　　　라. 요ᄉᆞ이 더위예 대되 뫼ᄋᆞ오셔 긔후 <u>엇더ᄒᆞ옵신고</u>(郭氏諺簡 161)
　　　마. 힝혀 <u>넘샹ᄒᆞ옵실가</u> 넘녀 아ᄆᆞ라타 업ᄉᆞ와 ᄒᆞ오며(李朝諺簡 142)
　　　바. 東의셔 굴횔쟉시면 이대도록 폐로이 <u>숣ᄉᆞ올가</u> 그저 그저
　　　　　우리 숣ᄂᆞᆫ 양으로 ᄒᆞ시면 뭇기 쉬울까 너기옵ᄂᆡ
　　　　　　　　　　　　　　　　　　　　　　　(捷新 4:22ㄴ)
　　　사. 우리도 이런 일을 어이 ᄌᆞ셰 <u>아올고</u> 일 모로ᄂᆞᆫ 것들이 일
　　　　　뎡 넛고 그리 ᄒᆞᆫ 일이옵도쇠(捷新 2:10ㄴ)
　　　아. 희ᄂᆞᆫ 졈졈 기옵고 어이 구러 셰월을 <u>디내옵실고</u>
　　　　　　　　　　　　　　　　　　　　　　　(李朝諺簡 129)
　　　자. 평안ᄒᆞ오신 덕ᄉᆞ오시니 보옵고 친히 뵈옵ᄂᆞᆫ 둧 든든 반갑
　　　　　ᄉᆞ오미 ᄀᆞ히 업ᄉᆞ와 ᄒᆞ오며 닙츈 후 일긔 하 칩ᄉᆞ오니 날마
　　　　　다 셔연의 드옵시기 어느만 민망 <u>고롭ᄉᆞ오시거나</u>(李朝諺簡 52)
　　　차. (그듸) 츤 날의 오래 안자 계셔 언머 <u>슈고ᄒᆞ옵셔뇨</u>
　　　　　　　　　　　　　　　　　　　　　　　(捷新 2:18ㄴ)
　　　카. 하늘 ᄀᆞ튼 ᄀᆞ 업순 은덕을 어디 다혀 <u>갑ᄉᆞ오리</u>(警民重:38ㄱ)

3.2.4. ᄒᆞ쇼셔체

중세 국어에서는 ᄒᆞ쇼셔체 의문법의 판정 의문과 설명 의문이 비교적 엄격하게 구별되었다. 예외적으로 설명 의문에 '-(으)잇가'가 쓰이기도 하였으나, 대개는 반어적 의문문인 경우였다.[34] 그런데 17세기에 오면 반어적 의문문이 아닌 순수 설명 의문문에 '-(으)잇가'가 쓰이는 예가 더 늘어난다. ᄒᆞ쇼셔체와 달리 ᄒᆞ라체의 {-가}와 {-고}는 17세기에도 여전히 엄격하게 구별되고 있으므로, 판정 의문과 설명 의문의 형태적 통일을 주도한 것은 ᄒᆞ쇼셔체 의문문이라 할 수 있다.

(49) 가. 므스 일로 이대ᄃᆞ록 밧바 <u>부븨오시ᄂᆞ니잇가</u>(李朝諺簡 122)
나. 실로 내 동싱인둘 ᄆᆞᄋᆞᆷ의 이리도록 못 니치ᄋᆞᆸ고 셟ᄉᆞ오면 어이 <u>ᄒᆞ오링잇가</u>(李朝諺簡 129)
다. 엇디 부형의게조쳐 그런 망극ᄒᆞᆫ 홰 <u>미츠링잇가</u>(李朝諺簡 32)
라. 나ᄂᆞᆫ 오ᄂᆞᆯ도 예 왓ᄉᆞᆸ거니와 앗가 양심합의 내관 나실 제ᄂᆞᆫ 엇디 아니 와 <u>겨ᄋᆞᆸ시더니잇가</u>(李朝諺簡 127)
마. 밤ᄉᆞ이 긔후 <u>엇더ᄒᆞᄋᆞᆸ시니잇가</u>(郭氏諺簡 107)
바. 내 근심ᄒᆞᆫ 주른 뉘 <u>알링짜</u>(郭氏諺簡 148)

15세기에도 이런 예외가 없었던 것은 아니지만, 17세기에 비하면 많지 않았다. 〈朴通事諺解〉와 〈老乞大諺解〉에서는 ᄒᆞ쇼셔체 의문법이 쓰이지 않았다. 〈捷解新語〉에서는 '-(으)잇고'는 쓰이지 않았고, 반어적 의문문에 '-(으)잇가'가 쓰인 예만 발견된다.[35]

그러나 17세기의 ᄒᆞ쇼셔체 의문법에서 판정 의문과 설명 의문의 형태적 통일이 완성된 것은 아니다. 다음의 (50)과 (51)은 중세 국어와 같이 판정 의문과 설명 의문의 구별이 이루어지고 있는 경우이다.

---

34) 예외적인 용법에 관하여는 安秉禧(1965:62)와 허웅(1975:513)을 참조할 것.

35) 〈捷解新語〉(改修1次本)에서는 순수 설명 의문문에 '-(으)잇가'가 쓰인 예가 발견된다.
예: 요ᄉᆞ이ᄂᆞᆫ 舘中도 徒然ᄒᆞ오니 돌려 振舞ᄒᆞ여 놀고쟈 ᄒᆞ오니 <u>엇더ᄒᆞ오리잇가</u> (改捷1次 9:1ㄱ~ㄴ)

(50) 가. 다만 四代 以上이면 곧 可히 祭티 몯ᄒ리잇가 그러티 <u>아니</u>
　　　　<u>니잇가</u>(家禮 1:36ㄱ)
　　나. 녜롤 조초미 正홈만 ᄀᆺ디 못ᄒ니잇가 <u>아니잇가</u>(家禮 4:13ㄴ)
　　다. 뭇ᄌ오디 어미 喪ᄉ 朔祭애 子ㅣ 主ㅣ <u>되리잇가</u>(家禮 7:2ㄴ)
　　라. 그 쯱는 병이 됴홀 일도 잇ᄉ올 쩌시니 아니 <u>뵈오링잇가</u>
　　　　　　　　　　　　　　　　　　　　　　　　　(捷新 2:5ㄴ)
　　마. 이제 지 아븨 명을 져ᄇ리고 어마님 ᄉ랑을 ᄇ리미 <u>가ᄒ닝</u>
　　　　<u>잇까</u>(東國新 忠:2ㄴ)
(51) 가. <u>엇디</u> 춤아 ᄇ리고 <u>가리잇고</u>(東國新 忠 1:46ㄴ)
　　나. 이후 계후ᄒ 일은 <u>어니</u> 날을 그르다 <u>ᄒ시ᄂ니잇고</u>(李朝諺簡 123)
　　다. 텬디과 조샹 신령이 죠림ᄒ야 겨시니 <u>엇디</u> 나롤 그르다 <u>ᄒ시ᄂ니</u>
　　　　<u>잇고</u>(李朝諺簡 123)
　　라. <u>엇디</u> 내 ᄆ음 져ᄇ 싱각 아니ᄒ시고 그리 극ᄒ 셩을 <u>내시</u>
　　　　<u>ᄂ니잇고</u>(李朝諺簡 123)
　　마. <u>엇디</u> 녜미 죽은 일을 내 타시라 <u>ᄒ시ᄂ니잇고</u>
　　　　　　　　　　　　　　　　　　　　　　　　　(李朝諺簡 123)

‘-(으)잇고’는 18세기 말의 〈明義錄諺解〉(1777)에서도 쓰인다.

(52) 가. 한이 소리롤 놉혀 디답ᄒ야 굴오디 뉘 감히 이 졈교롤 <u>넘</u>
　　　　<u>으리잇고</u>(明義 1:5ㄴ)
　　나. 맛당히 <u>엇더ᄒ</u> 사롬이 <u>되리잇고</u>(明義 1:10ㄴ)
　　다. <u>엇지</u> 통분치 <u>아니리잇고</u>(明義 1:11ㄴ)

　그런데 〈五倫行實圖〉(1797)에서는 ‘-(으)잇고’가 완전히 사라져 설명
의문문에도 ‘-(으)잇가’만이 쓰인다. 〈五倫行實圖〉가 의고성이 강한 문
헌이라는 사실을 감안하면 이 때쯤에는 형태적 통일이 거의 완성된 것
으로 볼 수 있다.

(53) 가. <u>엇디</u> 죠곰도 곳치디 <u>아니ᄒᄂ니잇가</u>(五倫 2:2ㄱ)
　　나. <u>엇디ᄒ면</u> 님군을 <u>뎡ᄒ리잇가</u>(五倫 2:5ㄴ)
　　다. <u>엇디</u> 뻐 어더 <u>뵈오리잇가</u>(五倫 2:5ㄴ)

3.3. 명령법

명령법에 쓰이는 종결 형식에는 ᄒᆞ라체의 {-아/어}, '-(으)라', '-고라', '-고려', '-과뎌', ᄒᆞ소체의 {-소}, ᄒᆞᆸ소체의 '-읍소', ᄒᆞ쇼셔체의 {-(으)쇼셔}가 있다.

3.3.1. ᄒᆞ라체

3.3.1.1. 어간+{-아/어}

{-아/어}가 어간에 직접 통합하여 [명령]을 나타내는 것은 동사 '말-'(勿)에서 확인된다.

> (1) 가. ᄀᆞ음도 지금 못 어더시니 그거시 되어 나기 어려울가 시브
> 니 하 죄오디나 <u>마라</u>(李朝諺簡 54)
> 나. 각각 禪末에 올라 안끼롤 定ᄒᆞ고 分毫도 動티 <u>마라</u>(朴諺 下:20ㄴ)

'마라'는 '말라'로 나타나기도 한다(後述). 둘 다 비슷한 빈도로 쓰였는데, 의미 차이는 판단하기 어렵다. '말-' 외의 동사에도 종결 어미 {-아/어}가 쓰여 명령문이 되는 경우를 (2)에서 확인할 수 있다. (2ㄴ)에 나타난 언어 사실의 시대는 정확하게 파악하기 어렵지만, {-아}가 동사 어간에 직접 통합하여 명령법을 나타내는 것이 17세기 이전부터 존재하였을 가능성이 있다고 생각된다.

> (2) 가. -아므라나 굴히디 말고 네 날를 져기 죽 쑤어 줌이 엇더ᄒᆞ뇨
> -<u>두어 두어</u> 너희 나그내 그저 이 술윗 방의 잘 디 ᄒᆞ여 이
> 시라(老諺 上:49ㄴ-50ㄱ)
> 나. 형아 아이야 네 술홀 몬져 <u>보아</u> 뉘손디 타나관디 양지조차
> ᄀᆞᆮ튼손다(警民 38ㄱ)

현대 국어 '말다'의 해라체, 해체 명령형에는 '말라', '말아라', '마라', '마' 4가지가 있다. 이 4종류의 명령형은 각각 다음과 같이 분석할 수 있을 것이다.

(3) 현대 국어 '말다'의 명령형
① 말라 : 말-라
② 말아라 : 말-아-라
③ 마라 : 말-아
④ 마 : 말-아

③과 ④는 구성은 동일하지만, 전자는 해라체이고 후자는 해체이다. ③의 '마라'를 「말+라」에서 '말-'의 /ㄹ/이 탈락한 것으로 기술하는 방안은 고려할 수 없다. /ㄹ/이 겹치는 경우 舌顫音으로 변화한 사실을 음운론적으로 설명하기 어렵기 때문이다. 그렇다면 ③은 중세 국어와 근대 국어 '마라'가 그대로 계승된 것이다. 15세기에도 '말라', '마아라'와 함께 '마라'가 쓰였다.[1)]

3.3.1.2. '-과뎌'

명령법 종결 형식 '-과뎌'에서도 ᄒᆞ라체 종결 어미 {-아}가 확인된다. '-과뎌'는 평서법 종결 형식으로도 쓰이고, 명령법 종결 형식으로도 쓰

---

1) 현대 국어에서 [거절]이나 [거부]를 나타내는 '말-'에 {-다}가 통합한 '마다'는 상위문 동사구 '(하지) 않-'에 이끌리는 내포문에서만 쓰인다. 그러나 17세기 문헌에서는 '마다'가 주문장의 종결 위치에 쓰인 것이 있다.
예: -네게 됴ᄒᆞᆫ 실 인ᄂᆞ냐
-므슴 실을 ᄒᆞ려 ᄒᆞᄂᆞ다
-내 흰 湖州셔 난 실과 굵고 것다ᄅᆞᆫ 실을 ᄒᆞ고져 ᄒᆞ노라 뎌 定州ㅅ 실은 마다
-이 비단과 綾과 깁과 사과로들헷 써슬 네 다 보왓ᄂᆞ니 네 졍히 므슴 비단을 사고져 ᄒᆞᄂᆞ다
-다ᄅᆞᆫ 거슨 마다 다만 ᄃᆡ든 야쳥 직금 흉븨ᄒᆞᆫ 비단을 ᄒᆞ고져 ᄒᆞ노니 내 고디시기 너ᄃᆞ려 닐으마 내 니브려 ᄒᆞᄂᆞᆫ 줄이 아니라…(老諺 下23ㄴ~24ㄱ)

인다. 평서법의 '-과댜'에 대하여는 이미 3.1.1.12.에서 살펴보았으므
로, 여기서는 명령법의 '-과댜'에 대해서만 살펴보기로 한다.

> (4) 가. -원컨대 바드셔 下人의게나 주시미 엇더ᄒ올고 …
>   -太守 니르시ᄂᆞᆫ 바ᄂᆞᆫ 브ᄃᆡ 밧과댜 니르시거니와 … 출하리
>   자네 바다셔 슈고ᄒᆞ던 對馬島 사ᄅᆞᆷ들희게나 주시소
>
> > (捷新 8:6ㄱ~8:9ㄱ)
>
>   나. 對馬島主의로셔 술오ᄆᆞᆫ 됴ᄒᆞᆫ 天氣예 예ᄭ지 브트시니 아ᄅᆞᆷ다
>   와 ᄒᆞ뇽이다 비예 ᄀᆞᆺ브심도 계실 ᄭᅥ시니 서의ᄒᆞ오니 무ᄐᆡ 오
>   ᄅᆞ셔 ᄒᆞ리나 쉬시고 비들토 도로시과댜 문안ᄒᆞ시ᄃᆞᆼ이다
>
> > (捷新 5:17ㄱ~ㄴ)
>
>   다. -先生아 네 니ᄅᆞ라
>   -므서슬 니ᄅᆞ과뎌 ᄒᆞᄂᆞ뇨(朴諺 下:56ㄴ)
>
>   라. 우리들도 술을 一切 못ᄒᆞᆸ건마ᄂᆞᆫ 하 먹과댜 니르시니 그러
>   ᄒᆞ온ᄃᆡ ᄀᆞ장 취ᄒᆞ오되 正根을 계요 출혀 안잣ᄉᆞᆸᄂᆞ이다
>
> > (捷新 3:18ㄱ)

(4가~라)의 '-과댜' 구문은 인용 내포문인데, 내포문의 화자가 내포문
의 청자에게 어떤 행위를 요청하고 있으므로 '-과댜'는 명령법 종결 형
식이다. 특히 내포문의 청자가 주문장의 화자인 (4가, 다, 라)는 '-과댜'
가 迂說的인 표현이 아닌 명령법 종결 형식임을 더욱 분명하게 보여 준
다. 그러나 다음과 같이 주문장의 종결 어미로 쓰인 '-과댜'는 15세기와
같이 화자의 [원망]을 나타내는 데에 그치는 것처럼 보이기도 하여 단
언하기 어렵다.

> (5) 가. 나셔 과연 견듸디 못ᄒᆞ거든 몬져 니르실디라도 내 迷惑을 프르시과댜
>
> > (捷新 1:29ㄴ~30ㄱ)[2]
>
>   나. 일뎡 니기시ᄂᆞᆫ 비밀ᄒᆞᆫ 묘리도 이실 ᄭᅥ시니 아ᄆᆞ려나 ᄀᆞᄅᆞ치
>   시과쟈(捷新 9:19ㄱ)

---

2) 이 '-(으)시과댜'가 〈捷解新語〉(改修1次本 1:45ㄴ)에서는 {-(으)쇼셔}로 고쳐져
   있다.

명령법의 '-과댜'는 김정수(1984:136)에서 들을이 예사 높임법으로 기술되었다. 그러나 (4가, 다, 라)에서는 인용 내포문의 동사 '밧-', '니르-', '먹-'의 주체가 주문장의 화자인 상황에서 '-과댜'가 명령법 종결 형식으로 쓰였으므로, '-과댜'는 ᄒᆞ라체 종결 형식임이 분명하다. '-과댜'가 ᄒᆞ라체 종결 형식이라는 것은 {-아}가 ᄒᆞ라체 종결 어미임에 비추어 볼 때 당연한 것이다.3) '-과댜/과뎌' 앞에 {-(으)시-}가 통합한 경우는 등급이 ᄒᆞ쇼소체로 상승한 것이다. 명령법의 '-과댜'도 평서법의 '-과댜/과뎌'와 마찬가지로 {-(으)시-}와는 통합하지만 {-습-}이나 '-습시-'와는 통합하지 않는다.4)

3.3.1.3. {-(으)라}

명령법 종결 어미 {-(으)라}는 모음이나 /ㄹ/ 뒤에서는 {-라}로, 자음 뒤에서는 {-으라}로 쓰였다. {-(으)라}는 어간 뒤에 직접 쓰이는 {-아}보다 더 생산적이었다. {-(으)라} 앞에는 동사 어간 외에 {-거-}, {-아/어-}, {-나}, {-수오-}, {-고-}, '-아시-', '-어스'가 올 수 있다. (6가 ~마)는 어간에 명령법 종결 어미 {-(으)라}가 직접 통합한 것이다.

> (6) 가. 藥은 도로 보내노니 아믜나 <u>救ᄒᆞ라</u>(李朝諺簡 23)
> 나. 후에 ᄯᅩ 이리 ᄒᆞ면 아니 바들 거시니 <u>알라</u>(李朝諺簡 51)
> 다. 그린 후에 차반 <u>먹으라</u>(老諺 下:37ㄱ)
> 라. 네 ᄯᅩ 날을 소기디 <u>말라</u>(老諺 上:16ㄴ)
> 마. 대강 用藥홀 이리 이셔도 醫官 醫女를 드려 待令ᄒᆞ려 ᄒᆞ노
>   라 분별 <u>말라</u>(李朝諺簡 17)

---

3) 16세기 자료인 다음 예문에서도 '-과댜'는 {-(으)라}와 함께 쓰이고 있으므로 ᄒᆞ라체
   이다.
      예: 슬 마리 무진호더 몯 스노라 내 ᄇᆞ라기ᄂᆞᆫ 됴히 <u>잇과댜</u> 네 아바님도 유무 오
   니 됴히 겨시다 희경이 가져 오니 주시 <u>보라</u>(淸州簡札 65)
4) 3.1.1.12.를 참조할 것.

다음의 (7가~아)에서는 {-(으)라}가 선어말 형태소 뒤에 쓰였다.

  (7) 가. 벗들아 <u>닐거라</u>(老諺 上:34ㄴ)
       나. 힝혀 감모나 흐얏거든 약이나 흐야 <u>먹어라</u>(李朝諺簡 42)
       다. 이 죄는 오로 심털동의 죄니 보채고 <u>싸화라</u>(李朝諺簡 43)
       라. 흘리나 더 무거 모뢰 스이나 <u>드러오나라</u>(李朝諺簡 109)
       마. <u>뎍스오라</u> 흐ᄋ오시니 아뢰ᇦ거니와(李朝諺簡 149)
       바. ᄆᆞᆷ <u>노화시라</u>(老諺 上:61ㄴ)
       사. 네 어마님이나 네 동싱ᄃ리나 녜나 아뫼나 알파흐거든 즉시 내게
           긔별흐여라 됴히 <u>잇거스라</u>(郭氏諺簡 35)
       아. 초계 아긔 유무 뽄 거시니 ○○○○치 말고 <u>녀허스라</u>(郭氏諺簡 116)

(7가~라)는 {-거-}, {-아/어-}, {-나-}에 {-(으)라}가 통합한 것이고, (7마)는 [화자 겸양]의 {-스오-}에 {-(으)라}가 통합한 것이고, (7바)는 완료상을 나타내는 '-아시-'에 {-(으)라}가 쓰인 것이다. '-아시-'는 공시적으로도 「아(부동사 어미)+이시-」로 분석할 수 있다. (7사, 아)의 '-거스라'와 '-어스라'는 각각 '-거ᄉ라'와 '-어ᄉ라'의 異表記일 가능성이 있다. 백두현(1997:5)에 의하면 〈玄風郭氏諺簡〉에서는 'ᆞ'를 'ㅡ'로 적은 경우가 많기 때문이다.

3.3.1.4. '-고려'와 '-고라'

흐라체 명령법 종결 형식 '-고려'와 '-고라'에서도 종결 어미 {-아/어} 가 분석된다. 중세 국어에서는 '-고라'가 일반적으로 쓰이고 '-고려'는 매우 드물게 쓰였는데, 17세기 문헌에서는 오히려 '-고려'가 많이 나타나고, '-고라'는 아주 드물다. '-고려'와 '-고라'가 어간에 직접 통합한 예만 발견된다. '-(으)시고려, -(으)시고라, -고시라'도 발견되지 않는다.

  중세 국어의 '-고려'는 종래의 연구에서 흐라체보다 높은 등급으로 기술되었다. 李崇寧(1961/1981:262)과 허웅(1975:518)은 중세 국어 단계에서 '-고려'가 '-고라'보다 약간 공손한 표현일 것으로 추측하였

고,5) 金忠會(1972:69)와 金忠會(1977:62)에서는 '-고려'를 ᄒᆞ야쎠체 명령법의 强請法 또는 請願形으로 기술하였다. 고영근(1987:266, 299)은 15세기의 '-고라'와 '-고려' 모두 ᄒᆞ야쎠체보다 낮은 반말로 파악하였다. 그러나 '-고려'와 '-고라'는 모두 ᄒᆞ라체 종결 형식이다.

> (8) 가. 給孤獨長者(=須達)ㅣ … 婆羅門올 ᄃᆞ려 닐오디 어듸아 됴
>   ᄒᆞᆫ ᄯᆞ리 양ᄌᆞ ᄀᆞᄌᆞ니 <u>잇거뇨</u> 내 아기 위ᄒᆞ야 어더 <u>보고려</u>
>   (釋詳 6:13ㄴ)
>   나. 付囑온 말ᄊᆞᆷ 브텨 아무례 <u>ᄒᆞ고라</u> 請홀 씨라(釋詳 6:46ㄱ)
>   다. 王벋 <u>너를</u> ᄉᆞ랑티 아니ᄒᆞ시린댄커니와 王이 <u>너를</u> 禮로 待接
>   ᄒᆞ샿딘댄 모로매 願이 이디 <u>말오라</u>(釋詳 11:30ㄱ)6)

'-고려'는 (8가)와 같이 ᄒᆞ라체 의문법 '-거뇨'와 함께 쓰이고, '-고라'는 (8나)와 같이 夾註文의 語釋에 쓰이거나, (8다)와 같이 아버지가 딸에게 하는 말에 쓰일 수 있다. 그러므로 '-고려'와 '-고라'는 모두 ᄒᆞ라체이다.7)

張京姬(1977:123)에서 17세기의 '-고려'를 ᄒᆞ라체에 가까운 中稱으로 기술한 것은 중세 국어의 '-고라'나 '-고려'에 대한 종래의 견해에 이

---

5) 李崇寧(1961/1981:261~262)은 중세 국어의 '-고라'는 부드러운 [명령] 을, '-고려'는 부드러운 [청탁] 을 나타낸다고 하였다.

6) 이 인용문은 仙人이 딸(鹿母夫人)을 저주하며 말한 呪文이다. 15세기의 어법대로라면 '말와뎌'가 쓰일 자리이다. '-과뎌'의 의미와 형태적 구성에 대하여 더 깊이 천착할 필요가 있음을 보여 주는 예이다.

7) 다음과 같이 15세기 자료에서 '-고라'가 '그듸'와 호응하는 예를 발견할 수 있다. 그러나 대우법의 기술에서 인칭 대명사와 문장 종결 형식의 호응 관계는 절대적인 기준이라 할 수 없다. 2.1.1.을 참조할 것. 아래의 (ㄱ,ㄴ)의 '-고라'는 직접 인용문이 아닐 가능성이 있다. '니ᄅᆞ샤티'와 '닐오티'를 현대 국어와 같이 직접 인용 동사로 보기 어려운 것이다.

   예: (ㄱ) 俱夷 니ᄅᆞ샤티 <u>그딋</u> 말다히 호리니 … 生生애 내 願을 일티 아니케 <u>ᄒᆞ고라</u>(月釋 1:13ㄴ)

   (ㄴ) 太子ㅣ 닐오티 <u>그듸</u> 날 爲ᄒᆞ야 大海龍王끠 술보디 閻浮提人 波羅㮈王人 善友太子ㅣ 보ᅀᆞ뱡라 왯다 <u>ᄒᆞ고라</u>(月釋 22:45ㄱ)

끌린 것으로 보인다. 그러나 17세기의 '-고려'는 다음의 (9가~다)에서
보듯이 ᄒᆞ라체의 2인칭 대명사 '너'와 호응하고 있으므로 ᄒᆞ라체 명령법
종결 형식임을 의심할 수 없다.8)

> (9) 가.네 나롤 이 됴흔 法을 가른쳐 <u>주고려</u>(朴諺 上:13ㄴ)
>   나.네 날 위ᄒᆞ여 팔즈 <u>보고려</u>(老諺 下:64ㄱ)
>   다.네 모로미 나를 ᄃᆞ려 벗지어 <u>가고려</u>(老諺 上:7ㄱ)

다음의 (10)에서는 '小人'이란 겸칭과 '-고려'가 함께 쓰여 있어서,
'-고려'가 ᄒᆞ라체보다 높은 등급이 아닌가 하고 의심할 수도 있다.

> (10) <u>小人</u>을 ᄇᆞ리디 아니ᄒᆞ시면 모로매 집으로 오고려(老諺 上:40ㄴ)

그러나 〈老乞大諺解〉와 〈朴通事諺解〉에서는 (11가~다)와 같이 겸칭
'小人'과 ᄒᆞ라체 종결 형식이 호응하는 경우가 많이 나타난다.

> (11) 가. <u>小人</u>이 遼東 잣 안해셔 사노니 인틴 글월을 번드시 <u>가졋노</u>
>   라(老諺 上:43ㄴ)
>   나. <u>小人</u>은 ㅿ 三十二歲라(老諺 上:57ㄴ)
>   다. <u>小人</u>이 뎌 동녁 모롱이 堂子ㅅ ᄇᆞ롬을 스이ᄒᆞ여 브리워 <u>잇노라</u>
>   (朴諺 上:52ㄱ)

'-고라'의 예는 17세기 자료에서 매우 드물다.

> (12) 翁主롤 내 날마다 가 보고 許浚이와 의논ᄒᆞ거니와 내 보매는
>   아므려도 의심 업스니 분별 <u>말고라</u> 參議(判) 하 근심ᄒᆞ다 ᄒᆞ니
>   지극 <u>운노라</u>(李朝諺簡 31)

(12)에서 보듯이 화자와 청자가 동일한 상황에서 '-고라' 및 '-노라'가

---

8) 安秉禧(1965:80)는 16세기의 '-고려'를 ᄒᆞ라체로 파악하였다.

함께 쓰이고 있으므로 '-고라' 역시 ᄒᆞ라체 명령법 종결 형식임을 분명히 알 수 있다.

'-고려'와 '-고라'의 의미적 차이를 파악할 수 있는 객관적인 근거는 없다. 중세 국어에서는 '-고라'가 일반적으로 쓰이고 '-고려'는 아주 드물게 쓰이다가, 17세기에 와서는 반대로 '-고려'가 일반적으로 쓰이고 '-고라'가 아주 드물게 나타나는 현상은 중세 국어나 17세기 국어에서 '-고려'와 '-고라'가 대우법이나 그 밖의 의미면에서 거의 동일하기 때문에 가능했을 것이다.

다음으로는 '-고려, -고라'와 {-(으)라}의 차이에 대하여 살펴보기로 한다. 앞의 (9가~다)에서는 동사 '주-', '보-', '가-'에 '-고려'가 쓰였다. 그러나 다음의 (13가~다)에서 보는 바와 같이 동사 '주-', '보-', '가-'에는 {-(으)라}도 쓰일 수 있다.9)

> (13) 가. 아즈마님이 이리 ᄒᆞ옵시는 이리 업ᄉᆞ와 녜미 계후롤 수이
>   <u>주라</u> 허ᄒᆞ옵셔도 내 ᄆᆞ옴이 ᄆᆞ이 뎡ᄒᆞ얏ᄉᆞ오니 요동티 아
>   니ᄒᆞ오리이다(李朝諺簡 122)
>   나. 가샹이는 아바마 와시니 가 <u>보라</u> ᄒᆞ니 우도 아니ᄒᆞ고 나가니
>   ᄌᆞ연이 혀이는가 시브다(李朝諺簡 81)
>   다. 네 그룻 사는가 저프거든 다른 사롬으로 ᄒᆞ여 뵈라 <u>가라</u>
>   (朴諺 中:27ㄴ)

(9가~다)와 (13가~다)의 대비를 통해 '-고려'와 {-(으)라}는 어간 동사에 따라서 구별되는 것이 아님을 알 수 있다. '-고려'와 {-(으)라}가 직접 명령과 간접 명령(내포 명령문)의 차이로 대립하는 것도 아니다. (9가:13가), (9나:13나)의 대비만으로 본다면 직접 명령에는 '-고려'가 쓰이고 간접 명령에는 {-(으)라}가 쓰인다고 할 수 있겠지만, 다음의 (14가~다)를 보자.

---

9) 張京姬(1977:123)에서는 17세기의 모든 '-고려'가 '주다'와 호응하는 것으로 기술하였다.

(14) 가. 몬져 혼 사발 더온 믈 가져 <u>오라</u> 내 눗 시서지라(老諺 上:55ㄱ)

나. 네 그릇 사눈가 저프거든 다룬 사롬으로 ᄒᆞ여 뵈라 <u>가라</u>

(朴諺 中:27ㄴ)10)

다. 네 ᄯᅩ 날을 소기디 <u>말라</u>(老諺 上:16ㄴ)

(14가~다)는 {-(으)라}가 직접 명령에도 쓰일 수 있음을 보여 준다. 그러면 '-고려'는 직접 명령에만, {-(으)라}는 간접 명령과 직접 명령에 두루 쓰이는 것일까? 그러나 17세기 '-고려'의 소급형이라 할 수 있는 중세 국어의 '-고라'가 간접 명령으로도 쓰이므로, 그 가능성도 배제된다.

(15) 가. 付囑온 말씀 브텨 아ᄆᆞ례 <u>ᄒᆞ고라</u> 請홀 씨라(釋詳 6:46ㄱ)

나. 祭 ᄆᆞ차눌 使者 브려 <u>보내오라</u> ᄒᆞ야눌(月釋 7:15ㄴ)

(15가)는 夾註文인데, 이 때의 '-고라' 구문은 인용문이다. (15나)에서는 화자가 迦尸國王이고 청자는 比提希國王이므로 ᄒᆞ라체를 쓸 상황이 아니다. 그런데도 (15나)에 ᄒᆞ라체의 '-고라'가 쓰였다는 것은 '-고라' 구문이 간접 인용문임을 입증하는 것이다.

{-아/어}나 {-(으)라}에 의한 명령법과 구별되는 '-고려, -고라'의 의미를 파악할 수 있는 객관적인 근거는 없다. 그러나 다음의 (16)과 같이 17세기에 {-(으)려} 또는 {-(으)라}가 결여된 {-고-}가 명령문에 쓰였던 사실은 적어도 {-고-} 자체가 [명령]과 관련 있는 형태소임을 시사한다.

(16) 사발 잇거든 ᄒᆞ나 <u>다고</u>(老諺 上:38ㄱ)11)

---

10) '가라'의 구성이 「가+아+(으)라」일 가능성도 배제할 수 없다.

11) '달-'에는 {-(으)라}도 통합할 수 있다. 이 때에도 /ㄹ/ 뒤에는 매개 모음이 없는 {-라}가 쓰임을 확인할 수 있다.

예: 가샹이는 아젹브터 썩 <u>달라</u> ᄒᆞ고 에인 어픠여시니 급작되이 썩 ᄒᆞ노라

(李朝諺簡 77)

여기서는 {-고}가 문장 종결 위치에 쓰였다. {-습-}도 문장 종결 위치에 쓰이는 경우가 있으나, {-고}는 현대 국어에서도 생산적으로 쓰인다는 점에서 {-습-}과는 성격이 약간 다르다.12) 그러므로 종결 어미 {-고}를 따로 인정할 수도 있을 것이다.

3.3.2. ᄒ소체

ᄒ소체 명령법은 종결 어미 {-소}가 나타낸다.13)

> (17) 가. 편안이 자ᇢ신가 나는 계유 오더 … 민망ᄒ외 … 자내 올
>   제 브더 일나 과천 덤심ᄒ고 사그내 디나고 ᄌ골이라 ᄒ
>   더 와 <u>자소</u> 사긔내는 방도 업고 도적 므셔오니 쑴의 며ᄂ
>   리가 알파ᄒ니 아니 ᄌ식 나흘가 ᄌ식곳 나ᄒ면 쉿부리ᄅᆞᆯ
>   엇디 ᄒ고 분별ᄒ니 쟈근불의 감퇴오디 아니ᄒ얀니 흰 부
>   체 뿌서 가져 <u>오소</u> 인마ᄅᆞᆯ 마조 츌원으로 보냄새
>
>   (李朝諺簡 補2)
> 나. 자네 … 그대도록 ᄆᆞ옴 덜리 싱각디 <u>마소</u>(捷解 9:21ㄱ~ㄴ)
> 다. 안쥬 <u>자오</u> = 請茱(譯語 上:60ㄱ)

3.3.3. ᄒᅟᅵᆸ소체

ᄒᅟᅵᆸ소체 명령 종결 형식에는 ᄒ소체 명령 종결 어미 {-소}에 {-습-}, {-(으)시-}가 통합한 '-ᅟᅵᆸ소', '-시소'와 ᄒ라체 명령 종결 형식 '-과댜'에 {-(으)시-}가 통합한 '-(으)시과댜'가 쓰였다.

> (18) 가. 公木 五十 束 드렷스오니 나가 보와 <u>잠습소</u>(捷解初 4:9ㄴ)
>   나. 자녀네도 나실 제 니르고 <u>가ᅟᅵᆸ소</u>(捷解 2:15ㄴ)

---

12) 현대 국어 '다오'의 {-오}와 '보오, 가오'(명령)의 {-오}는 성격이 다르다. 전자는 {-고
    (-)}의 계승형으로서 해라체이고, 후자는 {-소}의 계승형으로서 하오체이다.
13) {-소}의 기원에 대하여는 2.1.2.2.에서 논의하였다.

다. 그리 아르시게 잘 <u>쥬션ㅎ시소</u>(捷解初 5:24ㄱ)

라. 信使끠 對面ㅎ여 쏘 도 술와 볼 거시니 그리 <u>아르시소</u>

(捷解初 5:30ㄴ)

마. 나셔 과연 견듸디 못ㅎ거든 몬져 니르실디라도 내 迷惑을
<u>프르시과댜</u>(捷新 1:29ㄴ~30ㄱ)

바. 일뎡 니기시ᄂᆞ 비밀ᄒᆞᆫ 묘리도 이실 쩌시니 아므려나 <u>ᄀᆞᆮ</u>
<u>치시과쟈</u>(捷新 9:19ㄱ)

3.3.4. ᄒᆞ쇼셔체

ᄒᆞ쇼셔체 명령법 종결 형식에는 {-(으)쇼셔}와 '-ᅌᅩᆸ쇼셔'가 쓰였다.

(19) 가. 이 말이 ᄒᆞᆫ 말이나 그론가 셩셔방을 뵈여 <u>보쇼셔</u>(李朝諺簡 123)

나. 인간의 이런 고디 아니 만ᄒᆞ리잇가 다시곰 싱각ᄒᆞ야 <u>보옵쇼셔</u>

(李朝諺簡 122)

나'. 브더 거스리디 말고 아래사롬돌의게나 주실 양으로 <u>ᄒᆞᆸ쇼셔</u>

(捷新 8:2ㄴ)

다. 이번이나 쵸록이 조심ᄒᆞ고 겨오시다가 <u>드러오오쇼셔</u> 거번
ᄌᆞᆽ올가 나ᄂᆞᆫ 기ᄃᆞ리도 아니ᄒᆞ옵ᄂᆞ이다(李朝諺簡 149)

라. 그더 ᄒᆞ다가 련화국의 나든 우리 물을 넘ᄒᆞ야 귀보을 벗게 <u>ᄒᆞ쇼</u>
<u>셔</u> = 君이 若生蓮花國어든 念吾輩을 脫鬼報케 ᄒᆞ슈셔

(勸念 6ㄱ)

마. 됴홀셔 왕량이여 쌜리 계졀의 <u>오르쇼셔</u> = 善哉라 王郎耶 速皆上
ᄒᆞ슈셔(勸念 6ㄱ~ㄴ)

〈勸念要錄〉에서는 (19라, 마)와 같이 {-(으)쇼셔}, {-(으)슈셔}, {-(으)
슈셔}도 보인다. {-(으)쇼셔} 앞에는 동사 어간 외에 {-습-}이 올 수 있
다. {-(으)쇼셔} 앞에 {-습-}이 오는 경우는 諺簡과 〈捷解新語〉에서 많
이 확인된다.

3.4. 청유법

청유법에 쓰이는 종결 형식에는 ㅎ라체의 '-쟈', ㅎ옵소체의 '-옵새', ㅎ
쇼셔체의 '-사이다'가 있었다. ㅎ소체의 '?-새'는 확인되지 않는다. 그러나
'-옵새'가 존재하였던 것으로 보아 '?-새'도 쓰였을 가능성이 크다. 만약 ㅎ
소체의 '?-새'가 존재하지 않았을 경우에는 청유법의 청자 대우 체계를 3
등급 체계로 기술해야 할 것이다. 이 공백은 ㅎ옵소체에 의해 보충될 수
있었다. ㅎ옵소체는 ㅎ소체와 통용되는 속성을 갖고 있었기 때문이다.

3.4.1. ㅎ라체

ㅎ라체 청유법에는 종결 형식 '-쟈'가 쓰인다.

> (1) 가. 우리 그저 뎌긔 드러 자고 <u>가쟈</u>(老諺 上:9ㄴ)
>   나. 우리 홈끠 <u>가쟈</u>(老諺 上:7ㄱ)
>   다. 심셔방의 아을 계후ㅎ야 두옵고셔도 집의 드려가디 아니ㅎ
>   야 제 싱친가의 두고셔 내 <u>돌보쟈</u> ㅎ니 그런 일도 제 몸의 해로
>   오미 힝혀 이실가 ㅎ야 못ㅎ노라 ㅎ고(李朝諺簡 122)
>   라. 내 너드려 <u>당부ㅎ쟈</u>(朴諺 中:12ㄱ)
>   마. 오늘 차반 여토와 우리 모돈 권당을 칭ㅎ야 힘힘이 <u>안젓쟈</u>
>   (老諺 下:30ㄴ)

'-쟈'는 어간과 직접 통합한다. (1마)는 '-쟈' 앞에 '-엇-'이 통합할 수
있음을 보여 주는데, 이는 '-엇-'이 부동사 어미 {-어}와 어간 '잇-'으로
구성된 것이기 때문이다. (1가,나)는 '우리'가 주어인 전형적인 청유문
이다. (1다, 라)에서는 '나'가 주어이지만, 이런 통사적인 관계는 현대
국어에도 존재한다. 이것이 {-지-}의 본질적 의미인 주체의 내적 [원
망]에 더 부합하는 용법이다.
'-져라'와 '-쟈스라'는 17세기 자료에서 확인되지 않는다. 그러나 '-쟈

스라'는 문학 작품에서는 생산적으로 쓰였을 것으로 생각된다. '-쟈스라'의 {-(으)라}는 평서법 종결 어미가 아니라 명령법 종결 형식 '-아스라'의 {-(으)라}와 동일한 것일 가능성이 크다. '-쟈스라'는 현대 국어의 '-자꾸나'와 의미가 유사할 것으로 생각되는데, '-자꾸나'에는 감탄 종결 형식 '-구나'가 들어 있어 '-쟈스라'의 마지막 요소인 {-라}도 평서법 종결 어미로 쓰인 것이 아닌가 하는 의심을 갖게 한다. 그러나 '-자꾸나'의 형성 배경에는 특수한 사정이 있는 것으로 생각된다. 청유법 종결 어미 '-쟈'에 명제 내용에 대한 화자의 주관적 정서를 드러내는 감탄 종결 형식 '-구나'가 통합한다는 것은 의미적으로 설명하기 어렵다. '-쟛'에 명령법 종결 형식 '-고려, -고라'가 통합했어야 할 텐데, '-고려, -고라'와 감탄 종결 형식 '-고녀'가 音相이 유사하여, '-쟛'에 '-고녀'가 통합한 '*-쟛고녀'가 '-자꾸나'로 변화하였을 것이라고 추측된다. 이것도 일종의 混態(blending)라 할 수 있을 것이다.14)

ㅎ라체 청유법 종결 형식 '-쟈'와 대우법적으로 대립하는 짝은 ㅎ쇼셔체의 '-(옵)사이다'와 ㅎ옵소체의 '-옵새'이다. ㅎ쇼셔체의 '-지이다'는 평서법이므로 ㅎ라체 평서법의 '-지라'와 대립의 짝을 이룬다.

3.4.2. ㅎ소체

ㅎ소체 청유법을 나타내는 종결 형식은 발견되지 않는다. ㅎ옵소체 청유법 종결 형식 '-옵새'가 이 공백을 보충할 수도 있었겠지만, {-옵-}이 결여된 '-새'가 확인되지 않는 것은 자료 제약의 탓일 가능성이 더 크다.

3.4.3. ㅎ옵소체

ㅎ옵소체 청유법 종결 형식에는 '-옵새'가 있다. '-옵새'는 「습+사+

---

14) '-자꾸나'의 형태적 구조는 좀 더 연구되어야 할 문제라고 생각한다.

(으)이」로 분석된다. '-읍새'는 어간 바로 뒤에 쓰이는 특징이 있는데, 그것은 {-숩-}이 선어말 형태소 중 서열이 가장 앞서는 것이기 때문이다. '-읍새'는 〈捷解新語〉에서만 발견된다.15)

(2) 가. 안자셔 죵용히 말슴 ᄒᆞ읍새(捷新 3:7ㄴ)
  나. 이제 正官 보오라 가오니 다시 보읍새(捷新 1:23ㄱ)
  다. 짐쟉이 계실 꺼시니 니ᄅᆞ읍소 듯줍새(捷新 5:8ㄱ)
  라. -술란 ᄒᆞ마 마읍소
    -하 마다 니르시니 아직 앗줍새(捷新 1:20ㄱ)

(2가, 나)에서는 화자와 청자가 행위의 주체이다. 그러므로 (2가, 나)는 전형적인 청유문이라 할 수 있다. 화자만이 행위의 주체인 (2다)는 의미적으로는 평서문이다. 이러한 용법은 현대 국어에서도 널리 쓰인다. (2라)의 '앗줍새'는 종래에 잘못 해석되었다. 劉昌惇(1964)에서는 '앗다'의 의미를 '取하다'로 보았고, 李太永(1997:55)에서 '앗다'의 의미를 '받다, 잡다'로 보아 '아직 앗줍새'를 '(제가) 먼저 들겠습니다.'로 풀이하였다. 그러나 이 대화의 장면이 改修1次本에서는 「-술란 그만ᄒᆞ여 앗줍소 -하 마다 니ᄅᆞ시니 아직 앗줍새」(1:29ㄱ~ㄴ)로 되어 있다. '마읍소'가 '앗줍소'로 바뀐 사실에 주목한다면 '앗다'는 현대 국어 '앗어라(아서라=그만 두어라)'의 '앗다'임을 알 수 있다. 그러므로 '아직 앗줍새'는 '이제 그만 마십시다.'로 해석해야 한다.
  다음의 (3가)에 쓰인 '-옵새'의 문체법적 기능도 분명하게 밝혀지지 않았다.

(3) 가. 어와 出船日을 定ᄒᆞ시니 아름다와 ᄒᆞ뇅이다 振舞ᄒᆞᆯ 바는 되도록 ᄉᆞ양코져 너겻ᄃᆞ니마는 자네도 멀리 슈고ᄒᆞ야 겨시니 祝願 아니톤 못ᄒᆞᆯ 양으로 젼브터 니르심으로 이러나 뎌러나 맛당ᄒᆞ실 대로 ᄒᆞ옵새(捷新8:24ㄴ~25ㄱ)

---

15) '-읍새이다'도 확인된다.
  예: 근심 마르시고 二日이나 디나 죵용커든 보읍새이다(捷解初 5:20ㄴ)

가′. …이러나 뎌러나 니ᄅ시ᄂ 대로 ᄒᆞ옵새(改捷 1次 8:37ㄴ)
가″. …이러나 져러나 니ᄅ시ᄂ 대로 ᄒᆞ옵새이다(改捷 重 8:22ㄱ)

(3가)의 '-옵새'는 (3가′, 가″)에서 '-옵새', '-옵새이다'로 교정되어 있어서 오해의 소지가 크다. 이런 이유로 김정수(1984:76)는 '-옵새'와 '-옵새'가 일본어에서는 구별되지 않는 것으로 추정하였고, 이영경(1992:60)에서는 이 두 문장 종결 형식의 의미가 거의 같았을 것이라고 추측하였다. 그러나 이것은 原刊本의 誤譯을 改修1次本에서 바로잡은 것으로 보인다. '맛당ᄒᆞ실 대로' 잔치를 베푸는 것은 청자의 행위이지 화자의 행위는 아니다. 그러므로 화자의 행위를 나타내는 약속법의 'ᄒᆞ옵새'는 적절하지 않은 표현이라고 판단한 改修1次本의 편자가 청유법의 'ᄒᆞ옵새'와 'ᄒᆞ옵새이다'로 수정한 것이다. 이 때의 청유법은 완곡한 명령법으로서, 자신들을 위하여 잔치를 베풀어주려는 상대에게 設宴을 허락하는 표현 방식이다.

3.4.4. ᄒᆞ쇼셔체

ᄒᆞ쇼셔체 청유법 종결 형식은 '-사이다'이다. '-사이다'에서는 종결 어미 {-다}가 분석된다. 중세 국어의 '-사이다'는 어간 뒤에 직접 쓰였으나, 17세기 자료에서는 '-사이다' 앞에 {-ᄉᆞᆸ-}이 통합한 예가 더 많이 확인된다. {-사}가 청유법과 약속법에 쓰이는 사실은 {-사}가 청자의 [동의]를 요구하는 형태소임을 시사한다.

  (4) 가. -나그내 시름을 펴니 ᄀᆞ장 아름다이 너기닝이다
       - ᄒᆞ마 도라 가샹이다(捷新 6:5ㄴ)
     나. ᄀᆞ장 됴쏘오니 그리 ᄒᆞ옵싸이다(捷新 3:10ㄱ)
     다. 근심 마르시고 二日이나 디나 죵용커든 보옵새이다(捷新 5:20ㄴ)

3.5. 약속법

약속법에는 ᄒᆞ라체의 '-(으)마, -오마', ᄒᆞ읍소체의 '-읍새'가 쓰였다. 기원적으로 본다면 공통적으로 {-(으)ㅁ-}이 분석된다. '-(으)마'와 '-오마'에서는 {-아}가 ᄒᆞ라체를 나타낸다. ᄒᆞ소체와 ᄒᆞ쇼셔체의 약속법을 나타내는 고유의 종결 형식은 없었다. 그러므로 약속법의 청자 대우 체계를 2등급 체계로 기술해야 할 것이다. 이 사실을 본다면 약속법의 문체법적 자격은 상당히 미약하다. ᄒᆞ소체는 ᄒᆞ읍소체에 의해, ᄒᆞ쇼셔체는 평서법의 '-오리이다'에 의해 보충될 수 있었다.

3.5.1. ᄒᆞ라체

ᄒᆞ라체 약속법에는 '-(으)마'가 쓰였다. 약속법의 '-(으)마'는 일반적으로 어간 뒤에 직접 통합한다. 어간이 /ㄹ/로 끝난 경우에는 매개 모음이 없이 '-마'가 쓰인다.[1]

> (1) 가. 가져 오라 내 숪ᄒᆞ마(朴諺 中:25ㄴ)
>   나. 내 고디시기 너ᄃᆞ려 닐으마(老諺 下:24ㄱ)
>   다. 내 콩믈 가져 가마(老諺 上:29ㄴ)
>   라. 네 므슴 주견이 잇ᄂᆞ뇨 네 니ᄅᆞ라 내 드로마(老諺 上:4ㄴ)
>   마. 약은 못 ᄒᆞ야시니 훗 사ᄅᆞᆷ의 보내마(李朝諺簡 33)
>   바. 너 역질ᄒᆞ던 방 날도 陰ᄒᆞ니 日光이 도라디거돈 내 親히 보
>   고 즈셰 긔별ᄒᆞ마 대강 用藥홀 이리 이셔도 醫官 醫女ᄅᆞᆯ 드
>   려 待令ᄒᆞ려 ᄒᆞ노라(李朝諺簡 17)
>   사. 실로 두 냥 은을 밧고 네게 ᄑᆞᆯ마(朴諺 下:25ㄴ)

'-(으)마' 앞에는 (1바)와 같이 {-오-}가 통합하기도 한다. 이 {-오-}

---

[1] 명령법 종결 어미 {-(으)라}도 /ㄹ/ 뒤에서는 매개 모음이 없이 {-라}로 나타난다. 3.3.1.3.을 참조할 것.

는 {-습-}의 변이형이 아니고, {-오/우-}이다. 17세기에는 '-(으)마' 앞
에 {-오-}도 통합되지 않는 것이 일반적이다. (1바)의 예외성은 이것이
17세기 초(1602)의 자료이기 때문일 것이다. (2가~바)와 같이 16세
기 자에서는 대부분 '-오마'로 나타난다.

> (2) 가. 내 너ᄃ려 <u>ᄀᄅ쵸마</u>(飜朴 上:10)
> 나. 네손디 <u>ᄑ로마</u>(飜朴 上:74)
> 다. 네 니ᄅ라 내 <u>드로마</u>(飜老 上:5ㄱ)
> 라. 내 그리 <u>호마</u> 호니(飜小 9:56ㄴ)
> 마. 쳡 <u>사모마</u> 밍셔코(淸州簡札 164)
> 바. 네 딕녕 ᄀᅀᄆᆫ 이제야 계오 모려ᄂᆞ니 … 날 하 치워 쉬이
> 몯ᄒ게 되니 셜워 필브터 ᄒ노라 호라 … 너월 ᄉ이 사ᄅ미 부
> 러 갈 일 이시니 그제 즉시 <u>호마</u>(淸州簡札 126)2)

3.5.2. ᄒ소체

ᄒ소체 약속법 종결 형식은 발견되지 않는다. ᄒᄋᆸ소체 약속법 종결
형식 '-옴새'가 이 공백을 보충하였을 것으로 보인다.

3.5.3. ᄒᄋᆸ소체

ᄒᄋᆸ소체 약속법에는 '-옴새'가 쓰였는데, '-옴새'에서 종결 어미 {-(으)
이}가 분석된다. (3)에서 17세기 자료와 18세기 자료를 대비하여 보인
다.

> (3) 가. -쏘 뎌 使ㅣ 信使를 위ᄒ야 冠帶를 홀쟉시면 信使도 冠帶를
> ᄒ셔야 됴쑷올디 다만 冠帶ᄒ시미 됴홀가 시프외

---

2) 〈淸州簡札〉에는 '보내마'(17,18,35,36,37…)와 '주마'(6,23)가 나타나는데, 徐泰龍
(1996:82)은 여기에도 {-오-}가 들어 있을 가능성이 높다고 하였다.

-그러면 冠帶도 호옵새(捷新 7:12ㄴ)
  cf. …그러면 冠帶룰 호옵새(改捷 1次 7:18ㄴ)
나. -路次 各官의 接待의 긔걸호믈 위홈이니 심샹히 아디 마옵소
  ┈니르시논 말을 드르니 수이 아니티 몯홀 일이오니 대톄로
  이 아니호실 양으로 東萊끠 엿주와 飛脚을 셸 양으로 호옵새
                                        (捷新 5:5ㄴ)
  cf. …東萊끠 엳주와 飛脚을 세올 양으로 호옵새…(改捷 1次 5:7ㄴ)
다. 비예 투노라 호야 辰時예 判事네놀 對馬島主게 보내야 이제
  야 비예 투오니 션창フ의 가 하딕 술옵새 호고 보낸대…
                                        (捷新 8:29ㄴ)
  cf. 션창フ의셔 하직 술옵새 호고 보낸대…(改捷 1次 8:43ㄴ)
라. -書契의 혼 지라도 어근나면 아므의 희도 됴티 아니호오니
  브디 내옵소
 -그리 호옵새(捷新 1:17ㄱ~18ㄱ)
  cf. …그리 호오려니와(改捷 1次 1:26ㄱ)

(4가~라)의 '-옵새'는 모두 약속법 종결 형식이다. (4가~다)의 '-옵새'
는 〈捷解新語〉(改修1次本)에서도 모두 동일하게 '-옵새'로 표기되어 있
다. (4가, 나)는 상대자의 [간청] 또는 [명령]에 대하여 '-옵새'로 응답
하는 것으로 보아 '-옵새'가 [약속]을 나타내는 것이 분명하다. (4다)의
'-옵새'는 '判事네'에 대한 [명령]으로 오해될 가능성도 있다. 그러나
이 발화의 상황은 나중에 '션창フ'에서 '하직 인사'를 '술옵새' 하는, '對
馬島主'에 대한 화자의 [약속]을 '判事'로 하여금 '辰時'에 미리 가서 '對
馬島主'에게 대신 전달하게 하는 것으로 해석되어야 할 것이다. (4라)의
'-옵새'는 상대의 [명령]에 대한 응답일 뿐 아니라, 〈捷解新語〉(改修1次
本)에서 [의도]의 '-오리-'로 교정되어 있어서 '-옵새'가 화자의 행위를
[약속]하는 종결 형식임을 분명히 보여 주고 있다.
  '-옵새'는 '-이다'의 생략에 의해 형성된 것으로 기술하기 어렵다. 중
세 국어에 '*-옵사이다'가 존재하지 않았기 때문이다. '-옵새'의 기원에
대하여 김정수(1984:105)는 약속법의 '-(으)마'가 등급 체계에서 불구

적이기 때문에 이보다 높은 등급 체계(반말체)의 공백을 메우기 위하여 청유법의 '-새'를 붙인 것이라 하면서, 이것이 가능한 것은 약속문과 청유문이 화자의 행위를 약속한다는 공통점을 지니고 있기 때문이라고 설명하였다. 이 견해를 수용한다면 '-옴새'는 '-옵새'(後述)에 유추되어 형성된 것으로 기술할 수 있을 것이다.

〈표-9〉 '-옴새'의 형성 과정

청자대우법 문체법	청 유 법	약 속 법
ᄒᆞ라체	-쟈	-마
ᄒᆞ옵소체	-옵새	(-옴새)

청유법 종결 형식 '-옵새'는 「습+사+(으)이」로, 약속법 종결 형식 '-옴새'는 「습+(으)ㅁ+사+(으)이」로 분석해야 할 것이다.3) '-옴새'에서 분석되는 {-오-}는 중세 국어의 '-오마'와 비교한다면 중세 국어의 동명사 어미 앞에 규칙적으로 통합되던 {-오-}일 것으로 생각하기 쉽지만, 사실은 {-습-}의 변이형이다(김정수 1984:76). 이 사실은 16세기 자료를 통해서도 짐작할 수 있을 것이다.

> (5) 가. 하 뿔 것 곳 업거돈 가져다가 쓰고 편지ᄒᆞ소 내 이리셔 <u>가</u>
>   <u>폼새</u>(淸州簡札 20)4)
>   나. 지믄 션산 힝츠애 보내려 ᄒᆞ뇌 갈 제 ᄆᆞ리 업스니 민망희
>   ᄉᆞ앙의게 편지ᄒᆞ뇌 보기 옷 왓거돈 올 제 ᄆᆞ롤 비러 보내소커니
>   와 어려이 녀기거돈 마소 비로 <u>감새</u>(淸州簡札 20)
>   다. 미양 가기 어려워 아니 가뇌 너일 드딜가 모리 드딜가 ᄌᆞ세
>   과부ᄒᆞ소 너일 드딜 양이면 어을메 <u>감새</u> 모리 드딜 양이면
>   너일 가셔 자고 오리(淸州簡札129)

---

3) 徐泰龍(1996:88-89)은 '-새'를 청자의 존재를 강조하는 {-ㅅ-}과 ᄒᆞ소체의 {-(으)이}
   로 분석하였다.
4) 趙健相(1981)은 '가폼셔'로 판독하였고, 전철웅(1995)은 '가폼새'로 판독하였다.

라. 오늘 굿 보라 가니 와셔 사롬 <u>보냄새</u>(淸州簡札 27)[5]

16세기 자료에서는 모두 {-오-}가 결여된 '-(으)ㅁ새'로 나타난다. 그뿐 아니라 예문 (1가~바)에서 17세기 ᄒᆞ라체 약속문에서는 '-(으)마'가 압도적으로 많이 쓰이고, '-오마'는 매우 드물다는 사실도 확인할 수 있었다. 이 두 사실로 보아 17세기 '-옴새'의 {-오-}는 {-오/우-}가 아님을 알 수 있다. '-옴새'의 {-오-}는 {-습-}의 변이형이다.

한편 김정수(1984:105)는 '-(으)마'가 {-(으)ㅁ}으로 줄어들어 '-옴새'의 {-(으)ㅁ}이 생겨난 이유를 설명할 수 없다고 하였는데, 그러한 의문은 '-(으)마'를 「(으)ㅁ+아」로 분석함으로써 해소될 수 있을 것이다.

3.5.4. ᄒᆞ쇼셔체

ᄒᆞ쇼셔체 약속법 종결 형식은 평서법 종결 형식 '-오링이다'에 의해 보충되었다.

> (6) 가. 아ᄌᆞ마님이 이리 ᄒᆞ옵시ᄂᆞ 이리 업ᄉᆞ와 녜미 계후롤 수이
>   주라 허ᄒᆞ옵셔도 내 ᄆᆞ음이 ᄆᆞ이 뎡ᄒᆞ얏ᄉᆞ오니 요동티 <u>아니ᄒᆞ</u>
>   <u>오리이다</u>(李朝諺簡 122)
> 나. 아모 날이나 별로 볼 일이 내ᄃᆞ르면 내 가 <u>뵈오리이다</u>
>   (李朝諺簡 124)
> 다. 죽ᄉᆞ온 후도 일뎡 닛디 <u>몯ᄒᆞ오링이다</u>(李朝諺簡 133)

'-오리이다'를 약속법 고유의 종결 형식으로 기술할 수도 있다. 만약 '-오리이다'를 약속법 고유의 종결 형식으로 기술한다면 '-(으)리-'를 약속법 표지로 기술해야 할 것이다.

---

5) 趙健相(1981)은 '갈거 마셰'로 판독하였고, 전철웅(1995)은 '보냄새'로 판독하였다.

4. 결 론

이 연구에서는 17세기 문장 종결 형식이 나타내는 청자 대우법과 문체법, 그 밖의 화용적 의미 및 17세기 문장 종결 형식의 형태적 변천 양상과 공시태를 기술하였다. 본론에서 논의한 바를 요약하고, 17세기 국어 문장 종결 형식에서 분석되는 종결 어미의 목록을 제시하기로 한다.

4.1. 17세기 국어의 청자 대우법과 문체법

4.1.1. 17세기 국어의 청자 대우법

ᄒᆞ라체를 나타내는 형태소에는 {-아/어}와 {-이}가, ᄒᆞ소체를 나타내는 형태소에는 {-(으)이}와 {-소/오}가, ᄒᆞ쇼셔체를 나타내는 형태소에는 {-(으)이/(으)잇/(으)ᇰ-}과 {-(으)쇼셔}가 있었다. ᄒᆞᆸ소체 종결 형식은 ᄒᆞ라체나 ᄒᆞ소체 종결 형식에 {-습-}과 {-(으)시-}가 통합한 것이었다. 17세기 청자 대우법의 특징 중 가장 근본적인 것은 {-습-}과 {-(으)시-}가 등급의 분화에 관여한다는 점이다. 17세기의 {-습-}은 주체, 객체, 청자에 대하여 [화자 겸양]을 나타내는데, {-습-}이 청자에 대하여 화자를 [겸양]하게 되면 결과적으로 청자 대우 등급을 분화시키는 기능을 갖게 된다. {-습-} 외에 {-(으)시-}도 화용적 상황에 따라서는 청자 대우의 등급을 분화시킬 수 있었다.

17세기 청자 대우법은 「ᄒᆞ라체-ᄒᆞ소체-ᄒᆞᆸ소체-ᄒᆞ쇼셔체」의 4등급 체계로 이루어진 것이었지만, 모든 문체법이 4등급의 종결 형식을 다 갖추고 있지는 않았다. 의문법, 청유법, 약속법의 ᄒᆞ소체와 약속법의 ᄒᆞ쇼셔체는 구조적 빈칸으로 남아 있었다. 이러한 체계상의 불균형은 대체로 ᄒᆞᆸ소체의 등장에 말미암은 것이다. 이 밖에 ᄒᆞᆸ소체가 ᄒᆞ쇼셔체와 ᄒᆞ소체에 통용되는 특징을 지녔다는 것도 17세기 청자 대우법의 특징적인 사실이다.

4.1.2. 17세기 국어의 문체법

문체법은 청자에 대한 화자의 요구 내용의 차이, 즉 언표내적 효력(illocutionary force)의 차이에 따라 분류되는 화용론적 범주이다. 그러나 문체법 분류의 객관적 기준이 되는 것은 문장 종결 형식의 형태이다. 형태를 기준으로 하여 평서법, 의문법, 명령법, 청유법, 약속법을 설정할 수 있다. 17세기 국어에서 {-다}와 {-(으)롸}는 평서법을, {-가}와 {-고}는 의문법을, {-(으)라}와 '-으려'는 명령법을, {-소}는 ᄒᆞ소체 등급과 명령법을, '-쟈'는 ᄒᆞ라체 청유법을, '-(으)마'는 ᄒᆞ라체 약속법을 나타낸다. '-쟈'와 '-(으)마'는 각각 「지+아」, 「(으)ㅁ+아」로 구성된 종결 형식이다.

4.2. 17세기 국어의 문장 종결 형식

문체법과 청자 대우법을 기준으로 17세기 국어의 문장 종결 형식을 분류하여, 각 종결 형식의 통시적 형성 과정과 공시적 구조, 이들이 나타내는 대우법적, 문체법적 기능 및 그 밖의 다양한 화용적 의미를 살펴보았다.

4.2.1. 평서법

평서법 종결 형식은 다른 문체법에 비해 다양하다. ᄒᆞ라체에서는 {-다}, {-(으)롸}, {-아/어}, {-이} 등의 종결 어미가, ᄒᆞ소체에서는 {-(으)이}가 다양한 종결 형식을 구성한다. ᄒᆞ웁소체에는 ᄒᆞ소체 종결 형식 앞에 {-습-}이나 {-(으)시-}가 통합한 '-ᄉ외', '-웁닉', '-웁시닉', '-웁데', '-웁시데',

'-읍게', '-올쇠', '-읍도쇠', '-ᄉ오리'나 ᄒ라체 종결 형식 '-(으)리' 앞에
{-습-}이 통합한 '-ᄉ오리'가 쓰였고, ᄒ쇼셔체에서는 {-다} 앞에 {-(으)
이/(으)ᅠᅵ-}이 통합하여 다양한 종결 형식을 구성한다.

ᄒ라체에서는 어간 뒤에 직접 통합하는 {-다}, '-ㄴ다/논다', '-(으)ㄹ다/
(으)ㄹ돠', '-논도다', '-(으)ㄹ랏다', '-이라', '-지라', '-(으)ㄹ러라', '-어라',
{-(으)롸}, 어간 뒤에 직접 통합하는 {-아/어}, '-과댜', '-고나, -고야/괴야,
'-쓰녀', '-(으)리', '-(으)리' 등의 형성 과정, 공시태, 문체법적 성격, 대우법
적 성격을 논의하였다. 다른 종결 형식은 15·16세기와 다른 양상을 보이지
않으므로, 목록으로 제시하는 데에 그쳤다. 위에 제시된 종결 형식들은 대개
15·16세기에 쓰이지 않았거나, 15·16세기에 쓰였다 하더라도 17세기에
그 기능이 변화하였거나, 종래에 그 기능이 잘못 기술된 종결 형식들이다.

4.2.2. 의문법

의문법에서는 종결 어미 {-가}, {-고}, {-이}, {-아/어}가 다양한 문장
종결 형식을 구성한다. {-가}는 '-(으)냐', '-(으)랴', '-(으)뇨', '-(으)리
오', '-(으)ㄴ가', '-(으)ㄴ고', '-(으)ㄹ가', '-(으)ㄹ고' 등의 종결 형식을
구성하기도 하고 표면상 체언 뒤에 직접 쓰이기도 한다. 표면상 체언 뒤
에 직접 쓰인 {-가}와 {-고} 앞에는 계사가 있는 것으로 기술하였다.
{-가}와 {-고}는 의문법 고유의 종결 어미이다. {-이}는 '-(으)니'와 '-(으)
리'를 구성하는 종결 어미로서 평서법에도 쓰인다. {-아/어}는 ᄒ라체 종결
어미인데, '-(으)ㄴ다, -(으)ㄹ다'와 '-이여'를 구성한다.

[청자 존대] 형태소를 포함하지 않은 의문법 종결 형식은 ᄒ라체로
기술해야 한다. 종래에는 [청자 존대] 형태소를 포함하지 않은 '-(으)ㄴ
가, -(으)ㄴ고, -(으)ㄹ가, -(으)ㄹ고'를 ᄒ소체 종결 형식으로 기술하
였으나, 이들은 [자문]을 나타내는 ᄒ라체 종결 형식이다. 의문법의 ᄒ
소체는 구조적 빈칸으로 남아 있었는데, 이 구조적 빈칸은 [질문]에까
지 그 영역을 확대한 '-(으)ㄴ가, -(으)ㄴ고, -(으)ㄹ가, -(으)ㄹ고'와

ᄒᆞᆸ소체 의문법 종결 형식에 의해서 보충될 수 있었다. ᄒᆞᆸ소체 의문법 종결 형식은 ᄒᆞ라체 종결 형식 '-(으)ㄴ가, -(으)ㄴ고, -(으)ㄹ가, -(으)ㄹ고'와 '-(으)냐, -(으)뇨', '-(으)리'에 {-습-}이나 {-(으)시-}가 통합하여 형성되었다. ᄒᆞ쇼셔체 의문법에는 {-(으)잇/(으)ᇰ-}이 쓰였다.

4.2.3. 명령법

명령법 종결 어미에는 {-아/어}, {-(으)라}, {-(으)려}, {-소/오}, {-(으)쇼셔}가 있다. {-아/어}는 어간 뒤에 바로 쓰여서 [명령]을 나타내기도 하고, '-과댜'에서와 같이 어간 외의 요소 뒤에 쓰이기도 하는데, 17세기의 '-과댜'는 평서법과 명령법에 두루 쓰였다. {-(으)라}는 어간에 직접 통합하기도 하고, {-고-} 뒤에 쓰이기도 하였는데, 이와 달리 {-(으)려}는 항상 {-고-} 뒤에 쓰였다. 종래에는 '-고라'와 '-고려'를 ᄒᆞ라체보다 높은 등급의 종결 형식으로 기술하였으나, 이들은 모두 ᄒᆞ라체 종결 형식이다. {-소/오}는 16세기에 이미 등장한 종결 어미인데, 특이하게 문체법과 청자 대우 등급을 다 나타낼 수 있었다. ᄒᆞᆸ소체에는 {-소/오}에 {-습-}이나 {-(으)시-}가 통합한 '-ᄋᆞᆸ소', '-(으)시소'나 ᄒᆞ라체 종결 형식 '-과댜'에 {-(으)시-}가 통합한 '-(으)시과댜'가 쓰였다. ᄒᆞ쇼셔체에는 {-(으)쇼셔}나 '-ᄋᆞᆸ쇼셔'가 쓰였다. {-(으)쇼셔}도 문체법과 청자 대우 등급을 다 나타내는 종결 어미이다.

4.2.4. 청유법

청유법은 '-쟈', {-(으)이}, {-다}에 의해 실현되었다. '-쟈'는 ᄒᆞ라체 청유법에 쓰였는데, 「지+아」로 분석될 수 있다. ᄒᆞ소체 청유법을 나타내는 종결 형식은 확인되지 않는다. 그러나 ᄒᆞᆸ소체 청유법 종결 형식 '-ᄋᆞᆸ새'의 존재로 보아 ᄒᆞ소체 청유법 종결 형식 '-새'가 쓰였을 가능성을 배제할 수 없다. '-새'에서 분석되는 {-(으)이}는 ᄒᆞ소체 종결 어미이다. 흐쇼셔체에는 '-사이다'와 '-옵새이다'가 쓰였다.

4.2.5. 약속법

약속법에 쓰이는 종결 어미에는 {-아}, {-(으)이}가 있었다. 약속법은 그 체계가 상당히 불완전하였다. 흐라체의 '-(으)마, -오마', 흐옵소체의 '-옵새'만이 약속법 고유의 종결 형식으로 쓰였다. 흐소체를 나타내는 종결 형식은 없었고, 흐쇼셔체는 평서법 종결 형식 '-오리이다'에 의해 보충될 수 있었다.

4.3. 17세기 국어의 종결 어미

이 연구에서는 제 3장에서 문체법과 청자 대우법을 기준으로 17세기 국어의 문장 종결 형식을 분류하였다. 그런데 문장 종결 형식을 최소 단위까지 분석하면, 결국은 다음에 제시하는 종결 어미가 다양한 문장 종결 형식을 구성한다는 사실을 확인할 수 있다.

〈표-10〉 17세기 국어의 종결 어미

문체법 청자대우법	평서법	의문법	명령법	청유법	약속법
흐 라 체	-다/라/뇌, -(으)롸 -아/어 -이	-가, -고, -아/어, -이	-(으)라, -(으)려아/어	-쟈	-아
흐 소 체	-(으)이		-소/오		
흐옵소체	-(으)이	-가, -고, -이	-소, -아	-(으)이	-(으)이
흐쇼셔체	-다	-가, -고	-(으)쇼셔	-다	

청유법과 약속법의 흐라체에 쓰인 '-쟈'와 '-(으)마'도 종결 어미 {-아}

를 포함하고 있다. 그렇다면 〈표-8〉에서1) 제시된 다양한 종결 형식은 결
국 {-다/라/돠}, {-(으)롸},{-아/어}, {-(으)이}, {-이}, {-(으)라}, {-(으)
려}, {-소/오}, {-(으)쇼셔}, {-가}, {-고} 등의 종결 어미로 이루어지거나
이 종결 어미 앞에 다양한 선행 요소가 통합하여 이루어진 것이다. 그러
나 여기에 제시된 종결 어미의 목록이 17세기 국어의 종결 어미를 온
전하게 기술한 것이라고 하기는 어렵다. 비록 일반성이 부족하기는 하
지만, {-고-}와 {-습-}도 종결 어미 위치에 쓰인 경우가 있기 때문이
다. 특히 선어말 형태소 중 서열이 가장 앞서는 {-습-}이 종결 어미 위
치에 쓰일 수 있다는 것은 국어의 문장 종결 형식이 얼마나 다양한 방
식으로 구성될 수 있는가를 보여 주는 것인데, 이와 관련하여 국어의
소위 어미 형태소의 성격에 대하여 새롭게 검토할 필요가 있다고 생각
한다.

4.4. 남은 문제

　문장 종결 형식이 나타내는 문법 범주에는 청자 대우법이나 문체법
외에도 시상, 양태, 주체 대우법, 객체 대우법도 포함된다. 문장 종결
형식에 대한 온전한 기술이 되기 위해서는 이 부문들도 포함해야 하지
만, 이 연구에서는 이 문제를 제외하였다. 그리고 문체법 분류의 문제
에 대한 이 연구의 태도에는 재고의 여지가 없지 않다. 특히 약속법 종
결 형식은 ᄒᆞ라체와 ᄒᆞᆸ소체에서만 나타나는데, 이러한 사실은 약속법
의 문체법적 자격이 확고하지 못함을 의미하는 것이 아닌가 생각되기도
한다. 문체법의 개념이나 분류에 대해서는 이 연구의 논지를 벗어나지
않기 위해 간략하게 논의하였다. 재검토할 기회가 오기를 기대한다. 비
교적 문제가 되는 종결 형식을 중점적으로 논의한 결과, 모든 문장 종
결 형식을 균형있게 다루지 못한 점도 아쉽게 생각된다. 그러나 부족하

---

1) 〈표-8〉은 3장의 첫머리에서 제시되었다.

나마 이 연구의 논의는 국어 문장 종결 형식의 구조 및 국어 문장 종결 형식의 변천 과정에 대한 정확한 이해에 접근하는 토대가 될 수 있을 것이다.

참고문헌

康琪鎭(1982), "國語 補助動詞의 統辭的 特性", 韓國文學硏究 5, 東國大
　　　學校 韓國文學硏究所.

姜漢永(1958), 癸丑日記(校註本), 靑羽出版社.

고경태(1998), "근대국어의 어말어미", 홍종선 編(1998), 근대국어 문법
　　　의 이해, 박이정.

高永根(1965), "現代國語의 敍法體系에 對한 硏究 -先語末語尾의 것을
　　　중심으로-", 國語硏究 15, 國語硏究會.

―――(1967), "現代國語의 先語末語尾에 對한 構造的 硏究", 語學硏究
　　　3-1, 서울大學校語學硏究所.

―――(1974), "現代國語의 終結語尾에 대한 構造的 연구", 語學硏究
　　　10-1, 서울大學校語學硏究所.

―――(1983), 國語文法의 硏究 -그 어제와 오늘-, 塔出版社.

―――(1986), "敍法과 樣態의 相關關係", 國語學新硏究 Ⅰ, 塔出版社.

―――(1987), 표준 중세 국어문법론, 탑출판사.

國語史資料硏究會(1995), 譯註 飜譯老乞大, 태학사.

김동식(1984), "객체높임법의 '습'에 대한 검토", 冠嶽語文硏究 9, 서울
　　　大學校 國語國文學科.

金武峰(1995), 中世國語의 先語末語尾 '-ㅅ-'에 대한 硏究, 東國大學校
　　　大學院 博士論文.

金敏洙(1971), 國語文法論, 一潮閣.

―――(1980), 新國語學史(全訂版), 一潮閣.

김석득(1983), 우리말 연구사, 정음문화사.

김승곤(1975), "중세 국어의 가정형어미 「쏜」과 억양형어미 「쏜녀」고",
　　　建國大學校 大學院論文集 2.

―――(1986), "중세 국어 형태소 「쏜」과 「쏜녀」의 통어기능 연구", 朝
　　　鮮學報 119～120, 朝鮮學會.

金英培(1972), 注解釋譜詳節 第23·24, 一潮閣.

―――(1972), "未來時制의 한 考察", 東岳語文論集 8, 東岳語文學會.

────(1989), "'주그며 사룸'의 풀이", 東岳語文論集 25, 東岳語文學會.

────(1991), "國語學史上의 梁柱東", 양주동 연구, 民音社.

김영신(1985/1988), "중·근세 한글 문헌의 국어학적 가치", 부산여대
　　　　　국어교육과 동문회 편, 김영신교수 논문집 국어학 연구,
　　　　　제일문화사.

김영욱(1995), 문법형태의 역사적 연구 -변화의 이론과 실제-, 박이정.

金完鎭(1957), "-n, -l 動名詞의 形態論的 機能과 發達에 對하여", 國語
　　　　　研究 2, 國語研究會.

────(1975a), "飜譯朴通事와 朴通事諺解의 比較研究", 東洋學 5, 檀國
　　　　　大學校 東洋學研究所.

────(1975b), "音韻論的 誘因에 依한 形態素重加에 대하여", 國語學
　　　　　3, 國語學會.

────(1976), 老乞大의 諺解에 대한 比較研究, 韓國研究院.

────(1995/1996), "老乞大諺解에서의 意圖形의 崩壞 再論", 韓國文化
　　　　　16, 서울大學校 韓國文化研究所.

────(1996), 음운과 문자, 신구문화사.

김유범(1998), "근대국어의 선어말어미", 홍종선 編(1998), 근대국어 문
　　　　　법의 이해, 박이정.

김의수(1998), "근대국어의 대우법", 홍종선 編(1998), 근대국어 문법의
　　　　　이해, 박이정.

金一根(1986), 諺簡의 研究, 건국대학교 출판부.

김정수(1979), "17세기초기 국어의 때매김법과 강조·영탄법을 나타내는
　　　　　안맺음씨 끝에 대한 연구", 언어학 4, 한국언어학회.

────(1980), "17세기 초기 국어의 높임법, 인칭법, 주체·대상법을 나
　　　　　타내는 안맺음 씨끝 연구", 한글 167, 한글학회.

────(1984), 17세기 한국말의 높임법과 그 15세기로부터의 변천, 정음사.

────(1985), "17세기 한국말의 느낌법과 그 15세기로부터의 변천",
　　　　　韓國學論集 8, 漢陽大學校 韓國學研究所.

金貞娥(1985), "十五世紀國語의 '-ㄴ가' 疑問文에 대하여", 국어국문학
　　　　　94, 국어국문학회.

金忠會(1972), "15世紀 國語의 敍法體系 試論", 國文學論集 5·6 합집,

　　　　　　檀國大學校.

─────(1974), "十五世紀 國語의 命令法 研究", 漢陽語文 1, 漢陽大學校.

─────(1977), "15世紀 國語 命令法 再攷", 忠北大論文集 15, 忠北大學校.

─────(1990), "謙讓法", 國語硏究 어디까지 왔나, 東亞出版社.

김하수(1979), "'-ㄹ까'의 의미와 통사적 특징", 말 4, 연세대학교 한국
　　　　　어학당.

金亨奎(1947a), "敬讓詞의 研究(1)", 한글 102(12권 4호), 한글학회.

─────(1947b), "敬讓詞의 研究(2)", 한글 103(13권 1호), 한글학회.

─────(1962a), "경양사(敬襄詞) 문제의 재론(再論)", 한글 129, 한글학회.

─────(1962b), "敬讓詞攷", 金亨奎, 國語史研究, 一潮閣.

─────(1965), 古歌謠註釋, 一潮閣.

─────(1975), "國語 敬語法 研究", 東洋學 5, 檀國大 東洋學研究所.

金炯秀(1981), "韓國語와 蒙古語의 接尾辭 比較研究", 東岳語文論集 15,
　　　　　東岳語文學會.

김혜숙(1983), "대우법 형태소 변천고", 東岳語文論集 17, 東岳語文學會.

─────(1991), 현대국어의 사회언어학적 연구 -국어의 운용실태와 방향-,
　　　　　태학사.

羅珍錫(1958), "疑問形 語尾攷", 한글 123, 한글학회.

─────(1971), 우리말의 때매김 연구, 과학사.

남기심(1972), "現代國語 時制에 關한 問題", 국어국문학 55-57 합병호,
　　　　　국어국문학회.

─────(1973), 국어완형보문문법연구, 塔出版社.

─────(1978), 國語文法의 時制問題에 關한 研究, 塔出版社.

南基心·高永根·李翊燮 공편(1975), 現代國語文法, 啓明大學校出版部.

南豊鉉(1995), "朴東燮本 楞嚴經의 解題", 高麗時代 楞嚴經(朴東燮本·
　　　　　南權熙本), 口訣資料叢書 1, 太學社.

文永午(1983, 孤山 尹善道研究, 太學社.

박병선(1998), "근대국어의 서법", 홍종선 編(1998), 근대국어 문법의
　　　　　이해, 박이정.

朴炳采(1989), 국어발달사, 世英社.

朴勝彬(1931), 朝鮮語學講義要旨, 普成專門學校.

朴勝彬(1931), 朝鮮語學講義要旨, 普成專門學校.

朴良圭(1975), "尊稱體言의 統辭的 特徵", 震檀學報 40, 震檀學會.

────(1993), "국어 경어법의 변천", 새국어생활 1-3, 국립국어연구원.

朴鍾甲(1987), 國語疑問文의 意味機能研究, 弘文閣.

박태권(1981), "「飜譯老乞大」의 물음법에 대하여", 한글 173·174, 한글학회.

────(1983), "물음과 응답의 관계 -「번역노걸대」를 중심으로 하여-", 白影鄭炳昱先生還甲紀念論叢 Ⅰ, 新丘文化社.

배석범(1996), "용비어천가의 독특한 질서를 찾아서", 國語學 27, 國語學會.

────(1997), 악장(樂章)의 언어질서 연구, 韓國精神文化研究院 博士論文.

백두현(1997), "晋州 河氏墓 出土 〈玄風 郭氏 諺簡〉 判讀文", 어문론총 31, 경북어문학회, 경북대학교.

徐禎穆(1979), "경남방언의 의문법에 대하여", 언어 4-2, 한국언어학회.

────(1983), "命令法 語尾와 恭遜法의 等級 -근대 국어와 경상도 방언의 경우-", 冠嶽語文研究 8, 서울大學校 國語國文學科.

────(1987), 국어 의문문 연구, 탑출판사.

────(1988), "한국어 청자 대우 등급의 형태론적 해석(1) -'옵니다체'의 해명을 위하여-", 國語學 17, 國語學會

────(1990), "疑問法", 國語研究 어디까지 왔나, 東亞出版社.

────(1991), "내포 의문 보문자 '-(으)ㄴ+가'의 확립", 石靜李承旭先生 回甲紀念論叢 Ⅰ, 元一社.

────(1993), "國語 敬語法의 變遷 -活用 形態素를 대상으로-", 한국어문 2, 韓國精神文化研究院.

────(1997), "경어법 선어말 어미의 변화", 國語史研究, 太學社.

徐泰龍(1984), "動名詞와 副動詞의 意味論的 對立", 論文集 16, 誠心女子大學.

────(1985), "定動詞語尾의 形態論", 震檀學報 60, 震檀學會.

────(1986a), "副動詞의 連結과 定動詞의 終結", 論文集 18, 誠心女子大學.

──(1986b), "定動詞語尾의 意味特性", 誠心語文論集 9, 誠心女子大學.

──(1988a), 國語活用語尾의 形態와 意味, 塔出版社.

──(1988b), "國語 先語末語尾의 統合形에 대한 再分析", 誠心語文論集 11, 誠心女子大學.

──(1992), "국어 聽者待遇法의 형태소", 東岳語文論集 27, 東岳語文學會.

──(1995), "국어 담화의 話者나 聽者를 위한 어미", 東岳語文論集 30, 東岳語文學會.

──(1996), "16세기 淸州 簡札의 종결어미 형태", 정신문화연구 19-3(통권 64), 韓國精神文化研究院.

──(1997a), "어말어미의 변화", 國語史研究, 태학사.

──(1997b), "어미 {음}의 위치와 의미", 國語學 30, 國語學會.

成耆徹(1990), "恭遜法", 國語研究 어디까지 왔나, 東亞出版社.

沈在箕(1981), 國語語彙의 統辭的 機能變換에 關한 研究, 서울대 博士論文

安貴男(1996), 諺簡의 敬語法 研究 -16~20세기 諺簡 資料를 對象으로-, 慶北大學校 博士論文.

安明哲(1990), "國語의 融合 現象", 국어국문학 103, 국어국문학회.

安秉禧(1961/1992a), "主體謙讓法의 接尾辭「-습-」에 對하여, 震檀學報 22, 震檀學會.

──(1965/1992a), "後期中世國語의 疑問法에 대하여", 學術誌 6, 建國大學校.

──(1967), "文法史", 韓國文化史大系 V 中 韓國語發達史, 高麗大學校 民族文化研究所.

──(1977), 中世國語口訣의 研究, 一志社.

──(1982/1992a), "中世國語의 謙讓法 研究에 대한 反省", 國語學 11, 國語學會.

──(1989/1992a), "國語史 資料의 誤字와 誤讀", 二靜鄭然粲先生回甲紀念論叢, 塔出版社.

──(1992a), 國語史 研究, 文學과 知性社.

──(1992b), 國語史 資料 研究, 文學과 知性社.

安秉禧·李珖鎬(1990), 中世國語文法論, 學硏社.
安商俊(1974), "十五世紀國語의 終結語尾 〈-다/-라〉에 대한 硏究", 西江
　　　　大學校 大學院 碩士論文.
安田章·鄭光 共編(1991), 改修捷解新語(解題·索引·本文), 太學社.
梁柱東(1942/1965), 增訂 古歌硏究, 一潮閣.
─────(1947/1954), 麗謠箋注, 乙酉文化社.
語文學硏究會(1965), 國語學槪論, 首都出版社.
염광호(1998), 종결어미의 통시적 연구, 박이정.
李珖鎬(1983), "후기 중세 국어의 종결어미 {-다/-라}의 의미", 國語學
　　　　12, 國語學會.
이기갑(1978), 우리말 상대높임 등급체계의 변천 연구, 서울大學校 大
　　　　學院 碩士論文.
李基文(1961/1972), 國語史槪說(改訂版), 塔出版社.
李男德(1967), "15世紀 國語의 直說法 終結語尾 變化에 대하여", 韓國文
　　　　化 硏究院論叢 11, 梨花女子大學校.
─────(1970), 十五世紀 國語의 敍法硏究, 梨花女子大學校 大學院 博士
　　　　論文.
李崇寧(1954), 古典文法, 乙酉文化社.
─────(1961/1981), 中世國語文法, 改訂增補版, 乙酉文化社.
─────(1962), "謙讓法 硏究", 亞細亞硏究 5-2(통권 10).
─────(1970), "近代國語 硏究의 管見", 駱山語文 2, 서울大學校 國語國
　　　　文學會.
─────(1972), "17世紀 初期 國語의 形態論的 考察", 東洋學2, 檀國大學
　　　　校 東洋學硏究所.
─────(1985), "「-쏟」, 「-쏟녀」攷, 羨鳥堂金炯基先生八耋記念 國語學論
　　　　叢, 語文硏究會.
李承旭(1963), "疑問添辭攷 -特히 그 對立意識에 對하여-", 국어국문학
　　　　26. 국어국문학회.
─────(1977), 文法史의 몇 問題, 國語學 5, 國語學會.
李承旭(1973), 國語文法體系의 史的硏究, 一潮閣.
─────(1980), "終結語尾의 統合的 關係 -{-다}·{-라}의 素性記述을 위

하여-", 蘭汀南廣祐博士華甲紀念論叢, 一潮閣.
이승희(1996), "중세 국어 의문법 '-ㄴ다'계 어미의 소멸 원인", 冠嶽語文硏究 21. 서울大學校 國語國文學科.
이영경(1992), 17세기 국어의 종결어미에 대한 연구, 國語硏究 108, 國語硏究會.
李有基(1989), 後期中世國語의 先語末語尾 '-니-'에 대하여, 東國大學校 大學院 碩士論文.
──(1992), "의문법 '-은다, -을다'에 대하여", 靑河金炯秀博士華甲紀念論叢.
──(1994), "후기중세 국어 종결어미 '-다'와 '-라'의 관계", 東岳語文論集 29, 東岳語文學會.
──(1995), "선어말어미 '-지-'의 통합관계", 東岳語文論集 30, 東岳語文學會.
李翊燮(1974), "國語敬語法의 體系化 問題", 國語學 2, 國語學會.
──(1994), 사회언어학, 民音社.
李翊燮·任洪彬(1983), 國語文法論, 學硏社.
이익섭·이상억·채완(1997), 한국의 언어, 신구문화사.
李在秀(1955), 尹孤山 硏究, 學友社.
이 정(1979), "서법(Mode)에 관하여", 한글 163, 한글학회.
李智涼(1985), "융합형 '래도'에 대하여", 冠嶽語文硏究 10, 서울大學校 國語國文學科.
──(1998), 국어의 융합현상, 태학사.
이현규(1978), "국어 물음법의 변천", 한글 162, 한글학회.
──(1985), "객체존대 「-습-」의 변화", 배달말 10, 배달말학회.
──(1995), 국어 형태변화의 원리, 영남대학교 출판부.
李賢熙(1982a), 國語의 疑問法에 대한 通時的硏究, 國語硏究 52, 國語硏究會.
──(1982b), "國語 終結語尾의 發達에 대한 管見", 國語學 11, 國語學會.
──(1985), "근대국어 경어법의 몇 문제", 한신어문연구 1, 한신대학교 국문과.

―――(1989), "국어 문법사 연구 30년", 國語學 19, 國語學會.
―――(1993), "국어 문법사 기술의 몇 문제", 한국어문 2, 韓國精神文化硏究院.
―――(1995), "國語 文法史 記述의 連續性과 관련된 한두 問題"(油印物), 西江大學校 國文科 創科 30주년 기념 학술대회.
―――(1995), "'-아져'와 '良結'", 國語史와 借字表記, 素谷南豊鉉先生 回甲紀念論叢, 太學社.
이홍배(1975), "국어의 변형생성문법에서의 문장어미", 南基心·高永根·李翊燮, 공편(1975), 現代國語文法, 啓明大學校 出版部.
李熙昇(1949), 초급 국어 문법, 博文出版社./歷代韓國文法大系 1-85, 塔出版社.
―――(1957), 새고등문법, 일조각.
任洪彬(1976), "尊待謙讓의 統辭節次", 문법연구 3, 문법연구회.
―――(1983), "動名詞 構成의 解釋方法에 대하여", 國語學硏究(白影鄭炳昱 先生還甲紀念論叢 I), 新丘文化社.
―――(1985), "현대의 {-삽-}과 예사높임의 '-오'에 대하여", 羨烏堂金炯基 先生八耋紀念 國語學論叢, 創學社.
―――(1986), "聽者待遇 等級의 命名法에 대하여", 國語學新硏究 I(若泉 金敏洙博士華甲紀念論文集), 塔出版社.
―――(1990), "尊敬法", 國語硏究 어디까지 왔나, 東亞出版社.
―――(1997), "국어 굴절의 원리적 성격과 재구조화 -'교착소'와 '교착법'의 설정을 제안하며-", 冠嶽語文硏究 22, 서울大學校, 國語國文學科.
任洪彬·張素媛 공저(1995), 國語文法論 I, 韓國放送大學校出版部.
張京姬(1977), "17世紀 國語의 終結語尾 硏究", 서울師大論叢 16.
張京姬(1993), "「老乞大」·「朴通事」의 언해본", 國語史 資料와 國語學의 硏究(安秉禧先生 回甲紀念論叢), 文學과 知性社.
張奭鎭(1985), 話用論硏究 塔出版社.
장윤희(1996), "중세 국어 '-이ᄯᅵ녀' 구문의 구조와 성격", 冠嶽語文硏究 21, 서울大學校, 國語國文學科.

全在寬(1958), "'숩'따위 敬讓詞의 散攷", 慶北大學校論文集 2.

전철웅(1995), "「청주북일면순천김씨묘출토간찰」의 판독문", 호서문화연구 13, 충북대 호서문화연구소.

전형대·박경신(1991), 丙子日記(譯註本), 예전사.

정유진(1998), "근대국어의 시제", 홍종선 編(1998), 근대국어 문법의 이해, 박이정.

정인승(1949), 표준 중등 말본, 아문각./歷代韓國文法大系 1-79, 塔出版社.

정호완(1987), 후기 중세어 의존명사 연구, 학문사.

趙健相(1981), 淸州北一面順天金氏墓出土簡札(判讀文), 忠北大學校 博物館.

주경미(1996), "「朴通事」·「老乞大」 諺解에 나타난 疑問法의 通時的 硏究", 國語學 27, 國語學會.

周時經(1910), 國語文法, 博文書館./歷代韓國文法大系 1-11, 塔出版社.

───(1911), 朝鮮語文法, 博文書館./歷代韓國文法大系 1-12, 塔出版社.

최기호(1978), "17세기 국어의 마침법 연구 -맺음씨끝을 중심으로-", 목원대논문집 2.

───(1979), 17세기 국어의 존대법 체계 연구, 연세대학교 대학원 석사 논문.

───(1981a), "17세기 국어 {-숩-}의 통사 기능", 말 6, 연세대 한국어학당.

───(1981b), "청자존대법 체계의 변천양상", 자하어문논집 1, 상명여자대학 국어교육과.

崔明玉(1976), "現代國語의 疑問法硏究 -西南 慶南方言을 中心으로-", 學術院論文集 15.

崔範勳(1980), 中世韓國語文法論, 二友出版社.

崔世和(1963), "'아니'語攷, 梁柱東博士華誕記念論文集.

───(1966), "'五倫行實圖'의 國語史的 考察", 淸州大論文集 5.

───(1987), 國語學論攷, 東國大學校出版部.

최현배(1934), 중등조선말본, 동광당서점./歷代韓國文法大系 1-47, 塔出版社.

出版社.

─────(1937), 우리말본, 온책초판, 延禧專門學校出版部./歷代韓國文法大系 1-47, 塔出版社.

─────(1961), 우리말본, 세번째 고침, 정음문화사.

한 길(1991), 국어 종결어미 연구, 강원대학교 출판부.

한동완(1988), "聽者敬語法의 형태 원리 -선어말어미 {-이-}의 형태소 정립을 통해-", 말 13, 연세대 한국어학당.

허 웅(1954), "尊待法史 -國語文法史의 한 토막-", 成均學報 1, 成均館大學校.

─────(1963), 中世國語硏究, 正音社.

─────(1969), 옛말본, 과학사.

─────(1975), 우리 옛말본, 샘문화사.

─────(1977), "15세기에서 16세기에 이르는 국어 때매김법의 변천", 세림한국학논총 1, 세림장학회.

─────(1979), "17세기 국어 때매김법 연구", 한글 164, 한글학회.

─────(1981a), "18세기의 국어 때매김법 연구", 애산학보 1, 애산학회.

─────(1981b), " '인조대왕 행장'의 언어 분석", 애산학보 1, 애산학회.

─────(1982), "한국말 때매김법의 걸어온 발자취", 한글 178, 한글학회.

─────(1987), 국어 때매김법의 변천사, 샘문화사.

─────(1989), 16세기 우리 옛말본, 샘문화사.

─────(1995), 20세기 우리말의 형태론, 샘문화사.

玄平孝(1974), 濟州島方言의 定動詞語尾 硏究, 東國大學校 大學院 博士論文.

洪起文(1927), 朝鮮正音文典要領, 現代評論 1-5./歷代韓國文法大 1-38, 塔出版社.

─────(1947), 朝鮮文法硏究, 서울신문사./歷代韓國文法大系 1-39, 塔出版社.

洪允杓(1983), 國語史 文獻 資料 硏究, 太學社.

─────(1985), "助詞에 의한 敬語法 表示의 變遷", 國語學 14, 國語學會.

─────(1982), "國語現象을 토대로 하는 文法史 硏究를 위하여", 韓國學報 28, 一志社.

───(1993), 國語史 文獻資料 研究(近代篇Ⅰ), 太學社.
홍종선(1997), "근대국어 문법", 국어의 시대별 변천 연구 2 -근대 국어-,
　　　국립국어연구원.
홍종선 編(1998), 근대국어 문법의 이해, 박이정.
黃文煥(1997a), 16, 17世紀 諺簡의 相對敬語法 研究, 韓國精神文化研究
　　　院 博士論文.
───(1997b), "'ᄒᆞ니', 'ᄒᆞ리'류 종결형의 대우 성격에 대한 통시론적
　　　고찰", 제24회 國語學會 공동연구회 발표 요지.
황선엽(1995), "15세기 국어 '-으니'의 용법과 그 기원", 國語研究 135,
　　　國語研究會.
Jespersen, O.(1924), *The Philosophy of Grammar*, George
　　　Allen and Unwin Ltd.
Lee Hong-Bae(1970), *A Study of Korean Syntax -Performatives,
　　　Complementation, Negation and Causations-*, Seoul:
　　　Pan Korea Book Corporation.
Lee Hong-Bae(1970), "The Category of Mood in Korean
　　　Transformational Grammar", 語學研究 7-1, 서울大
　　　語學研究所./南基心·高永根·李翊燮 공편(1975)에 번역 再收
Lyons, J.(1977), *Semantics 1·2*, Cambridge University Press.
Martin, S.E.(1954), *Korean Morphophonemics*, Baltimore.
Nida, E. U.(1946/1978), *Morphology-The Descriptive Analysis
　　　of Words-*(2nd edition), Ann Arbor: The University
　　　of Michigan Press.
Palmer, F. R.(1986), *Mood and Modality, Cambridge University
　　　Press*.
Ramstedt, G. J.(1939), *A Korean Grammer*, Suomalais-
　　　Ugrilainer Seura.
Scott, J.(1887), *A Corean manual or phrase book : with
　　　introductory grammar*, Korean title : 언문말칙,
　　　Shanghai.
Underwood, H.G.(1890), *An Introduction to the Korean Spoken*

Language, Yokohama, Korean title : 韓英文法.
小倉進平(1929), 鄕歌及ひ吏讀の 硏究, 京城 : 京城帝國大學./小倉進平
    1975(一) 所收.
————(1938), "朝鮮語に於ける謙讓法·尊敬法の助動詞", 東洋文庫論叢
    26, 東京 : 東洋文庫/小倉進平 1975(二) 所收.
————(1975), 小倉進平博士著作集, 京都大學國文學會.

【辭典】
김민수 외 공편(1991), 금성판 국어대사전, 금성출판사.
南廣祐(1960), 補訂 古語辭典, 一潮閣.
劉昌惇(1964), 李朝語辭典, 延世大學校出版部.
한글학회(1992), 우리말 큰사전, 어문각.
홍윤표 외 共編(1995), 17세기국어사전(상, 하), 太學社.

제2편

15세기 '-이쫀'계
종결 형식의 기능

1. 머리말

'-이쫀'계 구문은[1] 1940년대의 梁柱東(1942/1965:646~647) 이후 지속적인 관심을 끌어 왔다. 이 구문의 통사 구조는 김승곤(1975, 1986)·李仁模(1977)·李賢熙(1982:54~64)·李崇寧(1985) 등에서 상당히 자세하게 밝혀졌고, 15세기 이후의 이 구문의 성격은 張京姬(1977:135~136)·李賢熙(1982:59~62)·허웅(1989)·李有基(1997) 등에서 논의되었다.[2]

그러나 梁柱東(1942/1965:646~647)과 梁柱東(1947/1954:290)이 '-이쯷녀'의 마지막 음절에서 감탄 조사 '-ㅕ'를 분석하면서도, 의미적으로는 이 구문이 '(-거든 하물며) -이겠는가?'의 의미를 나타낸다고 기

---

1) '-이쫀'계 구문이란 '-이쫀, -이쯷녀, -이쯷니잇가'로 종결되는 구문을 총칭하는 것이다. 이 구문은 '-쫀, -쯷녀, -쯷니잇가' 구문으로 불리기도 하였으나, '-이쫀'의 '이-'가 결여된 경우가 없으므로 전자가 더 적절한 명칭이다.

2) 이 문제에 대한 기존의 논의는 장윤희(1996)에서 비교적 자세하게 소개되고 검토되었다. 본고에서는 논의의 초점에서 벗어나는 문제에 대하여는 상론하지 않기로 한다.

술한 것은 이 구문의 문체법적 성격에 대한 의혹을 드러낸 것이라 생각되는데,3) 이 의혹은 1990년대의 논의에 이르러서도 선명하게 풀리지 못하였다. 劉昌惇(1963:253, 326)이 '-ᄯᅡ녀'를 서술 형식으로 파악하였다가, 劉昌惇(1964:178, 179, 182)에 이르러서 의문 형식으로 수정한 것은 '-이ᄯᅡ녀'의 문체법적 기능을 파악하기 위한 苦心의 흔적이다.

安秉禧(1967:220)·李仁模(1977)·李賢熙(1982:54~64)의 논의 이후에는 '-이ᄯᆞᆫ'계 종결 형식 모두가 의문법 어미라는 것이 거의 통념이 된 것으로 보인다. 그러나 허웅(1975:405)이 {-어}를 부름자리 토씨로 기술한 것과, 이승희(1996:21)과 장윤희(1996:360)이 '-이ᄯᅡ녀'에서 감탄 조사 '-이여'를 분석한 것은 '-이ᄯᅡ녀' 구문의 문체법적 성격에 대한 의혹이 여전히 해소되지 못하였음을 시사하는 것이다. 즉 '-이ᄯᅡ녀'의 마지막 요소를 '조사'로 기술한 것은 이 구문의 문체법을 평서법과 의문법 중 어느 하나로 규정하기 어려운 데서 비롯된 의혹을 드러낸 것이라고 생각되는 것이다. 필자 역시 중요한 오류를 범하였다. 李有基(1997:96~108)에서 {-어}를 ᄒᆞ라체 어미로 파악하고, '-이ᄯᆞᆫ' 구문을 평서문으로 기술한 것은 정당하였으나, 15~17세기의 모든 '-이ᄯᅡ녀' 구문을 평서문으로 기술한 것은 성급한 결론이었다.

'-이ᄯᆞᆫ'계 구문과 관련하여 해명하여야 할 과제는 다음과 같다. 첫째는 '-이ᄯᆞᆫ, -이ᄯᅡ녀'의 문체법적 기능이며, 둘째는 '-이ᄯᅡ녀' 구문의 청자대우 등급이며, 셋째는 이 구문이 수사의문문인가 하는 문제이며, 넷째는 '-이ᄯᆞᆫ'의 형태 구조이고, 다섯째는 '-이ᄯᆞᆫ'계 종결 형식의 형성 과정이다. 이 중 본고에서 중점적으로 논의하고자 하는 것은 첫째 문제이

3) '문체법'은 청자에 대한 화자의 요구 내용의 차이, 즉 언표내적 효력(illocutionary force)의 차이에 따라 분류되는 화용론적 범주이다(徐泰龍 1988:53). 그러므로 '문체법'은 그리 적절한 용어가 아니다. 비교적 적절한 용어는 '화법'일 것이다. '서법'은 '문체법'보다는 더 적절한 용어이다. 그러나 '서법'이 사태에 대한 화자의 태도를 가리키는 용어로 쓰이는 일이 있고(高永根 1986:252), 이 역시 화용론적 기능을 나타내기에는 그리 적절하지 않다. '문장 종결법'도 통사론적 용어이다. 이 문제에 대하여는 李有基(1997:53~54)에서 간략하게 검토되었다.

다.4) 종래에 '-이ᄯᆞ녀'의 청자 대우 등급을 ᄒᆞ라체보다 높은 것으로 파악한 경우가 있었으나, 이 종결 형식이 ᄒᆞ라체를 나타낸다는 것은 아주 쉽게 파악할 수 있는 것이어서 큰 논란거리가 되지 않는다. '-이ᄯᆞ니잇가' 구문이 ᄒᆞ쇼셔체 의문문임에는 의심의 여지가 없다. 그러나 이 구문은 종래에 막연히 생각해 온 바와 같은 수사의문문이 아님을 간략하게 지적할 것이다. '-이ᄯᆞᆫ'의 형태 구조 및 형성과 발달 과정을 밝힐 만한 결정적인 근거는 발견되지 않았다.

잠정적 견해이기는 하나, 여기서 잠깐 '-이ᄯᆞᆫ'의 형태 구조에 대하여 모색해 보기로 한다. 첫째, '-이ᄯᆞᆫ'계 종결 형식에 선행할 수 있는 요소가 체언, '-ㅁ', '-(거/어)ㄴ' 등 세 가지로 제한되는 사실로 보아 '-이ᄯᆞᆫ'계 종결 형식의 첫 요소 {이-}는 계사일 가능성이 크다. 둘째, '-이ᄯᆞᆫ'이 조사 위치에 쓰이면서 문장이 종결되는 경우가 있음을 보아, '-이ᄯᆞᆫ'에 직접 후행하는 {이-} 역시 계사일 가능성이 있다. 이 {이-}를 선어말 형태소로 볼 수는 없다. 선어말 형태소가 조사적 기능을 가진 형태에 후행할 수는 없기 때문이다. '-ᄯᆞᆫ'의 '-ㄴ'은 무엇일까? '-ᄯᆞᆫ'에 후행하는 {이-}가 계사라면 이 계사에 선행하는 {-ㄴ}은 동명사 어미일 가능성이 있다. 그러나 {-ㄴ}을 동명사 어미로 보기 어렵게 만드는 것은 고려 시대 順讀口訣에서 '-이ᄯᆞ녀'가 '-刂七入亠' 또는 '-刂七ホ亠'로 표기되었다는 사실이다(鄭在永 1995 :253~256). '入/ホ'와 '亠'가 '-ㄴ'의 개입이 없이 직접 통합하고 있어서 '入/ホ'는 名詞로 보이는데, 명사에 다시 동명사 어미가 통합한다는 사실은 수긍하기 어려운 문제인 것이다. 'ㄴ'이 개입음소일 가능성을 배제할 수 없다. 마지막 문제는 'ᄯᆞ'인데, 이 형태가 속격 조사와 의존명사의 통합형일 가능성은 있지만, 결정적 근거가 없다.

이제 다시 논의의 초점으로 돌아가기로 한다. '-이ᄯᆞᆫ'계 구문의 문체법을 판단하기 위해서는 '-이ᄯᆞᆫ' 구문과 '-이ᄯᆞ니잇가' 구문이 보여 주는

---

4) 이 글에서는 논의의 범위를 15세기에 국한하고자 한다. 15세기로부터 17세기에 이르는 동안의 이 구문의 변화 과정은 李有基(1997:96~108)에서도 어느 정도 밝혀졌으나, 이는 李有基(1999)에서 부분적으로 수정된 바 있다. 필자는 李有基(1999)를 보완하여, 15세기 부분은 본고에서, 16·17세기 부분은 別稿에서 다루고자 한다.

세 가지 대조적인 현상에 주목해야 할 것이다. 본고의 논의는 바로 이 세 가지 대조적인 현상에서 출발한다.

'-이쏜' 구문은 다음 세 가지 특징을 갖는다. 첫째, 서술어부를 온전히 갖추고 있으며, '-이쏜'이 주절의 서술어 위치에 나타난다. 둘째, '-이쏜' 구문 뒤에 따로 함의된 내용이 존재하지 않는다. 이것은 '-이쏜' 구문이 서술어부를 온전히 갖춘 문장이기 때문이다. 셋째, '-이쏜' 구문의 주절의 명제부는 종속절을 전제할 때 화자가 확신하는 참이다.

의문문임이 분명한 '-이쏜니잇가' 구문은 이 세 가지 점에서 '-이쏜' 구문과 완전히 대조적이다. '-이쏜니잇가' 구문에서는 서술어부가 생략되어 있다. 그러므로 '-이쏜니잇가'가 비서술어 위치, 즉 주어·목적어·독립어 위치에 나타나며, '-이쏜니잇가' 구문 뒤에 따로 함의된 내용이 존재하며, 종속절을 전제할 때 주절의 명제부가 참인지 거짓인지를 판단할 수 없다.

흥미롭게도 '-이쏜녀' 구문은 이 세 가지 점에서 '-이쏜' 구문과 동일한 통사 특징을 보이기도 하고, '-이쏜니잇가' 구문과 동일한 특징을 보이기도 한다.

2. 15세기 '-이쏜'계 구문의 성격

이 장에서는 청자 대우 등급과는 상관없이 '-이쏜' 구문, '-이쏜니잇가' 구문, '-이쏜녀' 구문의 순서로 기술하기로 한다. 왜냐하면 머리말에서 밝힌 바와 같이 '-이쏜' 구문과 '-이쏜니잇가' 구문은 각기 일정한 특징을 지니고 일정한 문체법으로 쓰이지만, '-이쏜녀' 구문은 '-이쏜' 구문과 동일한 특징을 보여 주기도 하고 '-이쏜니잇가' 구문과 동일한 특징을 보여 주기도 하는데, 그에 따라 문체법도 달라지기 때문이다.

2.1. '-이쏜' 구문

'-이쏜' 구문에는 주어나 목적어 위치에 쓰여 종래에 보조사로 기술되어 온 '-이쏜/잇둔/잇쏜'(이하 '-이쏜'으로 나타내기로 함.)이 쓰인 구문도 포함시켜야 할 것이다. 보조사로 기술되어 온 '-이쏜'이 쓰인 구문 중에는 15세기의 자료로 다루기 어려운 예들도 있지만, (2가, 마)는 이른바 보조사 '-이쏜'이 15세기에도 생산적으로 쓰였음을 보여 준다.5)

> (1) 가. ᄒᆞ다가 虛空애 낧딘댄 / 虛空이 제 맛보는 디라 너의 이비
>   아로미 <u>아니어니쏜</u> 쏘 空이 제 알어니 엇뎨 네 入에 브트리
>   오 = 若虛空애 出인댄 虛空이 自味라 非汝의 口知어니쏜
>   又空이 自知어니 何關汝入ᄒᆞ리오(楞嚴 3:10ㄴ~11ㄱ)
> 나. 부톄 阿難ᄃᆞ려 니르샤ᄃᆡ ᄒᆞ다가 네의 覺了知見ᄒᆞ논 ᄆᆞᅀᆞ미
>   實로 몸 밧긔 이슓딘댄 몸과 ᄆᆞᅀᆞ괘 서르 밧기라 제 서르 블
>   디 아니ᄒᆞ야 ᄆᆞᅀᆞ미 아는 디를 모미 能히 아디 몯ᄒᆞ리며 아
>   로미 몸 쓰싀예 이슓딘댄 / ᄆᆞᅀᆞ미 能히 아디 몯ᄒᆞ려닛ᄃᆞᆫ =
>   佛告阿難ᄒᆞ샤ᄃᆡ 若汝의 覺了知見之心이 實在身外ㄴ댄 身과
>   心괘 相外ᄒᆞ야 自不相干ᄒᆞ야 則心의 所知를 身이 不能覺ᄒᆞ리
>   며 覺이 在身際ㄴ댄 心이 不能知ᄒᆞ려닛ᄃᆞᆫ(楞嚴 1:54ㄴ~55ㄱ)
> 다. 드르면 소리 ᄀᆞᆮᄒᆞ야 識이 ᄒᆞ마 드로몰 니버니 뉘 識 드로몰
>   알리오 ᄒᆞ다가 아로미 업슓딘댄 / (그 사ᄅᆞᄆᆞᆫ) ᄆᆞ츠매 草木
>   ᄀᆞᆮ거니쏜 = 聞ᄒᆞ면 則同聲ᄒᆞ야 識이 已被聞ᄒᆞ야니 誰知聞
>   識ᄒᆞ리오 若無知者ㄴ댄 終如草木거니쏜(楞嚴3:41ㄴ)
> 라. ᄒᆞ다가 내이 니르논 法音 分別ᄒᆞ요ᄆᆞ로 네 ᄆᆞᅀᆞᆷ 사믏딘댄 /
>   이 ᄆᆞᅀᆞ미 제 반ᄃᆞ기 소리 分別ᄒᆞᄂᆞᆫ 것 여희오 分別ᄒᆞᄂᆞᆫ 性
>   이 이셔ᅀᅡ ᄒᆞ리어니쏜 = 若以分別我이 說法音ᄒᆞ요ᄆᆞ로 爲
>   汝心者ㄴ댄 此心이 應離分別音ᄒᆞ고 有分別性ᄒᆞ야ᅀᅡ ᄒᆞ리어
>   니쏜(楞嚴 2:24ㄱ~ㄴ)

---

5) 예문을 제시함에 있어서 종속절과 주절 사이에는 斜線(/)을 두기로 하며, 예문의 의미나 청자 대우 등급에 대한 정확한 이해를 돕기 위하여, '-이쏜'계 구문만으로 문맥의 파악이 쉽지 않은 경우에는 '-이쏜'계 구문의 범위를 넘어서는 부분까지 인용하기로 한다.

마. 고기로 아로몰 사몷딘댄 고기의 아로몬 根源이 觸이라 鼻
　　아니며 空ᄋ로 아로몰 사몷딘댄 / 空이 제 아디위 고기는
　　반ᄃ기 아디 <u>몯ᄒ려니ᄯᆫ</u> = 以肉ᄋ로 爲知ㄴ댄 則肉之知ᄂ
　　元이 觸이라 非鼻며 以空ᄋ로 爲知ㄴ댄 空이 則自知ᄒ디위
　　肉ᄋᆫ 應非覺이어니ᄯᆫ(楞嚴 3:44ㄱ~ㄴ)

(2) 가. 술히 여위신ᄃᆞᆯ / 金色잇ᄃᆞᆫ 가시시리여(月曲 上:其 62)

나. 구스리 바회예 디신ᄃᆞᆯ … / 긴힛ᄯᆞᆫ 그츠리잇가 … 즈믄 ᄒᆡ롤
　　외오곰 녀신ᄃᆞᆯ … 信잇ᄃᆞᆫ 그츠리잇가

(樂章 : 西京別曲, 鄭石歌)

다. 白骨麋粉인ᄃᆞᆯ / 丹心이ᄯᆞᆫ 가시리잇가(樂章 : 感君恩)

라. 人事이 變ᄒᆞᆯ ᄃᆞᆯ 山川이ᄯᆞᆫ 가실가(聾巖集 : 聾巖歌)6)

마. ᄂᆞ출 거우ᅀᆞᄫᆞᆫᄃᆞᆯ / ᄆᆞ슴잇ᄃᆞᆫ 뮈우시리여(月曲 上:其 62)

예문 (1가~마)의 통사 구조는 (3가)로, 예문 (2가~라)의 통사 구
조는 (3나)로, 예문 (2마)의 통사 구조는 (3나′)로 나타낼 수 있다.

(3) 15세기 ‘-이ᄯᆫ’ 구문의 통사 구조

	통 사 구 조	예 문
가	종속절 : (ᄒᆞ다가) + VP-(으)ㅭ딘댄 주 절 : NP1-이 + NP2(서술어)-이ᄯᆫ	(1가~마)
나	종속절 : (ᄒᆞ다가) + VP-(으)ㄴᄃᆞᆯ 주 절 : NP(주어)-이ᄯᆫ + VP-리여·리잇가	(2가~라)
나′	종속절 : (ᄒᆞ다가) + VP-(으)ㄴᄃᆞᆯ 주 절 : (NP1-이) + NP2(목적어)-이ᄯᆫ + VP-리여·리잇가	(2마)

이 표를 통해서 ‘-이ᄯᆫ’이 (1가~마)에서는 서술어 위치에, (2가~마)
에서는 비서술어(주어, 목적어) 위치에 쓰였음을 알 수 있다. 이에 비
해 後述할 ‘-이ᄯᆫ녀’는 서술어 위치와 비서술어 위치에 두루 쓰인다. 그

─────────────

6) 〈聾巖集〉의 간행 시기는 1665년이지만, 聾巖 李賢輔의 생존 시기는 1467~1555년
이므로 이 예문은 16세기의 언어 사실을 반영하는 것으로 보아야 할 것이다.

러므로 (2가~마)를 '-이쏜' 구문에 포함시키면, '-이쏜' 구문과 '-이쏜녀' 구문의 통사 구조는 평행적인 것이 된다. 한편 의문법 종결 형식임이 분명한 '-이쏜니잇가'는 비서술어 위치에만 쓰인다. 이와 같은 출현 환경의 차이는 문체법과 밀접한 관련이 있다.

(1가~마)의 '-이쏜' 구문은 종래에 대개 의문문으로 기술되어 왔다. 그러나 (3가)에서 보듯이 '-이쏜' 구문을 의문문으로 볼 수 있는 통사적인 근거를 전혀 찾을 수 없다. 종래에 '-이쏜' 구문을 의문문으로 파악하였던 것은 '-이쏜'이 청자 대우법에서 '-이쏜니잇가'와 대립적이라는 사실에서 유추된 것으로 보인다. 그러나 (1가~마)의 통사 구조는 後述할 '-이쏜니잇가' 구문의 통사 구조와 완전히 대립적이어서 의문문으로 속단할 수 없다. (1가~마)는 다음 몇 가지 근거를 바탕으로 볼 때 평서문임이 분명하다.

첫째, (1가~마)에 대한 문맥적 해석은 이들이 분명히 평서문임을 보여 준다.7)

(1가') … 허공이 맛을 보는 것이지, 네 입이 (맛을 보아) 아는 것이 <u>아니다</u>.

(1나') … 覺了知見하는 마음이 실로 몸 밖에 있다면, 몸과 마음이 서로 밖이라, 저들이 서로 붙어 있지 아니하여 마음이 아는 곳을 몸이 능히 알지 못할 것이며, 앎이 몸 사이에 있으면 마음이 능히 알지 <u>못할 것이다</u>.

(1다') … 만약 앎이 없다면 그 사람은 마침내 草木과 <u>같다</u>.

(1라') 만약 (네가) 내가 이르는 바 法音 분별하는 것으로 네 마음을 삼을 것이라면, 이 마음은 반드시 소리를 분별하는 경지를 벗어나서 本性을 분별함이 <u>있어야 할 것이다</u>.

(1마') 육신으로 앎을 삼는다면 육신의 앎은 근원이 觸인지라 鼻가

---

7) '-이쏜'의 형태 구조가 밝혀지지 않은 이상 '-이쏜'계 종결 형식에 대한 번역이 정확하다고 보기는 어려우나, '-이쏜'이 공시적으로는 분석하기 어려울 정도로 융합된 것으로 보이기 때문에 문맥에 대한 정확한 이해를 바탕으로 한다면 이 번역에 큰 오류는 없을 것이다. 그런데 대부분의 예문이 난해하기 짝이 없는 불경언해류에 실려 있어서, 이것이 종래에 이 구문의 문체법에 대한 해석이 정곡을 얻지 못했던 요인 중의 하나라고 생각되는바, 불교적 논리에 대한 이해가 필요하다는 사실을 지적해 두고자 한다.

아니며, 空으로 앎을 삼는다면 空 자신이 알지, 육신은 반드시 알지 못할 것이다.

둘째, (1가~마)는 종속절을 전제할 때 주절 중 '-이ᄯᆞᆫ' 앞 부분의 내용(명제부)이 화자가 확신하고 있는 참이고, '-이ᄯᆞᆫ'에 [의문]이나 [부정]의 요소가 포함되어 있지 않다. 의문문이 되기 위해서는 다음 (1가~마″)와 같이 주절의 명제부는 종속절의 내용을 전제할 때 화자가 확신하고 있는 거짓이거나 미확인의 사실이어야 한다. 명제부의 끝에 '않-'을 첨가해야 한다는 것에 주목해야 할 것이다.

(1가″) … 허공이 맛을 보는 것이지, 네 입이 (맛을 보아) 아는 것이 아니지 않—느냐?

(1나″) … 覺了知見하는 마음이 실로 몸 밖에 있다면, 몸과 마음이 서로 밖이라 저들이 서로 붙어 있지 아니하여 마음이 아는 곳을 몸이 능히 알지 못할 것이며, 앎이 몸 사이에 있으면 마음이 능히 알지 못하지 않—겠느냐?

(1다″) … 만약 앎이 없다면 그 사람은 마침내 草木과 같지 않—겠느냐?

(1라″) … 만약 (네가) 내가 이르는 바 法音 분별하는 것으로 네 마음을 삼을 것이라면 이 마음은 반드시 소리를 분별하는 것을 떠나서 분별하는 본성이 있어야 하지 않—겠느냐?

(1마″) 육신으로 앎을 삼는다면 육신의 앎은 근원이 觸인지라 鼻가 아니며, 空으로 앎을 삼는다면 空 자신이 알지, 육신은 반드시 알지 못하지 않—겠느냐?

이상에서 살펴 본 바와 같이 '-이ᄯᆞᆫ'이 서술어 위치에 나타나는 경우에는 분명히 평서문으로 해석된다. 의문문으로 해석될 가능성은 없다. (1가′~마′)에서 알 수 있듯이 '-이ᄯᆞᆫ' 구문 뒤에는 따로 함의된 내용이 존재하지 않는데, 그것은 '-이ᄯᆞᆫ' 구문이 서술어부가 온전히 갖추어진 구문이기 때문이다. 이것은 의문문임이 분명한 '-이ᄯᆞ니잇가' 구문과 대조적이다.

그런데 (2가~마)와 같이 보조사로 기술되어 온 '-이ᄯᆞᆫ'의 존재는 서술어부에 나타나는 '-이쫀'을 문장 종결 형식으로 기술하는 데에 장애가 된다고 볼 수도 있다. 즉 (1가~마)의 '-이쫀' 구문을 보조사에 후행하는 요소가 생략됨으로써 이루어진 일종의 소형문으로 기술하는 것이 바람직한 방법이 아니냐 하는 의문이 생길 수 있는 것이다.8) 만약 '-이쫀'으로 종결된 구문이 문체법 표지를 결여한 채 보조사로 종결된 소형문이라면, '-이쫀'을 특정 문체법 종결 형식으로 기술하려는 시도는 무의미한 것일 수도 있다.

여기서 우리는 보조사 '-이쫀' 구문과 문장 종결 위치의 '-이쫀' 구문이 보여 주는 차이점에 주목할 필요가 있다. 첫째, 보조사 '-이쫀' 구문은 '-이쫀'에 후행 요소를 생략하면 소형문이 되지만, 종결 위치의 '-이쫀'은 (1가~마)에서와 같이 완결된 문장을 구성한다. 둘째, 보조사 '-이쫀' 구문은 모두 의문문이지만, 문장 종결 위치에 '-이쫀'이 쓰인 구문은 모두 평서문이다. 이 두 가지 현상은 '-이쫀'으로 종결된 문장이 단순히 보조사 '-이쫀' 구문에서 후행 요소가 생략된 소형문이 아니라는 것을 의미하는 것이고, 나아가서는 '-이쫀'이 문장 종결의 형식의 자격을 갖고 있었음을 시사하는 것이다.9) 셋째, 문장 종결 위치의 '-이쫀'이 유독 평서법에만 국한되어 쓰이는 사실도 '-이쫀'이 조사적 기능 외에 문장 종결 형식으로서의 기능도 가졌음을 시사한다. '-이쫀'을 조사로만 본다면, '-이쫀'으로 종결된 구문은 종결 형식이 결여된 문장이 되는데, 종결 형식이 결여된 구문이 유독 평서문에만 국한되어 쓰이는 현상을 설명하기

---

8) '-이쫀' 전체를 보조사로 기술하는 방안과 {-ㄴ}만을 보조사로 기술하는 두 가지 방안이 있겠는데, 공시태와 통시태의 구분에 집착하지 않는다면 둘 다 가능한 기술 방법이다.

9) 만약 보조사 '-이쫀' 구문이 '-이쫀'계 종결 형식 구문보다 먼저 형성되었다면, '-이쫀'계 종결 형식 구문 중 먼저 형성된 것은 '-이쑨니잇가' 구문과 의문문의 '-이쑨녀' 구문일 가능성이 있다. 왜냐 하면 보조사 '-이쫀' 구문 (2가~마)에서 주절의 서술어부를 생략하고 보조사 '-이쫀'에 '-이잇가, -이어'만 붙이면 '-이쑨니잇가, -이쑨녀' 구문이 형성되기 때문이다. 그 다음에 '-이쑨녀' 구문의 통사 구조를 변형시키면서 평서문의 '-이쑨녀' 구문이 형성되고(여기에는 {-어}가 의문법이 아니라 ᄒ라체 표지라는 사실이 작용하였을 것이다.), 평서문의 '-이쑨녀'의 축약을 통해 '-이쫀' 구문이 형성된 것이 아닐까 추측해 본다.

어렵다. 현대 국어의 보조사 {-만}이나, 연결 어미 '-ㄴ데'도 문장 종결 위치에 쓰이지만, 이들은 평서문에만 국한되어 쓰이지 않는다. 이상의 근거에서 볼 때 '-이쓴'이 문장 종결 형식으로서의 기능을 갖고 있었다고 볼 수 있고, 이 구문을 평서문으로 기술하는 데에 장애가 없다는 것을 확인할 수 있다.

'-이쓴' 구문의 청자 대우 등급을 확인하는 것은 어렵지 않다. (1가~마)는 모두 釋迦牟尼가 제자인 阿難에게 하는 말이며, 특히 (1가,나,라)에는 ᄒᆞ라체의 2인칭 대명사 '너'가 사용되었다.

2.2. '-이쓰니잇가' 구문

'-이쓰니잇가' 구문의 청자 대우법이나 문체법에는 의심의 여지가 없다. {-(으)잇-}이 ᄒᆞ쇼셔체 선어말어미이므로 이 구문은 ᄒᆞ쇼셔체 의문문이다. 주목해야 할 것은 '-이쓰녀' 구문의 통사 구조이다.

> (4) 가. 世尊하 오직 한 恒河쑨도 오히려 數 업곤 / ᄒᆞᄆᆞᆯ며 그 몰애
>   쓰니잇가 = 世尊하 但諸恒河도 尙多無數ㅣ온 何況其沙ㅣ잇
>   가(金剛:62ㄴ)
>
> 나. 더푸미 滅空ᄒᆞ면 이 本來 업거니 / ᄒᆞᄆᆞᆯ며 ᄯᅩ 모ᄃᆞᆫ 三有ㅣ
>   쓰니잇가 =漚ㅣ 滅ᄒᆞ면 空이 本無ㅣ어니 況復諸三有ㅣ 쓰니
>   잇가(楞嚴 6:53ㄱ)
>
> 다. 閻浮提ㅅ 善行ᄒᆞ던 사ᄅᆞ미 ᄒᆞ마 命終홇 제도 百千 惡道 鬼
>   神이 시혹 變ᄒᆞ야 父母ㅣ며 眷屬ᄃᆞᆯ히 ᄃᆞ외야 亡人을 引接ᄒᆞ
>   야 惡道애 ᄲᅥ러디게 ᄒᆞᄂᆞ니 / ᄒᆞᄆᆞᆯ며 本來 모ᄃᆞᆫ 일 짓더니
>   쓰니잇가(月釋 21:125ㄴ~126ㄱ)
>
> 라 즐거본 것만 주어도 功德이 그지 업스리어늘 / ᄒᆞᄆᆞᆯ며 阿羅
>   漢果ᄅᆞᆯ 得게 호미쓰니잇가(月釋 17:48ㄴ~49ㄱ)

(4가~라)의 통사 구조는 다음과 같다.

(5) 15세기 '-이쑨니잇가' 구문의 통사 구조

	통 사 구 조	예 문
가, 나	종속절 : VP-곤·거니 주 절 : ᄒᆞᄆᆞᆯ며 + NP(주어)-이쑨니잇가	(4가, 나)
다	종속절 : VP-(으)니 주 절 : ᄒᆞᄆᆞᆯ며 + NP(목적어)-이쑨니잇가	(4다)
라	종속절 : VP-거늘 주 절 : ᄒᆞᄆᆞᆯ며 + NP(독립어)-이쑨니잇가	(4라)

'-이쑨니잇가'의 출현 위치는 '-이쑨'의 출현 위치와 전혀 일치하지 않는다. '-이쑨니잇가'는 예외 없이 비서술어 위치에 나타난다. (4가, 나)에서는 주어 위치에 쓰였고, (4다)에서는 목적어 위치에 쓰였다. (4라)의 '-이쑨니잇가'에 선행하는 '…홈'은 독립어적 성격을 갖고 있다.10)

(4가~라)에서와 같이 주어나 목적어에 바로 의문 종결 형식이 통합되거나 독립어에 의문 종결 형식이 바로 통합되는 현상 및 서술어가 없는 문장이 특정 문체법에 속한다는 사실 등은 당시의 문헌에 나타나는 일반적 문장 구조에 비추어 볼 때 특이한 것이다. 이러한 특이성은 소형문으로 이루어진 한문 원문의 직역에서 비롯된 것으로 생각된다.

예문 (4가~라)를 현대 국어로 옮기면 다음과 같다. '-이쑨니잇가' 구문 뒤에 함의된 내용을 함께 제시하되, 이해의 편의를 위하여 동일한 문장 성분을 반복적으로 밝히기도 할 것이다.

(4가′) 世尊이시여 오직 저 큰 恒河만 해도 오히려 數가 없는데, 하물며 그 모래입니까? (㉠그 수가 적을 리가 있겠습니까?)

---

10) (4라)에서는 독립어적 성격을 갖는 동명사 어미 뒤에 의문 종결 형식 '-이쑨니잇가'가 쓰였는데, 이런 현상은 後述할 '-이쑨녀' 구문의 일부에서도 나타난다. 다음과 같은 「동명사 어미+가」도 동일한 성격을 갖는다.

　　예: 儒典도 오히려 히믈 다아 아비 섬기며 모몰 브려 님금 섬기게콘 ᄒᆞᄆᆞᆯ며 法 爲ᄒ욜가 = 儒典도 尙令竭力事父ᄒ며 致身事君콘 何況爲法가(圓覺 下 3의 1:88ㄱ~ㄴ)

(㉡그 수가 얼마나 많겠습니까?) (㉢그 수가 한없이 많을 것입니다.)

(4나′) 거품이 사라지면 이 본래 없나니 하물며 또 모든 三有입니까? (㉠삼유가 남아 있을리 있겠습니까?) (㉡삼유도 당연히 없어지지 않겠습니까?) (㉢삼유도 당연히 없어질 것입니다.)[11]

(4다′) 閻浮提의 善行하던 사람이 하마 죽을 때에도 百千 惡道 鬼神이 혹 變하여 父母이며 眷屬들이 되어 죽은 이를 引接하여 惡道애 떨어지게 하나니 하물며 본래 악한 일 짓던 사람입니까? (㉠그 악한 사람을 惡道에 떨어뜨리지 않을 리가 있겠습니까?) (㉡그 악한 사람을 惡道에 떨어뜨리지 않겠습니까?) (㉢그 악한 사람을 더 모질게 대할 것입니다.)

(4라′) 즐거운 것만 주어도 功德이 그지없을 텐데 하물며 阿羅漢果룰 得하게 함입니까? (㉠그 공덕이 작을 리가 있겠습니까?) (㉡그 공덕이 얼마나 크겠습니까?) (㉢그 공덕이 한이 클 것입니다.)

우리는 '-이ᄯᆞ니잇가' 구문의 세 가지 특징에 주목할 필요가 있다. 첫째는 의문문임이 분명한 '-이ᄯᆞ니잇가' 구문에서는 주절의 서술어부가 생략된 채 '-이ᄯᆞ니잇가'가 비서술어 위치에 나타난다는 사실이고, 둘째는 '-이ᄯᆞ니잇가' 구문 뒤에는 드러나지 않고 함의된 내용이 있다는 사실이며, 셋째는 '-이ᄯᆞ니잇가' 구문에서는 주절의 서술어부가 없기 때문에 주절 명제부의 참 또는 거짓을 판단할 수 없다는 사실이다. 이러한 특징은 평서문인 '-이ᄯᆞᆫ' 구문과 완전히 대립적이다.[12]

'-이ᄯᆞ니잇가' 구문에서 문제가 되는 것은 이 구문이 과연 종래의 통념과 같이 수사의문문(반어의문문)인가 하는 것이다. 李賢熙(1982:10)에 의하면, 수사의문문은 화자가 명제부의 사태에 대해 부정적으로 확

---

11) '三有'는 '三界'와 같은 말로서, '欲界, 色界, 無色界'를 가리킨다.

12) 여기서 우리는 後述할 '-이ᄯᆞ녀' 구문의 문체법을 속단해서는 안 된다는 것, 즉 '-이ᄯᆞ녀' 구문 중에는 위에서 말한 세 가지 점에서 '-이ᄯᆞᆫ' 구문과 동일한 특징을 보이는 것과 '-이ᄯᆞ니잇가' 구문과 동일한 특징을 보이는 것이 있는바, 이들을 구분하여 살펴야 한다는 것을 알 수 있다.

신하고 있음을 나타내는 표현으로서, 표현 의미와 내포 의미 사이에는 乖離가 존재한다. 그런데 '-이쏜니잇가' 구문은 명제부가 완전히 갖추어지지 않은 문장이다. 특히 명제부의 核인 서술어부가 결여되어 있다. 그러므로 이 구문을 정상적인 수사의문문이라고 볼 수 없다. (4가~라)에서 따로 함의된 내용이 무엇이냐에 따라 이 구문이 후행 요소의 생략에 의해 수사의문문으로부터 변형된 문장일 가능성은 있다. 이 점에서 볼 때 '-이쏜'계 구문을 수사의문문으로 볼 수 없다고 한 李賢熙(1982:54~59)의 지적은 정당하다.

그러나 이와 관련하여 우리는 설명의문 형식 [*]'-이쏜니잇고'가 쓰이지 않았다는 사실, 그리고 '-이쏜니잇가' 구문에 의문 부사 '엇뎨'가 쓰인 경우를 찾기가 쉽지 않다는 사실에 주목할 필요가 있다. 심지어 (4가)에서는 원문의 '何'字를 언해문에 반영하지 않았다. 그것은 원문의 '何'字와 상관없이 이 구문이 의미적으로는 수사의문문적 성격을 갖는다는 것을 의미하는 것으로 생각된다. 수사의문문에서는 의문 부사가 고유의 기능을 갖지 못하기(安秉禧 1965:62) 때문에 생략될 수 있었던 것으로 보이는 것이다. 이런 현상은 매우 흔하다. 결론적으로 '-이쏜니잇가' 구문은 수사의문문은 아니지만, 의미적으로는 수사의문문적 성격을 갖는다고 할 수 있을 것이다.

2.3. '-이쏜녀' 구문

'-이쏜녀' 구문에 대하여 논의하기에 앞서서 '-이쏜녀' 구문이 15세기 이후 어떻게 변모하였는가에 대하여 간략하게 언급해 두기로 한다. 16세기에는 '-잇돈, -이쏜나/이쏜녀/이쏜니'가 쓰였는데, 후자는 부사격 조사 뒤에도 쓰여, '-애쏜녀/에쏜여'로 나타난다. 16세기의 '-이쏜녀' 구문은 평서문·의문문으로 두루 쓰였다. 그러나 17세기 자료에서는 '-이쏜'과 '-이쏜니잇가'가 보이지 않고, '-이쏜녀/이쏜냐'만이 확인되는데, 완전히 평서문으로 굳어졌다(李有基 1997:96~108)[13]. 17세기의 '-이쏜

244 중세국어와 근대국어 문장종결형식의 연구

녀' 구문이 평서문이라는 것은 15세기 '-이쓰녀' 구문의 성격에 대한 진지한 반성을 요구한다.

'-이쓰녀'의 문체법적・청자대우법적 기능에 대한 이해는 종결 어미 {-어}의 본질적인 기능에 대한 이해에서 출발해야 한다. {-어}는 ᄒᆞ라체 종결 어미로서 문체법에 관한 한 개방적이다. 우선 현대 국어 종결 어미 {-아/어}의 기능을 살펴보자. 현대 국어의 {-아/어}는 이른바 비격식체의 해체 종결 어미이다.

    (6) 가. 나 지금 밥 먹고 <u>있어</u>.(평서문)
        나. 너 지금 뭐 하고 <u>있어</u>?(의문문)
        다. 이리 와서 어서 밥 <u>먹어</u>.(명령문)
        라. 우리 이제 밥이나 <u>먹어</u>.(청유문)

예문 (6가~라)에서는 {-아/어}가 해체 종결 어미로서 평서문・의문문・명령문・청유문에 두루 쓰이고 있다. {-아/어}가 문체법과는 무관한 종결 어미임이 분명하다. 이 점은 중세 국어에서도 마찬가지이다. '-(으)ㄴ뎌14), -(으)ㄹ쎠(이상 평서문), -(으)니여, -(으)리여(이상 의문문), -져(청유문)' 등에서 보듯이 {-어}는 평서문・의문문・청유문에서 두루 확인된다. 이 사실은 {-어}가 특정 문체법 표지가 아니라 ᄒᆞ라체 등급 표지임

---

13) 다음은 17세기의 '-이쓰녀' 구문이다. 평서문임이 분명하다.
    예: (가) 官司 災難이 잇거든 곳 氣力을 다ᄒᆞ여 가 救ᄒᆞ쟈 이리 보살피면 ᄯᅩ 弟兄
          의 ᄠᅳᆺ이 <u>이시려니쓰녀</u>(朴諺 上:24ㄱ)
      (나) 네 은 닷 냥을 벌로 내여 뎌 폰 님자ᄅᆞᆯ 주고 믈러가면 곳 <u>올커니쓰녀</u>
                                (老諺 下:17ㄴ~18ㄱ)
      (다) 오늘은 밧ᄇᆞ니 ᄂᆡ일 다시 서ᄅᆞ 보와 술 먹어도 늣디 <u>아니커니쓰녀</u>(老諺 下:6ㄱ)
      (라) 므서슬 허믈ᄒᆞ리오 우리 ᄒᆞᆫ 짓 사ᄅᆞᆷ이오 ᄯᅩ [illegible]craft 사ᄅᆞᆷ이 <u>아니어니쓰녀</u>
                                  (老諺 下:6ㄴ)
14) '-(으)ㄴ뎌' 계통의 구문은 후기 중세 국어 시기에는 거의 평서문으로 굳어졌지만, 그 이전에는 평서문・의문문으로 두루 쓰였다(鄭在永 1995:247). '-(으)ㄴ뎌'가 후기 중세 국어 이전 시기에 의문법 형식으로 쓰인 사실은 李賢熙(1995:4~5)에서도 지적되었다. 이러한 사실은 '-어'가 특정 문체법 표지가 아님을 의미한다.

을 의미한다. [약속]을 나타내는 '-오마'나, 명령문의 '-라'에서도 ᄒ라체 종결 어미 {-아}가 분석될 가능성이 크다. 물론 ᄒ라체 종결 형식이 아닌 '-(으)쇼셔'와 '-아쎠/야쎠'에서도 {-어}가 분석되지만, 여기에서는 [청자 존대]의 '-(으)이-'가 '-어'의 대우 기능을 中和시켰을 가능성이 있다. {-어}가 다른 요소의 개입에 의해 고유의 대우 기능을 상실하는 것은 현대 국어의 '하셔(명령)'에서도 확인된다. '하셔'의 '-(으)시-'가 주체인 청자를 존대하게 됨으로써, 해체의 {-어}가 고유의 대우 기능을 상실한 것으로 해석할 수 있는 것이다.15)

{-어}가 문체법 표지가 아니라 ᄒ라체 종결 어미라는 사실은 '-이쯧녀'에 대한 해석에 매우 중요한 단서를 제공한다. '-이쯧녀'에서 분석되는 {-어}가 ᄒ라체 등급을 나타낼 뿐 문체법과는 무관한 종결 어미이기 때문에, '-이쯧녀' 구문은 이론적으로 여러 문체법에 두루 쓰일 수 있다.

15세기의 '-이쯧녀' 구문은 평서문과 의문문에 쓰이는데, 평서문일 때에는 '-이쯧' 구문과 동일한 통사 구조를 보여 주며, 의문문일 때에는 '-이쯧녀' 구문과 동일한 통사 구조를 보여 준다.

2.3.1. 평서문의 '-이쯧녀' 구문

다음의 (7가~다)는 평서문으로 해석되는 '-이쯧녀' 구문이다.

> (7) 가. 이 法塵은 … 處ㅣ 반ᄃ기 어듸 잇ᄂᆞ뇨 ᄒ마 色과 空괏 안해 表ᄒ야 나톨 고디 업고 (法塵이) 色과 空괏 밧긔 이슗디 아니어늘ᄉᆞ / ᄒ물며 空이 ᄯᅩ 밧기 잇디 <u>아니커니쯧녀</u> ᄆᆞᅀᆞ미 緣ᄒᆞ논 法處ㅣ ᄆᆞᄎᆞ매 實 업도다 = 此法塵ᄋᆞᆫ … 處ㅣ 當何在오 旣於色空之內에 無所表顯ᄒ고 不應存於色空之外어늘ᄉᆞ 況空이 又非有外也ㅣ쯧녀 則心緣法處ㅣ 終無實矣로다(楞嚴 3:34ㄱ)

---

15) {-아}가 해라체(ᄒ라체) 종결 형식이라는 사실은 徐泰龍(1985:165)과 李有基 (1997:17~18)에서도 지적되었다.

나. 또 니르샤디 神呪ㅅ 히믈 브트니라 ᄒᆞ시니 번드기 法華ㅣ 아
　　니어늘ᅀᅡ / ᄒᆞᄆᆞᆯ며 道記와 果記와 달오미 <u>잇거니ᄯᆞ녀</u> 疑心호
　　디 이 經에 니르샤닌 道記라 法華앳 果記 아닌가 ᄒᆞ노라 ＝
　　且曰由神呪力이라 ᄒᆞ시니 灼非法華ㅣ 어늘ᅀᅡ 況有道記와 果記
　　之異ᄯᆞ녀 疑今經 所言ᄋᆞᆫ 道記耳라 非法華果記也ㅣᆫ가 ᄒᆞ노라
(楞嚴 1:17ㄱ~ㄴ)

다. ᄆᆞᄎᆞ매 銜橶 시르미 업스니 / 聖聰이 ᄒᆞᄆᆞᆯ며 仁心이 하시거
　　니ᄯᆞ녀 ＝ 竟無銜橶憂 聖聰矧多仁【夾註 ： 橶ᄋᆞᆫ 車之鉤心也
　　ㅣ니 言馬橶이 或斷ᄒᆞ며 鉤心이 或出則致傾敗而傷人也ㅣ 니라
　　<u>帝ㅣ 聰明 仁愛ᄒᆞ샤</u> 聽諫而罷遊獵故로 官無妄費而水有遊鱗也
　　ㅣ니라】(杜初 24:24ㄱ)

(8) 평서문으로 해석되는 15세기 '-이ᄯᆞ녀' 구문의 통사 구조

	통 사 구 조	예 문
가	종속절 : VP-거늘(ᅀᅡ) 주 절 : ᄒᆞᄆᆞᆯ며 + NP1-이 + NP2(서술어)-이ᄯᆞ녀	(7가, 나)
나	종속절 : VP-(으)니 주 절 : ᄒᆞᄆᆞᆯ며 + NP1-이 + NP2(서술어)-이ᄯᆞ녀	(7다)

(8)에서 보는 바와 같이 (7가~다)의 주절의 통사 구조는 문장 종결의
기능을 갖는 '-이ᄯᆞᆫ' 구문 (1가~마)의 주절의 통사 구조와 동일하다.
즉 '-이ᄯᆞ녀'가 서술어 위치에 쓰인 것이다. 이 사실은 (7가~다)의 '-이
ᄯᆞ녀' 구문이 (1가~마)의 '-이ᄯᆞᆫ' 구문과 같이 평서문임을 시사한다.16)
(7가~다)의 문맥적 의미도 이 사실을 입증한다.

---

16) (7가~다)와 관련하여 'ᄒᆞᄆᆞᆯ며'의 용법에 대한 의문이 제기될 수 있다. 'ᄒᆞᄆᆞᆯ며'는 의
　　문 부사가 아니냐 하는 것이다. 그러나 'ᄒᆞᄆᆞᆯ며'는 다음 예문에서 보는 바와 같이 의
　　문문에만 쓰이는 부사가 아니다. 아래 예문에서 'ᄒᆞᄆᆞᆯ며'는 '게다가' 정도의 의미를 나
　　타내고 있다. 한문의 '況'도 반드시 의문문에만 쓰이는 것이 아니다.
　　　예: 이 因緣으로 虛妄이 업스니이다 <u>ᄒᆞᄆᆞᆯ며</u> 長者ㅣ 쳔량 그지 업슨 둘 아라 …ᄒᆞ가
　　　　지로 큰 술위를 주니이다(月釋 12:34ㄴ~35ㄱ)

(7가′) … (法塵이) 色과 空의 안에 나타날 곳이 없고, 色과 空의 밖에 있는 것이 아니거늘, 하물며 空은 (또한) 밖(外部)이 있지 <u>아니하도다.</u> (그러니) 마음에 인연하는 법처가 마침내 實이 없도다.

(7나′) … 분명히 法華가 아니거늘, 하물며 道記와 果記의 다름이 <u>있도다</u>. 의심하되 (아마도) 이 경에 이르신 것은 道記라, 法華의 果記가 아닌가 하노라.

(7다′) 마침내 함궐(임금이 수레를 타고 낚시하러 다님)로 인한 근심이 없으니, (신하들의 忠諫에 따르신) 임금의 총명함이야 말할 것도 없고, 하물며 어진 마음도 <u>많으시도다</u>.

(7가~다)의 '아니커니쯘녀, 잇거니쯘녀, 하시거니쯘녀'를 각각 '아니한가?, 있는가?, 많으신가?'로 옮길 수 없다. 종속절을 전제할 때 주절의 명제부가 화자가 확신하고 있는 참이기 때문이다. (7가~다)가 의문문이 되기 위해서는 다음 (7가~7다″)와 같이 종속절의 내용을 전제할 때 주절의 명제부의 내용이 화자가 확신하고 있는 거짓이거나 미확인의 사실이어야 한다.

(7가″) (法塵이) 色과 空의 안에 나타날 곳이 없고, 色과 空의 밖에 있는 것이 아니거늘, <u>하물며 空이 밖(外部)이 있</u>—을까?

(7나″) 분명히 法華가 아니거늘, <u>하물며 道記와 果記의 다름이 없</u>—겠느냐? 의심하되 (아마도) 이 경에 이르신 것은 道記라, 法華의 果記가 아닌가 하노라.

(7다″) 마침내 함궐로 인한 시름이 없으니, 임금의 총명함이야 말할 것도 없고, <u>하물며 어진 마음도 많지 않</u>—으신가?

만약 (7가~다)의 '-이쯘녀' 구문을 의문문으로 간주한다면 「VP+거니쯘녀」를 다음 두 가지 중 하나로 해석해야 할 것이다.

(9) 「VP+거니쯘녀」의 해석

　가. VP-겠느냐

　나. VP-지 않겠느냐

그러나 (9가)로 해석한다면 (7가~다)는 각각 '空이 밖이 있다.', '道記와 果記가 다름이 없다.', '임금이 어진 마음이 많지 않으시다.'는 뜻이 되어 실제의 의미와는 반대가 되어 버린다. (9나)로 해석한다면 (7가)는 이중 부정이 되고, (7나, 다)는 단순한 부정이 된다. 그러나 (7가~다)의 '-거니ㅼ녀'에서 [부정]과 관련되는 요소를 찾을 수 없기 때문에 이런 해석은 불가능하다.

(7가~다)는 서술어부를 온전히 갖추고 있기 때문에 그 뒤에 함의된 내용이 없다. 이 점에서도 (7가~다)는 평서문인 '-이쏜' 구문과 일치한다.

2.3.2. 의문문의 '-이ㅼ녀' 구문

'-이ㅼ녀' 의문문에는 두 종류가 있다. 하나는 의문 부사가 있는 구문이고, 다른 하나는 의문 부사가 없는 구문이다.

(10가~다)는 언해문의 '엇뎨'나 원문의 '何'字로 보아 의문문으로 보아야 할 것이다. (10나, 다)에는 '엇뎨'가 쓰이지 않았으나, 원문의 '何'字로 보아 기저에는 '엇뎨'가 존재하는 것으로 볼 수도 있다고 생각되어 여기에 제시한다. '-이ㅼ녀' 구문의 주절에 '엇뎨'가 쓰인 것을 찾기 어렵다. 前述한 '-이ㅼ니잇가' 구문에서도 원문의 '엇뎨'가 언해문에 반영되지 않은 경우를 확인한 바 있다. 이런 현상은 '-이쏜'계 의문문이 의미적으로 수사의문문적 성격을 갖기 때문일 것이다. (10가)에서와 같이 '엇뎨'가 쓰였음에도 불구하고, 설명의문 형식 '*-이ㅼ뇨'가 쓰이지 않은 사실이 이 구문의 수사의문문적 성격을 시사한다. 그러므로 언해문에 '엇뎨'가 없더라도 원문에 '何'字가 나타나는 경우는 여기에 포함시키기로 한다. 그러나 여기서도 명제부가 완전하게 갖추어져 있지 않기 때문에 '-이ㅼ녀' 구문을 수사의문문으로 볼 수는 없다.

    (10) 가. 혼 사롬 勸ᄒᆞ야 가 法 듣게 혼 功德도 이 ᄀᆞᆮᄒᆞ곤 / 엇뎨
         ᄒᆞ몰며 一心으로 드러 니ᄅᆞ며 닐그며 외와 大衆의게 놉 爲

ᄒᆞ야 골ᄒᆡ야 니르며 말다이 <u>修行ᄒᆞ리ᄯᆞ녀</u> = 勸於一人ᄒᆞ야
令往聽法게 혼 功德도 如此ᄒᆞ곤 <u>何況一心으로</u> 聽說讀誦ᄒᆞ
야 而於大衆에 爲人分別ᄒᆞ며 如說修行이ᄯᆞ녀

(法華 6:15ㄱ~ㄴ)

나. 阿逸多야 이ᄀᆞ티 第五十人에 올ᄆᆞ며 올마 法華經 듣고 隨
喜功德도 오히려 無量無邊阿僧祇온 / ᄒᆞᄆᆞᆯ며 믓 처ᅀᅥᆷ에 會
中에 듣고 <u>隨喜ᄒᆞ니ᄯᆞ녀</u> 그 福이 ᄯᅩ 더어 無量無邊阿僧祇
로 시러 가ᄌᆞᆯ비디 몯ᄒᆞ리라 = 阿逸多야 如是第五十人의
展轉ᄒᆞ야 聞法華經ᄒᆞ고 隨喜功德도 尚無量無邊阿僧祇온 <u>何</u>
<u>況最初애</u> 於會中에 聞而隨喜者ㅣ ᄯᆞ녀 其福이 復勝ᄒᆞ야 無
量無邊阿僧祇로 不可得比리라(法華 6:10ㄴ)

다. ᄯᅩ 버거 須菩提여 조차 이 經을 닐어 四句偈ᄃᆞᆯ해 니르리
반ᄃᆞ기 알라 이 고든 一切 世間ㅅ 天人 阿修羅ㅣ 다 반ᄃᆞ
기 供養ᄒᆞ더 부텻 塔廟ᄀᆞ티 ᄒᆞ리니 / ᄒᆞᄆᆞᆯ며 사ᄅᆞ미 다 能
히 <u>受持讀誦ᄒᆞ미ᄯᆞ녀</u> = 復次須菩提여 隨說是經ᄒᆞ야 乃至四
句偈等히 當知此處ᄂᆞᆫ 一切世間天人阿修羅ㅣ 皆應供養ᄒᆞ더
如佛塔廟ㅣ니 <u>何況有人이</u> 盡能受持讀誦ᄒᆞ미여

(金剛 63ㄴ~65ㄱ)

  의문문인 (10가~다)의 통사 구조는 다음 (11)에서 보는 바와 같이
평서문으로 해석되는 '-이ᄯᆞ녀' 구문 (7가~다)의 통사 구조와 다르다.
(7가~다)에서는 '-이ᄯᆞ녀'가 서술어 위치에 쓰였지만, 서술어부가 없는
(10가~다)에서는 '-이ᄯᆞ녀'가 비서술어 위치에 쓰인 것이다. (10다)의
통사 구조는 의문문임이 분명한 '-이ᄯᆞ니잇가' 구문(예문 4~라)의 통사
구조와 동일하다. 의문 부사가 없는 (12가~라)와 구별하기 위하여
(10가~다)를 '-이ᄯᆞ녀 구문1'이라 부르기로 한다.

(11) 의문문으로 해석되는 15세기 '-이ᄯᆞ녀 구문1'의 통사 구조

	통 사 구 조	예 문
가	종속절 : VP-곤 주 절 : (엇뎨) + ᄒᆞᄆᆞᆯ며 + NP(주어)-이ᄯᆞ녀	(10가, 나)
나	종속절 : VP-(으)니 주 절 : (엇뎨) + ᄒᆞᄆᆞᆯ며 + NP(독립어)-이ᄯᆞ녀	(10다)

(11가)에서 알 수 있듯이 (10가, 나)는 서술어부가 생략된 구문이다. 그 결과 표면적으로는 '-이ᄯᆞ녀'가 주어 위치에 나타나 있다. (10가)에서는 의문 부사 '엇뎨'의 피수식어가 나타나지 않았는데, 이것은 정상적인 문장에서는 있을 수 없는 현상이다. 이러한 구조적 특이성은 이미 지적한 바와 같이 한문 원문의 직역에 말미암는 것이라 생각한다.

(10가~다)는 다음과 같이 해석된다. '-이ᄯᆞ니잇가' 구문과 마찬가지로 주절의 서술어부가 없기 때문에 주절 명제부의 참 또는 거짓을 판단할 수 없다.

(10가′) 한 사람을 권하여 법을 듣게 한 공덕도 이 같은데(이같이 큰데), 어찌 하물며 … 대중에게 남을 위하여 분별하여 이르며 말과 같이 수행할 사람이여? (㉠그 공덕이 얼마나 크겠느냐?) (㉡그 공덕이 한없이 클 것이다.)17)

(10나′) 阿逸多야 이같이 제오십인에게 옮으며 옮아가 (그들로부터) 법화경을 들어 수희(한) 공덕도 오히려 무량 무변 아승기만큼 큰 데, 하물며 맨 처음에 회중에 듣고 수희하는 사람이여? (㉠그 공덕이 얼마나 크겠느냐?) (㉡그 공덕이 한없이 클 것이다.)…….

(10다′) … 이 곳(선남자 선여인이 이 경을 사구게에 이르기까지 다른 사람을 위하여 설한 곳)은 일체 세간 천인 아수라가 다 반드시 공양하되 부처의 탑묘를 공양하듯 하리니, (어찌)

---

17) '修行ᄒᆞ리ᄯᆞ녀'를 동명사 '修行홀'에 '-이ᄯᆞ녀'가 붙은 것으로 기술하는 방법도 생각해 볼 수 있으나, 중세 국어에서는 {-(으)ㄹ}이 동명사 어미로 쓰인 예가 많지 않다. 「(-으)ㄹ(동명사 어미)+이ᄯᆞ녀」 구조가 다른 예문에서 확인되지 않는다.

하물며 사람이 다 능히 수지하고 독송함이여? (㉠당연히 천
인 아수라가 공양하지 않겠느냐?) (㉡당연히 천인 아수라가
공양할 것이다.)

다음 (12가~라)의 언해문이나 한문 원문에는 '엇뎨'나 '何'字가 쓰이
지 않았다.

(12) 가. 違를 무러 順에 드리면 寃讐ㅣ 本來 이든 버디니라 莊子ㅣ
     닐오디 내게 이대홀 싸르매 내 쏘 이대ᄒ고 내게 구지홀
     싸르매 내 쏘 이대 호리라 ᄒ니 莊子도 오히려 그러콘 /
     ᄒ물며 <u>道人이ᄯ녀</u> = 徵讐納順ᄒ면 怨債이 由來善友矣니
     라 莊子ㅣ 云호디 於我善者애 吾亦善之ᄒ고 於我惡者애 吾
     亦善之라 ᄒ니 莊子도 尙爾온 況道人乎여

                              (永嘉 下:121ㄴ~122ㄱ)

  나. 世尊이 쏘 文殊師利ᄃ려 니르샤디 文殊師利여 … 이런 有
     情들ᄒ … 如來ㅅ 일후믈 잠깐 싱각ᄒ면 … 貪慾올 즐기디
     아니ᄒ고 布施를 즐겨 뒷논 거슬 앗기디 아니ᄒ야 머리며
     누니며 손바리며 모맷 고기라도 비논 사르물 주리어니 /
     ᄒ물며 천랴이ᄯ녀(釋詳 2:11ㄴ~13ㄱ)

  다. <u>부톄 阿難이와 韋提希ᄃ려 니르샤디</u> 至極호 무슨무로 西方
     애 나고져 홇 사르믄 몬져 丈六像이 못 우희 겨샤믈 보수
     봃디니 … 뎌 如來ㅅ 本來ㅅ 願力으로 憶想ᄒ리 이시면 모
     디 일우ᄂ니 다민 부텻 像올 想홀 만ᄒ야도 無量福올 어드
     리어니 / ᄒ물며 부텻 ᄀ즈신 身相올 보수보미ᄯ녀

                              (月釋 8:44ㄱ~45ㄱ)

  라. <u>부톄 阿難이ᄃ려 니르샤디</u> 觀世音菩薩 보고져 홇 사르믄
     이 觀올 지솛디니 … 이런 菩薩은 일후믈 드러도 그지업슨
     福올 어드리어니 / ᄒ물며 수외 <u>보미ᄯ녀</u>

                              (月釋 8:37ㄱ~ㄴ)

의문 부사가 있는 (10가~다)와 구별하기 위하여 (12가~라)를 '-이
쏜녀 구문2'라 부르기로 한다.

(13) 의문문으로 해석되는 15세기 '-이ᄯ녀 구문2'의 통사 구조

	통 사 구 조	예 문
가	종속절 : VP-곤 주 절 : ᄒᆞ물며 + NP(주어)-이ᄯ녀	(12가)
나	종속절 : VP-거니 주 절 : ᄒᆞ물며 + NP(목적어)-이ᄯ녀	(12나)
다	종속절 : VP-거니 주 절 : ᄒᆞ물며 + NP(독립어)-이ᄯ녀	(12다, 라)

(12가~라)의 통사 구조는 의문문인 '-이ᄯ니잇가' 구문과 같다. 서술어부가 생략된 채, '-이ᄯ녀'가 비서술어 위치, 즉 주어·목적어·독립어 위치에 쓰인 것이다. (12다, 라)는 「독립어-이ᄯ녀」 구조를 보여 준다는 점에서 (10다)의 통사 구조와 동일하고, 종결 형식 부분만 제외하면 '-이ᄯ니잇가' 구문 (4다)의 통사 구조와도 동일하다. 종래에 몇몇 연구자들이 '-이ᄯ녀'에서 감탄 조사 또는 호격 조사를 분석하였던 것은 (10가~다)나 (12가~라)에서와 같이 '-이ᄯ녀'가 비서술어 위치에 쓰인 경우 때문이었을 것이다.[18]

(12가~라)는 다음과 같이 해석된다. 여기서도 주절의 서술어부가 없기 때문에 주절 명제부의 참 또는 거짓을 판단할 수 없다.

---

[18] 다음 예문에는 종속절이 없다. '-이ᄯ'계 구문에서 종속절의 존재가 필수적 요소가 아님을 시사한다. 그러나 '-곤, -거니'에 의해 접속되건, 독립된 문장으로 병치되건 의미적으로는 본질적 차이가 없다.

  예문: 이 ᄯᅩ 이 곧ᄒᆞ야 눈眚의 이룬 거시어니 이제 므스글 일홈지호디 이 燈이며 이 보미라코져 ᄒᆞ리오 / ᄒᆞ물며 燈 아니며 봄 아니라 分別호미ᄯ녀 = 此亦如是ᄒᆞ야 目眚이 所成이어니 今에 欲名誰호디 是燈이며 是見이라 ᄒᆞ리오 何況分別非燈이며 非見이라 호미ᄯ녀(楞嚴 2:84ㄱ)

  이러한 구조는 16·17세기 자료에서도 확인된다.

  예문: 네 므슴므로 주미 므던커니ᄯ니(飜老 上:53ㄴ)

    네 각별이 五分 됴혼 은을 밧고와 줌이 올커니ᄯ냐(老諺 上:59ㄱ)

　(12가′) … 莊子도 그러한데, 하물며 道人이여. (㉠당연히 그러하지
　　　　　않겠느냐?) (㉡당연히 그러할 것이다.)

　(12나′) … 이런 有情들은 … 머리며 눈이며 손발이며 자기 몸이라
　　　　　도 비는 사람에게 줄 것인데, 하물며 재산이여. (㉠당연히
　　　　　주지 않겠느냐?) (㉡당연히 줄 것이다.)

　(12다′) … 다만 부처의 像을 생각하기만 하여도 無量福을 얻으리
　　　　　니, 하물며 부처의 구비하신 身相을 뵈옴이여. (㉠그러면 당
　　　　　연히 無量 福을 얻지 않겠느냐?) (㉡그러면 당연히 無量福을 얻
　　　　　을 것이다.)

　(12라′) … 이런 菩薩은 이름을 들어도 끝없는 복을 얻을 것이니,
　　　　　하물며 자세히 봄이여. (㉠그러면 당연히 끝없는 福을 얻지
　　　　　않겠느냐?) (㉡그러면 당연히 끝없는 福을 얻을 것이다.)

(12가~라)의 '-이쓴녀' 구문에는 괄호 속에 나타낸 바와 같이 두 가지
내용 중 어느 하나가 함의되어 있는 것으로 보인다. 우리는 이러한 현
상도 '-이쓴'계 의문문의 특징임을 이미 지적한 바 있다.

　'-이쓴녀'는 흐라체 종결 형식이다. '-이쓴녀'의 {-어}가 흐라체 종결
어미이기 때문에 '-이쓴녀'가 흐라체 종결 형식으로 쓰이는 것은 당연한
사실이다. 실제로 (12가)에서는 흐라체 종결 형식 '-(으)니라'를 보아
'-이쓴녀'가 흐라체 종결 형식임을 알 수 있다. (12나, 다, 라)에서는
그러한 형태적 증거가 보이지 않는다. 그러나 (12나, 다)에서는 世尊과
阿難, 世尊과 韋提希의 관계로 보아, (12라)에서는 世尊과 文殊師利의
관계로 보아 흐라체임을 알 수 있다.[19]

---

19) 世尊과 文殊師利의 상하 관계는 다음 예문에서 확인할 수 있다.
　　예문: 부톄 文殊師利끠 니르샤디 … 믈읫 有情이 求ᄒᆞᄂᆞᆫ 이를 다 得긔 호려 ᄒᆞ시니
　　　　라(釋詳 9:2ㄴ~4ㄱ)
　　다음 예문에서는 '-이쓴녀'가 흐쇼셔체와 함께 쓰인 것으로 읽힐 가능성이 있다. 그러
　　나 이 예문의 '-이쓴녀' 구문은 간접 인용문이다.
　　예문: 地藏이 (普賢菩薩끠) 對答ᄒᆞ샤디 仁者하 … 願ᄒᆞᆫ 든 仁者ㅣ 이 마를 잢간 드
　　　　르쇼셔(月釋 21:73　ㄴ) … 地藏菩薩이 (普賢菩薩끠) 니르샤디 … 地獄罪
　　　　報等엣 이를 너비 닐옳뎬 —— 獄中에 쏘 百千 가짓 苦楚ㅣ 잇ᄂᆞ니 ᄒᆞ물며

3. 맺음말

이 글에서는 15세기 '-이쓴'계 구문의 통사 구조와 문체법 및 청자 대우법을 기술하였다. 본론에서 논의한 바를 요약하기로 한다.

(1) 문장 종결 형식 '-이쓴'은 ᄒᆞ라체 평서법 종결 형식이다. '-이쓴' 구문의 후행 주절은 주어부와 서술어부를 온전히 갖추고 있으며, '-이쓴'이 서술어 위치에 나타난다. 서술어부를 온전히 갖추고 있기 때문에 이 구문 뒤에는 함의된 내용이 존재하지 않는다.

(2) '-이쓰니잇가'는 ᄒᆞ쇼셔체 의문법 종결 형식인데, 후행 주절의 서술어부가 생략된 채, '-이쓰니잇가'가 후행 주절의 비서술어 위치에 나타난다. 이 구문 뒤에는 함의된 내용이 존재한다.

(3) '-이쓰녀'는 ᄒᆞ라체 종결 형식인데, 평서문과 의문문에 두루 쓰였다. '-이쓰녀' 구문은 평서문으로 쓰일 때와 의문문으로 쓰일 때에 세 가지 차이점을 보여 준다. 첫째, 평서문인 경우에는 '-이쓴' 구문과 마찬가지로 '-이쓰녀'가 후행 주절의 서술어 위치에 쓰이고, 의문문인 경우에는 '-이쓰니잇가' 구문과 마찬가지로 주절의 서술어부가 생략된 채, '-이쓰녀'가 후행 주절의 비서술어 위치에 쓰인다. 둘째, 평서문인 경우에는 종속절을 근거로 할 때 주절의 내용 중 '-이쓰녀'를 제외한 부분이 화자가 확신하고 있는 참이고, 의문문인 경우는 서술어부가 없기 때문에 참인지 거짓인지를 판단할 수 없다. 셋째, 평서문일 때에는 '-이쓰녀' 구문 뒤에 함의된 내용이 없고, 의문문일 때에는 함의된 내용이 존재한다.

(4) 본고의 논의를 통해 15세기 '-이쓴'계 구문의 문체법, 청자 대우법, 통사 구조, 수사의문문적 성격은 규명되었다고 생각한다. 그러나 '-이쓴'의 형태구조 및 '-이쓴'계 종결 형식의 형성과 발달 과정에 대하여는 단정을 내리지 못하였다. 앞으로 더 연구되어야 할 과제이다.

한 獄이쓰녀(月釋 21:79ㄴ~81ㄴ)

참고문헌

高永根(1986), "敍法과 樣態의 相關關係", 國語學新研究 Ⅰ(若泉金敏洙 敎授 華甲紀念), 塔出版社.

김승곤(1975), "중세 국어의 가정형어미 「쭌」과 억양형어미 「쑨녀」고", 建國大學校 大學院 論文集 2.

―――(1986), "중세 국어 형태소 「쭌」과 「쑨녀」의 통어기능 연구", 朝鮮學報 119·120, 朝鮮學會.

김정수(1984), 17세기 한국말의 높임법과 그 15세기로부터의 변천, 정음사.

徐泰龍(1985), "定動詞語尾의 形態論", 震檀學報 60, 震檀學會.

安秉禧(1965), "後期中世國語의 疑問法에 대하여", 學術誌 6, 建國大學校.

―――(1967), "文法史", 韓國文化史大系 Ⅴ 中 韓國語發達史, 高麗大學校 民族文化研究所.

梁柱東(1942/1965), 增訂 古歌研究, 一潮閣.

―――(1947/1954), 麗謠箋注, 乙酉文化社.

이기갑(1978), 우리말 상대높임 등급체계의 변천 연구, 서울大學校 大學院 碩士論文.

李崇寧(1961/1981), 中世國語文法, 改訂增補版, 乙酉文化社.

―――(1985), "「-쭌」, 「-쑨녀」攷", 羨烏堂金炯基先生八耋記念 國語學論叢, 語文研究會.

이승희(1996), 중세국어 감동법 연구, 國語研究 139, 國語研究會.

이영경(1992), 17세기 국어의 종결어미에 대한 연구, 國語研究 108, 國語研究會.

李有基(1997), 17세기 국어 문장 종결 형식의 연구, 東國大學校 大學院 博士論文.

―――(1998), "17세기 국어 종결 어미 {-아/어}의 기능", 東岳語文論集 33, 一庸林基中敎授還曆紀念特輯號, 東岳語文學會.

―――(1999), " '-이쭌'계 구문의 의미", 第42回 全國 國語國文學 學術大會 發表要旨.

李仁模(1977), "中世國語 「ᄯᆞ」系 語辭의 再考察 -그에 關聯·結合한 形
        態 素別 文法的 意義의 究明을 中心하여-", 韓國學報 6.
李賢熙(1982), 國語의 疑問法에 대한 通時的研究, 國語研究 52, 國語研
        究會.
───(1995), "國語 文法史 記述의 連續性과 관련된 한두 問題"(油印
        物), 西江大學校 國文科 創科 30주년 기념 학술대회.
張京姬(1977), "17世紀 國語의 終結語尾 硏究", 서울師大論叢 16.
장윤희(1996), "중세 국어 '-이ᄯᆞ녀' 구문의 구조와 성격", 冠嶽語文硏究 21.
鄭在永(1995), "前期中世國語의 疑問法", 國語學 25, 國語學會.
허 웅(1975), 우리 옛말본, 샘문화사.
───(1989), 16세기 우리 옛말본, 샘문화사.

찾아보기

■ 용어

ㄱ

ㄴ

ㄷ · ㄹ

ㅈ

ㅊ

■ 문법 형태

ㄱ

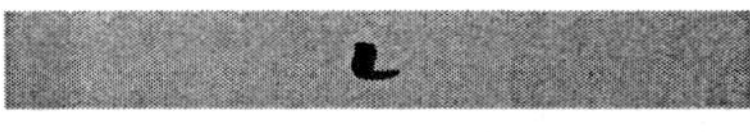

ㄴ

ㄷ·ㄹ

ㅅ·ㅿ

ㅈ

기 타

서지소개

이 유 기(李有基)

- 경남 합천 출생.
- 동국대학교 국어국문학과와 동 대학원 석사과정, 박사과정 수료.
- 「17세기 국어 문장 종결 형식의 연구」로 1998년 8월 문학박사학위 취득.
- 보성여자고등학교 교사, 강원대학교·강남대학교 강사 역임.
- 한국학술진흥재단 2000 박사 후 연수과정 연수.
- 現在 : 동국대학교와 상명대학교 강사.
  상명대학교 인문과학연구소 전임연구원.

중세국어와 근대국어 문장종결형식의 연구

● 인 쇄 2001년 10월 22일 ● 발 행 2001년10월 29일
● 지은이 이유기(李有基)　　● 펴낸이 이 대 현
● 편 집 이은희·김민영·정봉구
● 펴낸곳 도서출판 역락 / 서울 성동구 성수2가 3동 277-17
　　　　성수아카데미타워 319호(우133-123)
● Tel 대표·영업 3409-2058 편집부 3409-2060 FAX 3409-2059
● E-mail yk3888@kornet.net / youkrack@hanmail.net
● 등록 1999년 4월 19일 제2-2803호
● ISBN 89-5556-136-9-93710

정가 13.000
*잘못된 책은 교환해 드립니다.